이론부터 전략까지 ──────

한 권으로 이해하는

I☉T 교과서

저자 야코 토모노리, 스기야마 코오지, 마츠우라 마유미, 타케노시타 코오요오, 츠치모토 히로코
역자 주한길

YoungJin.com **Y.**
영진닷컴

한 권으로 이해하는 IoT 교과서

IoT NO KIHON SHIKUMI JUYOJIKO GA ZENBU WAKARU KYOKASHO
Copyright © Tomonori Yako, Koji Sugiyama, Koyo Takenoshita, Mayumi Matsuura,
Hiroko Tsuchimoto 2017.
Supervised by Tomonori Yako
All rights reserved.
Original Japanese edition published by SB Creative Corp.

This Korean edition is published by arrangement with SB Creative Corp.,
Tokyo in care of Tuttle-Mori Agency, Inc., Tokyo through AMO Agency, Seoul.

ISBN   978-89-314-6153-4

독자님의 의견을 받습니다

이 책을 구입한 독자님은 영진닷컴의 가장 중요한 비평가이자 조언가입니다.

저희 책의 장점과 문제점이 무엇인지, 어떤 책이 출판되기를 바라는지, 책을 더욱 알차게 꾸밀 수 있는
아이디어가 있으면 이메일, 또는 우편으로 연락주시기 바랍니다.

의견을 주실 때에는 책 제목 및 독자님의 성함과 연락처(전화번호나 이메일)를 꼭 남겨 주시기 바랍니
다. 독자님의 의견에 대해 바로 답변을 드리고, 또 독자님의 의견을 다음 책에 충분히 반영하도록 늘 노
력하겠습니다.

주 소   (우) 08505 서울시 금천구 가산디지털2로 123 월드메르디앙벤처센터2차 10층 1016호
대표팩스   (02) 867-2207
등록   2007. 4. 27. 제16-4189호
이메일   support@youngjin.com

저자 야코 토모노리, 스기야마 코오지, 타케노시타 코오요오, 마츠우라 마유미, 츠치모토 히로코
역자 주한길 | **책임** 김태경 | **진행** 차바울, 이민혁 | **표지디자인** 김소연 | **본문디자인** 이경숙
영업 박준용, 임용수 | **마케팅** 이승희, 김근주, 조민영, 이은정, 김예진 | **제작** 황장협 | **인쇄** 제이엠

저자 머리말

IoT(Internet of Things)가 세상의 주목을 끈지도 몇 년이 지났습니다. 하지만 IoT가 의미하는 범위가 매우 넓기 때문에, 선진적인 기업들은 계속 앞서가고 있지만, 아직 어떻게 하면 좋을지 목적이나 접근방법을 찾지 못하고 있는 기업이 더 많은 것이 현실입니다. 또한, 뿌리 깊은 문제로는 IoT 이전에, 최신의 기술을 살린 비즈니스의 본연의 자세나 실현 방법을 충분히 이해하고 있지 못한 기업이나 사람들이 많은 것도 자주 발생하는 이야기입니다.

지금까지 정보시스템의 개발 등에 종사해 온 엔지니어에게 있어서는 기간계라고 불리는 회계나 인사, 판매관리 시스템은 경험을 통해 알고 있었다고 해도, IoT 시스템은 아직도 먼 미래의 것으로 인식되어 어디에서부터 손을 대야 할지 가늠을 하지 못하고 있는 분도 많을 것입니다. 또한, 임베디드 기기 개발 엔지니어에게 있어서도, 디바이스 내에 닫힌 개발이 아니라 클라우드에 대한 데이터 업로드가 당연해지고, 클라우드 측과 디바이스 측에서 처리를 분담하는 기법이 필요하며, 적극적으로 배우는 자세가 없으면 그냥 관두게 됩니다.

이 책에서는 지금까지 단절되어 온 다양한 기술 영역을 통합적으로 취급해, 엔지니어가 읽든, 비엔지니어가 읽든 상관없이 IoT 비즈니스와 특히 IoT 시스템 구축의 기초적인 개념과 요소 기술, 접근 및 목표로 하는 모습을 전체적으로 이해하기 쉽게 하려고 노력했습니다. 익숙한 센서 등의 디바이스로부터 IoT 플랫폼까지, 구축과 운용 그리고 서비스 창출까지를 망라하고 있습니다. 이 책이 여러분의 IoT 시스템 구축에 대한 이해에 도움이 되어, 새로운 도전에 공헌할 수 있기를 바랍니다.

야코 토모노리

역자 머리말

안녕하세요. 사람과 기술의 가치를 새롭게 만들어가는 가치창조 주한길입니다. 이 책은 IoT 시스템 구축과 비즈니스에 관한 내용이 잘 정리되어 있습니다. IoT에 관심이 있는 사람이라면 누구나 읽을 수 있도록 교과서와 같은 구성으로 친절하게 설명해주고 있습니다.

- **1장 "IoT의 현황과 주변 환경"**에서는 IoT의 개요와 배경, 요소 기술, 나라별 주요 전략, 시장 규모와 미래에 관해서 설명합니다.

- **2장 "IoT 아키텍처의 구성 요소"**에서는 기존 컴퓨팅 환경과 IoT 시스템 환경과 비교를 통해 IoT 시스템은 어떻게 다른지를 말해주고 있고 IoT 플랫폼과 통신기술, 네트워크 표준, 엣지 컴퓨팅을 설명하며 IoT 아키텍처에 관한 이해를 돕고 있습니다.

- **3장 "다양한 데이터 소스"**에서는 다양한 IoT 디바이스와 자동차에서 생성하는 데이터를 어떻게 수집하고 관리하는지 어떻게 활용하는지를 설명합니다. 그리고 목적에 따라 측정 대상에 따라 존재하는 센서들과 센서 데이터의 다양한 사례와 활용방법을 보여줍니다.

- **4장 "IoT 데이터의 수집, 축적의 기본과 활용까지의 프로세스"**에서는 IoT 데이터의 특징과 데이터 수집에서 통합까지의 프로세스(수집, 축적, 정형, 통합)에 대해서 자세히 설명합니다.

- **5장 "데이터의 활용을 고려한 분석의 필요성"**에서는 데이터 활용 프로세스인 분석, 시각화, 검증에 대해 4장에 이어서 설명하고 있으며 다양한 데이터 분석 도구와 활용방법, 그리고 데이터 활용을 위한 통계 기법을 설명합니다. 그리고 AI에 의한 데이터 활용방법에 대해서도 언급합니다.

📶 **6장 "앞으로 중요한 IoT 시스템 운영"**에서는 IoT 시스템 운영에서 발생하는 여러 가지 우려 사항과 관리하는 대상 영역에 관해 설명합니다. 전지나 센서의 교체와 설치환경에 대한 문제점에 대해서도 언급합니다.

📶 **7장 "종합적인 대응이 요구되는 IoT 안정성"**에서는 IoT 디바이스의 보안 사고와 정보보안과 대책 그리고 보안 솔루션에 관해서 설명합니다.

📶 **8장 "서비스를 전개하는 시스템의 개념"**에서는 IoT 비즈니스 서비스와 공통 플랫폼, 서비스 모델에 대한 방향과 지속적인 투자에 관해 설명합니다.

독자가 이해하기 쉽도록 심사숙고하며 직접 저술하는 마음으로 번역 작업을 하였습니다. 그리고 특정 회사명, 제품명, 지명 등은 가급적 원래의 발음 그대로 유지하였습니다.

번역의 기회를 주신 영진닷컴 관계자 분들과 이 책이 나오기까지 수고해 주신 모든 분들에게 감사의 말씀을 전합니다. 모든 삶의 순간마다 한 걸음씩 인도해 주시는 하나님 아버지께 감사와 영광을 돌려드립니다.

주한길

차례

제1장   IoT의 현황과 주변 환경

제2장   IoT 아키텍처의 구성 요소

제3장 다양한 데이터 소스

제4장   IoT 데이터의 수집·축적의 기본과 활용까지의 프로세스

제5장   데이터의 활용을 고려한 분석의 필요성

제6장   앞으로 중요한 IoT 시스템 운영

제7장 종합적인 대응이 요구되는 IoT 안전성

IoT의 현황과
주변 환경

SECTION
1-1

단순한 유행어가 아니게 된
IoT의 현황

🌐 IoT는 오래전부터 있었던 단어

최근 몇 년 사이에 이슈인 IoT(Internet of Things: 사물인터넷)는 사실 20년 전부터 존재하고 있던 단어이며, 개념입니다.

최초로 'IoT'라는 단어를 사용한 사람은, 1999년 첨단 센싱 기술을 실험 연구하는 미국 Auto-ID 센터의 공동 설립자인 케빈 애슈턴(Kevin Ashton)입니다. 당시는 인터넷을 통해 e-커머스라는 형태로 상거래가 행해지는 등 다양한 서비스나 사업이 인터넷을 통해 이루어지기 시작한 시기입니다.

인터넷은 우리가 다루는 PC 등의 기기 보급과 함께 촉진되었습니다. 당시 인터넷을 활용하는 주체는 어디까지나 사람이었지만, 선견지명을 갖고 센서의 활용을 연구하고 있던 애슈턴이 예측했던 것은, 언젠가 사람의 조작을 거치지 않고 센서나 제어장치를 탑재한 기기(사물)가 직접 인터넷에 연결되어 기기끼리 여러 가지 일을 교환하는 것으로 사람들에게 쾌적한 환경이나 상태, 서비스를 실현하는 미래 모습이었습니다.

🌐 IoT라는 단어의 배경

IoT라는 단어의 배경에는 이처럼 사물과 사물을 연결하는 인터넷의 모습을 예상했던 것이지만, 1999년 당시에도 네트워크 장비들은 서로 연결되어 있었습니다. 이 기기들이 네트워크로 연결됨으로써 가져올 수 있는 기능이 네트워크에 연결되지 않았던 일반적인 다양한 기기(사물)에도 구현이 되어, 현재의 IoT 디바이스나 웨어러블 디바이스로 발전하게 됩니다.

하지만 유감스럽게도 당시에는 사물에 인터넷을 연결한다는 IoT라는 단어나 개념이 널리 알려지지 않았을뿐더러, 관련한 아이디어의 상당수가 실현되지 않았습니다. 그 이유는 네트워크 통신 환경 등의 컴퓨팅 기술이 IoT를 실현하기에는 충분하지 않았기 때문입니다. 게다가 사물이 설치되는 아날로그 환경을 디지털화하는 센서의 비용이 높았던 것도 IoT의 실현을 방해하는 요인 중의 하나였습니다.

🌐 M2M이라는 키워드의 대두

2000년 이후로 IoT와 거의 같은 개념인, 기계와 기계가 통신하는 M2M(Machine to Machine)이라는 키워드가 널리 사용됩니다. 그러나 IoT는 그 이후 10년 정도 잊힌 단어였습니다.

M2M과 IoT는 인간의 개입 없이 기계끼리 서로 연결되어 정보를 수집한다는 기본적인 부분은 같습니다. 다만 M2M는 넓은 영역이 아닌 하나 정도의 사업체나 기업의 내부라는 닫힌 환경에서만의 연결이라는 이미지가 있습니다. 기계 간의 연결 끝에 있는 복수의 클라우드 존재나 다른 시스템과의 융합은 M2M에는 포함되지 않습니다. 그에 반해 IoT는 M2M보다 더 포괄적이고 복합적인 개념입니다(M2M과 IoT의 차이에 대해서는 2.1절에서 설명합니다).

M2M의 대표적인 예로는 코마츠 KOMTRAX를 들 수 있습니다. 전 세계에서 가동하는 건설 기계에 통신 기능과 GPS 기능을 탑재하여 각각의 기계가 어디에서 가동하고 있는지, 혹은 고장이 있는지 등의 정보를 파악해, 신속하게 지원 대응합니다. 이 야심찬 시도는 2000년 당시부터 순조롭게 진행되어 온 매우 선진적인 모델로, 현재는 외부와의 연결까지 고려된 IoT 시스템으로 발전하고 있습니다.

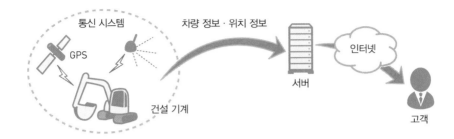

🏵 선진적인 모델인 코마츠 KOMTRAX의 개요

🌐 전체 인구보다 더 많은 사물이 연결된, IoT의 '전환점'

2000년경 이후 잠시 잊혔던 IoT이지만, 2011년에 이르러 다시 주목을 받게 되었습니다. 그 계기가 된 것이 미국 시스코 시스템즈의 리서치 부문인 Cisco IBSG(Internet Business Solutions Group)의 데이브 에반스(Dave Evans)가 발표한 'The Internet of Things How the Next Evolution of the Internet Is Changing Everything'입니다. 여기에서 '인터넷에 연결된 기기의 수가 급증함에 따라 2008년부터 2009년 사이에 전 세계의 인구보다 많은 기기가 인터넷에 연결되는 전환점을 맞이했다'라고 언급하고 있습니다.

	2003년	2010년	2015년	2020년
세계인구	63억	68억	72억	76억
연결된 기기	5억	125억	250억	500억
1인당 기기 수	0.08	1.84	3.47	6.58

연결된 기기의 수가
인구를 넘는다.

🏵 전체 인구보다 많은 사물이 인터넷에 연결되는 전환점

이 보고서가 시사하는 것은 인터넷에 연결된 PC나 모바일을 사람이 조작하는 것이 아니라, 사람의 개입 없이 기기의 정보만으로 발생하는 비즈니스의 가능성입니다. 이 보고서를 계기로, 시스코 시스템즈는 IoT의 리더 역할을 차지합니다.

🌐 독일의 국가전략 Industry 4.0

독일은 2012년 중장기적 국가전략 Industry 4.0에서 IoT 관련 언급을 하며, IoT 실현을 이루고자 함을 밝혔습니다.

이는 공장과 외부를 연결해 '커넥티드 팩토리(Connected Factory)'를 목표로 하는, 독일의 제조업을 지키기 위한 노력에서 시작되었습니다. 이는 곧 일대 운동이 되어 Industry 4.0, 즉 제4차 산업혁명으로 발전하게 됩니다. 이 혁명은 모든 산업의 다양한 사물을 연결해나가며 산업 전체를 바꾸는, 산업·연구·교육·민간을 끌어들인 국가 차원의 전략입니다. 당초 20년에 걸쳐 실현하려고 했지만 다른 국가들의 협력을 끌어들여 더욱 속도를 내고 있습니다.

🌐 미국에서도 일어난 Industrial Internet의 조류

독일의 움직임에 뒤처진 2년 뒤, 미국은 Industrial Internet Consortium(IIC)을 설립합니다. IIC는 산업영역에 있어서 인터넷 활용을 제창하는 단체로, GE, Cisco Systems, IBM, Intel, AT&T가 앞장서서 참여했습니다. 산업장비와 시설을 인터넷과 연결하는 새로운 비즈니스 모델 'Industrial Internet'의 개념을 추진하는 단체이며 GE가 먼저 자사 비즈니스에서 구현을 시작했습니다. 2017년 4월 시점으로 263개의 업체가 참여하고 있습니다.

이 컨소시엄은 다양한 '연결되는 비즈니스'를 자유도 높고 신속하게 테스트베드 아래에서 구현하고 있습니다. 2017년에는 '오픈 협업'의 개념을 기반으로 30개 가까운 테스트베드의 구현이 이루어지고 있으며 각각의 주제별로 각 산업영역에서의 인터넷 활용을 추진하고 있습니다. 대표적인 테스트베드를 소개합니다.

- 기업 자산의 효율화 (Asset Efficiency)
- 공장 안의 시각화 (FOVI: Factory Operations Visibility and Intelligence)
- 도시의 수도 사업의 지능화 (Intelligent Urban Water Supply)
- 항공기 화물 관리의 스마트화 (Smart Airline Baggage Management)
- 의료 · 간호의 연계 (Connected Care)
- 산업의 디지털화 (Industrial Digital Thread)
- 농업작물의 관리 (Precision Crop Management)
- 산업 네트워크용 TSN (Time-Sensitive Networking)

🌐 중국판 IoT '물련망(物聯網)'

　독일이나 미국뿐만이 아니라 중국에서도, 2009년에 원자바오 총리가 사물인터넷 구상을 발표했습니다. 다양한 센서와 RFID 태그[1], 정보 네트워크를 정비하고 도시 기반 전체의 스마트화를 도모한다는 아이디어는 IoT를 도시 전체에 적용하는 스마트 시티의 개념 그 자체이기도 해, 당시에 상당한 주목을 받았습니다. 이 중국판 IoT라고 할 수 있는 '물련망(物聯網)'은 국가의 주도 하에 일찍부터 클라우드를 활용한 중앙 집권형의 모델을 실현하고 있으며 다양한 사물을 인터넷에 연결하는 시금석이 되기도 했습니다.

🌐 각국이 연계하여 IoT가 가속된다

　독일과 미국 IIC는 2016년 3월에 상호 협력하는 계약을 체결했습니다. 같은 해 4월에 독일에서 열린 '하노버 박람회'에는 IIC가 부스 출전하여 쌍방의 협력이 본격적으로는 시작되는 계기가 되었습니다.

　또한, 이 박람회에서는 독일과 일본 정부가 IoT 상호 협력의 양해 각서를 체결

---

1 RFID. 'Radio Frequency Identifier'의 약어로. 태그의 ID 정보를 활용해 전파 등으로 근거리 통신을 주고 받을 수 있다.

해, 표준화를 향한 대처를 추진하기로 합의했습니다. 그리고 같은 해 10월 전시회 CEATEC(Combined Exhibition of Advanced Technologies)에서 미국 IIC와 엣지 컴퓨팅을 추진하는 오픈 포그 컨소시엄, 그리고 일본의 IoT 추진 컨소시엄이 양해 각서를 체결하여 상호 협력하여 비즈니스를 추진해 나갈 것을 약속했습니다.

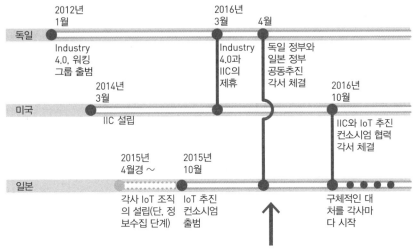

● IoT에 관한 각국의 대처 경위

그림을 보면 알 수 있듯이, IoT에 관한 국가 간 상호 협력이나 공동추진의 동의가 2016년에 연달아 체결되고 있습니다. 이는 매우 상징적인 의미를 지닙니다. 국가 단위의 규모가 아니라 나라를 초월한 세계 규모로 '연결 비즈니스'를 실현하기 위해 정치 차원에서의 추진이 가속하기 시작했다고 말할 수 있습니다.

🌐 본격적으로 IoT가 세상에 침투한다

2016년은 'IoT 원년'이 된다고 언급해 왔습니다. 확실히 IoT에 대한 대처가 본격적으로 시작되는 상황이 되고 있습니다.

컨설팅이나 통합에 관한 현장의 논의들은 이전의 정보수집 단계에서 확실히 전진하고 있으며, 선진적인 기업에서는 PoC(Proof of Concept: 실증 실험)를 벗어나 실용화 및 상용화의 검토에 들어가 있습니다. 물론 이제부터 PoC 검토에 들어가는 기업도 많아서 아직 걸음마 단계인 것도 사실입니다.

이전에는 'IoT도 결국은 한 때의 시끄러운 유행일 뿐'이라고 폄하하는 소리를 자주 들었지만, 세계의 흐름이 그렇지 않으니, 더는 그런 소리를 듣지 않게 되었습니다. 개념만 존재하던 시대는 이제 종말을 고하고, 테스트베드에서 상용화의 시대로 가기 시작했습니다.

3~4년 사이 IoT 비즈니스에 대한 대처가 세계적으로 급격하게 진행됐습니다. 다양한 사물을 인터넷에 연결해, 밸류 체인 전체에 인터넷을 활용하여, 산업 구조 전체를 다음의 모델로 이동시키려고 하는 움직임이 무수하게 많이 시작되고 있습니다. 이러한 정치적 흐름이나 각국의 대처에 대한 배경을 확보해 둠으로써, 눈앞에서 실시되고 있는 IoT에 대한 대응이 미래의 비즈니스와 사회의 구축과도 직결된다는 것을 느낄 수 있을 것입니다.

또한 지금까지와는 달리, 산업계와 정보통신업계가 함께 비즈니스를 만들려 한다는 것도 인지해 둘 필요가 있습니다. 현장의 조업기술인 OT(Operational Technology)와 IT(Information Technology)가 융합되어, 비로소 IoT를 실현할 수 있는 것입니다.

IoT를 실현하는
기술 요소와 필요한 배경

🌐 아이폰이 등장하고, 시간이 지나며 저렴해진 센서 가격

2007년에 발매된 아이폰은 스마트폰의 표준 흐름을 만들었고 구글의 운영체제인 안드로이드를 탑재한 스마트폰과 함께 세계 시장을 새롭게 경신했습니다. 스마트폰의 폭발적인 보급이, IoT를 실현하는 첫 번째 기술 요소로 연결됩니다.

스마트폰에는 각종 센서가 탑재됩니다. 위치 정보를 취득하는 GPS, 자기 센서, 가속도 센서, 자이로 센서, 환경 광 센서, 근접 센서, 지문 센서 등이 대표적입니다. 이러한 센서들은 예전에는 아주 고가였지만, 연간 수억 대 단위로 출하되는 스마트폰에 탑재됨으로써, 단가가 점점 내려갔습니다.

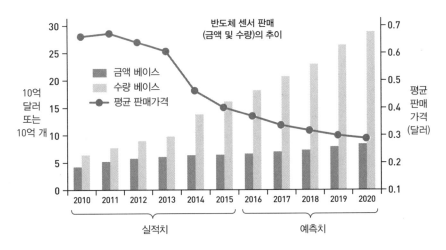

🏭 센서 출하 개수에 따른 가격 하락 (출처: IC Insights)

복수의 센서를 탑재한 환경 센서 디바이스는 몇 년 전까지는 수십만 원 정도였지만, 현재는 10만원 정도의 가격으로 구할 수 있습니다. 2000년 당시 IoT 보급의 과제였던 센서 가격의 문제는 스마트폰이 보급됨에 따라 해소되었습니다.

🌐 클라우드 등장 10여년 만에 저렴해진 인프라

IoT를 실현하는 두 번째 기술 요소는 클라우드 컴퓨팅입니다. 이 단어는 2006년 당시 구글 회장인 에릭 슈미트(Eric Emerson Schmidt)가 Amazon Web Services(AWS)를 가리키며 호칭한 것이 최초라고 합니다. 이후, 네트워크 데이터를 저장하는 데이터 센터에 통합된 컴퓨터 자원을, 이용 요금을 징수하여 제공하는 서비스나 비즈니스 모델이 보급됐습니다. 컴퓨터 자원의 이러한 이용 형태를 '클라우드 컴퓨팅(이하 클라우드)'이라고 합니다. 현재는 서비스의 신속한 출시나 유연한 자원 활용, 데이터 분석 및 매칭 등에 있어서 클라우드 없이는 상상할 수 없을 정도로 클라우드는 중요한 역할을 담당하고 있습니다.

클라우드의 구조를 좀 더 구체적으로 살펴봅시다. 클라우드란 데이터 센터에 대량의 서버를 집약하고 네트워크를 통해 그 컴퓨터 자원을 활용하는 것입니다. 각서버 컴퓨터는 소프트웨어로 가상화되어 있으며, 하나의 물리 서버에 복수의 가상화된 소프트웨어 서버를 구동할 수 있습니다.

그러한 가상 서버는 필요할 때 자동으로 구동되며, 필요 없을 때는 멈추게 할수 있습니다. 서비스에 필요한 만큼의 서버를 확장해서 사용할 수 있습니다. 가상서버를 멈추고 있는 동안은 요금이 부과되지 않기 때문에, 서버를 물리적으로 소유해서 전기료나 인건비를 지급하며 고생해 운용하는 것보다 비용이 적게 듭니다. 이처럼 월정액 과금 등을 통해 자원을 저렴하게 이용할 수 있는 것이 장점입니다. 정리하면, 클라우드의 특징은 다음과 같습니다.

- 데이터 센터에 집약한 자원을 네트워크를 통해 접근 및 활용할 수 있음
- 소프트웨어에 의한 가상화 서버가 주체
- 사용하는 시간만큼 요금을 내는 서비스 모델

- 저렴한 비용으로 운용할 수 있음
- 압도적인 확장성 & 접근성

단 몇 대의 디바이스부터 시작하더라도 계속해서 사물을 연결한다면 단기간에 수백 대 이상까지 확장할 가능성이 있는 IoT 시스템에서는, 필요한 때에 필요한 만큼의 컴퓨팅 환경을 구축할 필요가 있습니다. 폭발적으로 확대될 수 있는 IoT 시스템을 구축할 때 문제가 되던 컴퓨터 자원과 확정성의 제약이 클라우드의 보급으로 인해 해소된 것입니다.

🌐 소셜미디어 등장 후 약 10년 만에 데이터양 대폭발!

IoT를 실현하는 세 번째의 기술 요소로서 애플리케이션 영역에도 눈을 돌려 봅시다. 2019년 Statistica 조사에 따르면, 2006년에 서비스를 시작한 페이스북은 22.7억 명의 실사용자를 확보하고 있고, 같은 해 서비스를 시작한 트위터도 3.2억 명의 실사용자를 확보하고 있습니다. 현재의 '소셜 네트워킹 서비스(SNS)'의 붐을 만들어 낸 두 개의 거대한 SNS가 일반용으로 등장한 지 10년이 넘었습니다.

이 밖에 페이스북이 인수한 인스타그램은 2010년의 서비스 개시부터 단기간에 7억 명의 사용자를 확보하고 있습니다. 구글이 2011년 개시한 구글플러스도 3.5억 명의 실사용자를 확보하고 있습니다(일반 사용자용 구글플러스는 2019년 8월 30일 서비스 종료).

🔵 주요 SNS의 MAU(Monthly Active User: 월간 실사용자)

SNS 이름	MAU 서비스	개시 연도
페이스북	22.7억 명	2006년(일반용)
트위터	3.2억 명	2006년
인스타그램	8.0억 명	2010년
구글플러스	3.9억 명	2011년

중요한 것은 이러한 SNS의 실사용자 수뿐만이 아닙니다. 사용자가 모바일로 앱을 이용해 게시하는 콘텐츠의 양도 중요합니다. 문자 메시지, 사진, 동영상 등 사용자 자신이 게시하는 콘텐츠(CGM: Consumer Generated Media)의 양이 중요시되는 것입니다. 이러한 사진이나 메시지는 친구끼리 공개적으로 교환되어 해당 사용자(및 그 친구)의 단말기에 머무르지 않고 굉장한 기세로 데이터의 복사가 증식해 나갑니다. 게다가 최근에는 데이터양이 더욱 증가하는 경향이 있습니다. 동영상을 실시간 스트리밍으로 내보내는 등 데이터양이 더 증가하는 일은 있어도 줄어드는 일은 결코 없는 상황이기 때문입니다.

🌐 빅데이터 분석 시대의 도래

모바일 기기와 SNS로 인해 데이터양이 폭발적으로 증가하여, 클라우드의 저렴하고 풍부한 컴퓨터 자원이 없으면 해결할 수 없는 상황이 되어 버렸습니다. 글로벌 규모로 하루에 생성되는 데이터양은 2엑사바이트[2]라고 알려졌지만, 우리는 단 5% 안팎밖에 활용하고 있지 않다고 합니다.[3] 만약 이들 데이터를 고급 분석하여 활용 정도를 높일 수 있다면, 비즈니스는 더욱 발전하고 우리의 생활은 더 편안하게 바뀔지 모릅니다.

클라우드에 축적된 대량의 데이터를 고도로 분석하면 새로운 시사점을 얻어 미래에 일어날 고장이나 사고를 예측, 혹은 미리 방지할 수도 있을 것입니다. '빅데이터 분석'이라는 데이터 분석 영역에서는 인공지능(AI: Artificial Intelligence)을 활용한 분석으로 최적의 패턴을 신속히 발견할 수 있습니다.

예컨대 이전에 주류였던 분석 기술은 회사가 보유한 일부 시계열 데이터의 크로스 분석이나 통계 해석이었습니다. 현재는 일기 예보와 기상 데이터, SNS에서 소

---

2 1엑사바이트(EB) = 10^6 테라바이트(TB) = 2^{60} 바이트(B)

3 참고자료:https://www.rcrwireless.com/20121212/big-data-analytics/huge-big-data-gap-only-0-5-data-analyzed

통하고 있는 텍스트를 해석한 결과 같은 것들도 데이터로 활용하고 있습니다. 이렇게 함으로써 분석과 예측의 정확도를 비약적으로 높일 수 있습니다. 이때 클라우드 컴퓨터 자원을 활용하면 과거 수십 분의 일의 비용으로, 게다가 실시간에 가까운 짧은 시간에 분석이 이루어집니다.

🌐 제3의 플랫폼이 IoT의 기술 배경

미국 조사 기관인 IDC의 정의에 의하면 소셜, 모바일, 분석, 클라우드가 '제3의 플랫폼'으로 불리고 있다고 합니다(각 항목의 첫 글자를 취해 'SMAC'라고 불리기도 합니다). 이제 정보통신업계는 이 영역에 대해 투자를 한다고 합니다. IT 관련 이외의 일반 기업도, 이러한 기술을 사용해야 비즈니스 혁신을 할 수 있다고 생각해도 좋을 것입니다.

앞서 말했듯이 IoT의 보급에는 문제가 있었습니다. 하지만 소셜, 모바일, 클라우드가 등장한 지 10년을 넘어서며 IoT의 보급 문제뿐만 아니라 기술적 환경까지 가능하게 되었습니다. 제3의 플랫폼의 대두는 IoT 기술이 보급되는 큰 전환점일지도 모릅니다.

⚙ 제3의 플랫폼 등장 후 10년 만의 변화점

아이폰 등장으로부터 약 10년	현재의 스마트폰 원형인 아이폰이 등장한 2007년. 이후 수십억대의 출하 규모가 되어, 다양한 센서 부품이 대량 출하되어 센서의 가격이 극적으로 내렸다.
클라우드 등장으로부터 약 10년	아마존이 처음으로 인프라를 서비스로써 임대하는 비즈니스에 진출한 것이 2006년. 당시 구글의 에릭 슈밋 회장이 그것을 클라우드 컴퓨팅이라고 불렀다.
현재 인기 있는 소셜 미디어 등장으로부터 약 10년	최근 10년간 인류는 놀라울 정도로 자신의 정보를 대량으로 소셜미디어에 전송하게 되어, 행동이나 감정을 포함한 대량의 텍스트 데이터나 화상 데이터가 시장에 전달되었다.
빅데이터의 폭발과 실시간 분석	모바일 기기의 발전으로 정보 데이터양이 급증했다. 또, 소셜미디어의 발전으로 텍스트 데이터에서 사진, 동영상의 데이터가 폭발적으로 증가했다. 클라우드의 컴퓨터 자원으로 그 데이터를 단시간에 분석할 수 있게 되었다.

❶ 스마트폰의 보급

- 2007년에 아이폰 등장
- 언제든지 네트워크에 접속 가능 (100억 대)
- 여러 개의 센서를 탑재
- 스마트폰의 출하 대수와 함께 센서 단가 도 하락하여 IoT에서 활용 가능

❷ 클라우드의 보급

- 2006년 Amazon Web Services가 서버 의 시간대여 모델을 개시
- 신속한 사업 시작이나 유연한 자원 활용 으로 창업이 가속
- 극적으로 저렴한 데이터 처리 실현

❸ 소셜 네트워크의 확산

- 2006년 페이스북과 트위터의 서비 스 개시
- 소비자(컨슈머) 자신이 콘텐츠를 생성(CGM)
- 사진이나 메시지를 대량으로 공유
- 공감되는 데이터가 확산 · 복제되 며 증식

❹ 빅데이터 분석

- 모바일 단말과 클라우드 앱의 활용 및 소셜의 대량 데이터를 저렴하게 분석 가능
- 지금까지와는 비교되지 않을 정도의 대 량의 데이터를 실시간에 가깝게 분석처 리 가능

🏵 4개의 '제3의 플랫폼'

제3의 플랫폼의 특징은 다음과 같습니다.

- 낮은 비용으로 조달 · 실현할 수 있다.
- 구현 기간을 단축할 수 있다.
- 모듈화로 범용성이 높다.
- 데이터를 대량으로 생성 · 처리한다.

이 외에도 대량의 데이터를 활용한 데이터 기반 경영 모델로 이동하기 쉽고 비즈니스 기회와 공급 기회의 최적화가 쉬운 것 등이 있습니다.

이로 인해 사물이나 일을 공유하고 가동률을 높여 과금하고, 지금까지는 최적화되지 않고 기회 손실이 되고 있던 영역에서 이익을 창출하는 비즈니스 모델도 등장하고 있습니다. 성공 사례로는 차량 공유 시스템의 우버(Uber)와 개인의 집이나 아파트를 숙박 시설로 제공하는 에어비앤비(Airbnb) 등을 들 수 있습니다.

🌐 모바일 클라우드에서 IoT로

필자는 2009년부터 '모바일 클라우드'라는 개념을 제창했습니다. 이는 스마트폰으로 대표되는 모바일 기술과 클라우드를 결합하여 새로운 비즈니스 모델을 만드는 개념입니다. 그 후, 이 두 기술의 조합으로 작업 스타일을 극적으로 바꾸어 왔습니다. 그리고 공장 등의 현장에서 이동하면서도 업무 처리를 하는 스마트 워크 환경을 실현했습니다.

모바일 클라우드의 미래 모델은 사람을 개입시키지 않는 M2M 비즈니스라고 생각합니다. 지금은 IoT라는 말로 대체하지만, 이전에 모바일이나 클라우드의 도입을 검토해 오신 분이라면 IoT는 여러 기술의 조합으로 어느 정도 실현 가능한 것이라고 경험적으로 느끼고 있을 것입니다.

데이터양의 증가

센서 기술 ➕ 모바일 기술 ➕ 클라우드 기술

센서 대수 및 모바일 대수가 증가하고
그것으로부터 대량의 데이터가 클라우드에 올라오는 모델이 IoT.
모바일과 클라우드의 조합에서 어느 정도 실현이 가능

🏵 센서 기술 + 모바일 기술 + 클라우드 기술이 IoT를 만든다.

🌐 IoT는 기술만으로 도입할 수 없다

모바일 클라우드 시대와 비교하면, IoT의 검토와 도입에는 어려운 면이 있습니다. IoT의 도입처가 공장 등의 생산 현장이나 물류 현장, 소매 유통의 매장, 농수산업 분야이기 때문입니다. IT 부문의 엔지니어는 사무실에서 일하는 사람을 대상으로 하는 시스템의 도입에는 익숙하지만, 현장에서 실행되는 사물을 대상으로 하는 것은 아직 익숙하지 않습니다. 극단적으로 이야기하면, 사람이 개입하지 않고 자동으로 실시되는 환경을 구축하는 것이 IoT의 궁극 목표입니다. 즉, 엔지니어가 마주 대하는 상대가 이제까지의 시스템 도입과는 크게 달라진 것입니다.

이미 IoT의 기술적 요소는 거의 다 구현되어 있습니다. 따라서 현재의 기술로도 쉽게 IoT 시스템을 만들 수 있습니다. 그러나 시스템을 구축하는 측에서는 '어느 현장에서', '어떠한 과제에 대해서', '어떠한 효과를 낼까'에 대해서 이해할 필요가 있습니다. 다만 현장의 실제 업무를 알고 있는 것이 아니므로 구현하는 것이 간단하지 않습니다. 실제 현장에서는 'IoT 환경 구축을 통해서 미래에 어떠한 비즈니스 모델을 목표로 하는 것인가'에 대한 아이디어도 없는 경우가 많습니다. IT 측면에서는 현장을 보고도 과제를 파악할 수 없고, 현장 측에서는 전체 그림을 구상하지 않기 때문에 시스템 구축이 어렵습니다. '기술은 벌써 갖추어져 있다'라고 생각하기 쉽지만, 중요한 것은 기술만으로 도입할 수 있는 것은 아니라는 것을 이해하는 것입니다.

SECTION

1-3

IoT 시장 규모와 미래

🌐 500억대의 사물이 연결되는 IoT

많은 디바이스가 연결되는 IoT 기술에 커다란 비즈니스 가능성이 있다고 많은 업계에서 기대감이 높았습니다. 지금까지 정보통신업계는 단말기 대수가 늘어나면, 서비스를 포함한 비즈니스의 시장 규모가 커져 온 바가 있습니다.

예를 들면 컴퓨터는 10억 대의 시장 규모, 스마트폰 등 모바일 단말기는 100억 대의 시장 규모로 추정되고 있지만, IoT는 500억대의 시장 규모가 예상됩니다. 하나하나에 과금하는 것만으로도 적절한 시장 규모가 예상되므로 정보통신업계는 IoT에 큰 비즈니스 가능성을 느끼고 있습니다.

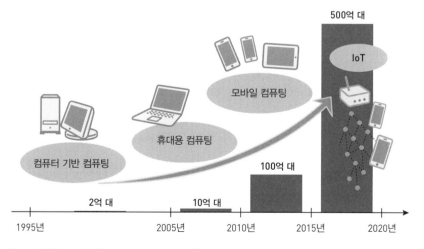

🔘 IoT 시장 규모 추이 (ZK Research: 2016년)

정보통신업계 이외의 기업들도 IoT에 큰 기대를 하고 있습니다. 다양한 사물이 연결됨으로써 현장의 작업을 원활히 하는, 효율화와 비용 절감 측면을 기대하고 있습니다. 단지, IoT의 효과나 장점을 아직 느끼지 못한 기업들도 있는 것이 사실입니다.

🌐 IDC의 일본 IoT 시장 예측

시장 조사 기관인 IDC Japan은 2017년 2월에 'IoT 시장 용도별/산업 분야별 예측'을 발표했습니다. 이는 일본 시장의 IoT 용도 및 산업별 시장 규모를 예측합니다. IoT 사용자 지출액을 보면 2016년 50조 2700억 원, 2021년에는 110조 2370억 원으로 시장 규모를 예상합니다. 5년간에 2배로 성장할 가능성이 있는 시장입니다. 앞으로 더욱 본격적으로 IoT의 활용이 진행되리라 생각해도 무리가 아닙니다.

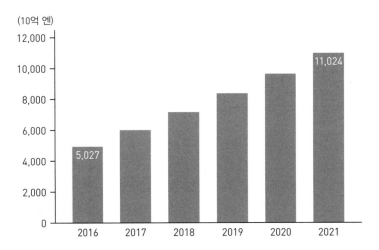

🌐 일본 IoT 시장 규모 (IDC Japan: 2017 년)

이 보고서는 IoT의 높은 성장성이 기대되는 산업 분야도 꼽고 있습니다. 농업 필드 모니터링, 소매 점포에서의 개별 권고, 원내 클리니컬 관리, 스마트 그리드, 텔레매틱스 보험, 홈오토메이션, 스마트 기기 등입니다. 각각, 연평균 성장률 25% 안팎으로 2020년까지 유지될 것으로 언급되고 있습니다.

🌐 IoT 시장의 산업별 예측

또 종합 계획사가 2016년 11월 발표한 '2017년 IoT 관련 시장의 미래 예측'에서 산업별 IoT 시장 규모를 살펴봅시다(다음 페이지의 그래프를 참조). 이는 업계의 구성원이 참여한 공청회에 근거한 조사 결과입니다.

향후 몇 년간 일본 IoT 시장에서 가장 성장한 산업은 운수(2조 6900억 원), 제조(1조 9350억 원), 엔터테인먼트(2조 630억 원)의 영역이라고 합니다(모두 2020년도 예상). 특히 운수에서도 자동차 영역에 관해서는 다른 산업보다 뛰어난 성장률로 2020년을 맞이할 것으로 예상합니다. 그 배경에는 2020년까지 자율주행차를 달리게 하려는 정부의 뒷받침도 있습니다. 이 자동 운전에 관련된 다양한 구성 요소에서 IoT 관련 기술을 구현하는 것이 기대되고 있습니다.

엔터테인먼트 분야에서는 실제와 같은 아날로그 공간과 가상적인 디지털 공간의 정보를 함께 활용하는 AR/VR 기술에서의 IoT 활용에 많은 관심이 집중되고 있습니다. 도입이 논의되고 있는 카지노 등의 놀이 공원이나 게임에서 사용되는 AR/VR 기술이 IoT의 콘텐츠 측면에서 다뤄질 것으로 기대를 모으고 있습니다.

🌐 각양각색의 시장 예측, 그러나 규모는 항상 100조 원을 넘는다

이처럼 각종 데이터를 읽다 보면 IoT 관련 업계 전체의 시장 규모가 100조 원을 넘어설 가능성을 가지는 매력적인 비즈니스/기술 트렌드라는 것을 볼 수 있습니다. 다만, IoT의 영역은 광범위하므로 그 정의나 해석이 하나의 뜻으로 정해져 있지 않습니다. 그 때문에 시장 규모의 예측은 조사에 의해 각기 다른 것이 되기 쉽습니다. 현시점에서는 보다 알기 쉽게 해석할 필요가 있습니다.

'사물인터넷'이라는 넓은 의미로 파악해 왔습니다만, 다음 절에서는 IoT란 무엇인가에 대해 다시 생각해봅니다. 좋은 것인지, 나쁜 것인지 그리고 본질에 대해서도 언급합니다.

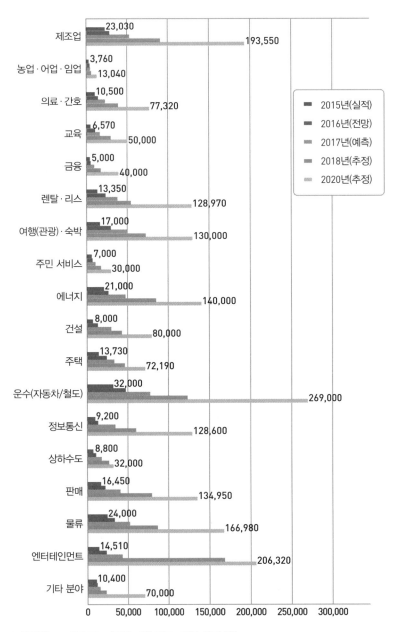

제조업 — 23,030 / 193,550

농업·어업·임업 — 3,760 / 13,040

의료·간호 — 10,500 / 77,320

교육 — 6,570 / 50,000

금융 — 5,000 / 40,000

렌탈·리스 — 13,350 / 128,970

여행(관광)·숙박 — 17,000 / 130,000

주민 서비스 — 7,000 / 30,000

에너지 — 21,000 / 140,000

건설 — 8,000 / 80,000

주택 — 13,730 / 72,190

운수(자동차/철도) — 32,000 / 269,000

정보통신 — 9,200 / 128,600

상하수도 — 8,800 / 32,000

판매 — 16,450 / 134,950

물류 — 24,000 / 166,980

엔터테인먼트 — 14,510 / 206,320

기타 분야 — 10,400 / 70,000

범례:
- 2015년(실적)
- 2016년(전망)
- 2017년(예측)
- 2018년(추정)
- 2020년(추정)

X축: 0 50,000 100,000 150,000 200,000 250,000 300,000

● 산업별 IoT 시장 규모 (종합 계획 검토, 단위: 백만 엔)

사람도 데이터도 프로세스도 모두 연결하는 IoT

🌐 모든 것을 연결해서 지금까지와는 다른 모델을 목표로 하는 것이 IoT

다양한 미디어에서 볼 수 있는 IoT의 해석인 'Internet of Things = 사물인터넷' 이라는 단어가 시사하듯, '사물'에 대한 고집이 느껴집니다. 이 배경에는 제조업 사람들에 의한 'IoT는 제조업 분야에 있어서 기회다'라는 의미의 편리한 해석이 있습니다. 이러한 상황에서 '사물'이라는 단어를 앞세운 개념의 확산이 쉬웠다고 생각됩니다.

IoT가 그만큼 제조 산업으로부터 큰 기대를 받고 있다는 겁니다. 자동차 업계를 비롯한 일본의 제조업계가 IoT에 주목하고 있는데, 다른 나라의 제조업계들도 마찬가지입니다.

그러나 사물을 연결함으로써 얻을 수 있는 장점은 비용 절감과 효율화 등 그 기업 안에서만 완결되는 현장 중심의 활동에 한정되는 경향이 있습니다. 제조업 현장에서는 일찌감치 공장자동화(FA: Factory Automation)를 도입했으며 기계 및 설비가 고도로 자동화 작업을 하는 공장 전체의 자동화에 매진해 왔습니다. 그로 인해 투자능력이 있는 대기업을 중심으로 생산설비는 이미 완성되어 있다고 생각할수 있습니다. 즉, 제조업 분야에서 비용 절감, 효율화, 고도의 작업을 이미 실현하고 있는 것입니다.

이러한 공장자동화에 의한 개선은 말할 필요도 없이 중요한 일이지만, 비용 절감 및 효율화만으로는 축소 균형에 지나지 않고 미래의 경쟁력으로 연결되는 새로운 가치를 낳는 혁신을 일으키기 어렵습니다. IoT는 단지 사물을 연결하는 것뿐만 아니라 혁신적인 가치를 창출하는 것을 목표로 하는 것이 본질입니다.

🌐 IoT는 확장하는 관점으로 파악하는 것이 중요

현시점에서 많은 사람은 IoT를 이러한 비용 절감과 효율화, 혹은 원격 감시에 기여하는 정도로밖에 파악하고 있지 않습니다. 그래서 비즈니스로서 좀처럼 발전하기 어려운 상황에 있습니다. 기업 전체의 찬동을 얻지 못하는 등 비즈니스 모델로서 성립하기 힘든 상황에 놓이는 일이 많습니다. 거기에서 조금 해석을 넓혀 시장 규모와 사업 기회를 크게 확대하고 다양한 가능성을 확장하는 관점에서 검토할 필요가 있습니다.

IoT를 전 세계적으로 추진하는 선봉장이었던 시스코 시스템즈는 사물을 네트워크로 연결해 데이터를 주고받고 그 데이터를 어떻게 사람들이 스마트하게 활용할 수 있는가에 대한 관점에서 IoT를 생각했습니다. 이러한 관점에서 데이터와 프로세스를 연결하고 또 프로세스 안에서 사람과 사람을 연결하는 등 현재 상태에 연결되지 않은 사물·사람 모두를 연결하는 것이 IoT라고 정의했습니다. 시스코 시스템즈는 IoT를 이처럼 넓은 의미로 보고 IoE(Internet of Everything: 만물 인터넷)라고 부르고 있습니다.

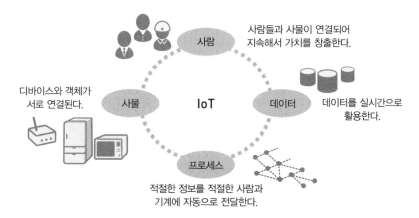

사람들과 사물이 연결되어 지속해서 가치를 창출한다.

디바이스와 객체가 서로 연결된다.

데이터를 실시간으로 활용한다.

적절한 정보를 적절한 사람과 기계에 자동으로 전달한다.

🌐 사물, 데이터, 프로세스, 사람을 연결하는 IoT

🌐 세상은 아직 연결되지 않은 사물들뿐

현실 세계를 보면 아직 세상에는 연결되지 않은 사물들이 넘치고 있습니다. 예를 들면 여러분이 일하는 책상은 네트워크로 연결되어 있습니까? 최근 들어 콘센트와 네트워크 단자가 갖춰진 책상도 간혹 있지만, 아직까지 대부분의 책상들은 그렇지 않습니다.

처음 방문하는 복합빌딩의 대회의실에 원활하게 도착할 수 있을까요? 스마트폰으로 구글맵(Google Map)을 표시시켜도, 평면도밖에 얻을 수 없습니다(최근에는 지하 등의 도면도 있습니다). 지하철역에서 건물 안을 헤매지 않고 상층으로 이동하여 회의실에 도착하는 것은 상당히 힘듭니다. 역의 개찰구에서 회의실까지의 사이에는 다양한 물리적인 경계나 물리적으로 닫힌 공간이 있습니다. 그런데도 안내 데이터는 패널이나 종이와 같은 아날로그 형태로밖에 제공되고 있지 않을 것입니다. 자동차에 내비게이션이 있는 것처럼 지하철역의 현재 위치에서 건물 안의 회의실이라는 목적의 장소까지 안내해주는 보행자의 관점에서 내비게이션을 할 수 있는 앱이 있으면 좋겠다고 생각하지 않습니까?

이렇듯 세상은 아직 연결되지 않은 사물투성이입니다. 여러분의 주변을 살펴 보아도 옷이나 가전제품, 건물이나 시설이 아직 네트워크와 연결되지 않은 것을 확인할 수 있습니다. 이런 상황이 현시점에서는 불만이 없을 수 있지만, 사물들을 연결함으로써 더 쾌적하고 더 스마트하게 될 가능성이 있습니다. 이것이야말로 IoT의 요점입니다.

🌐 사물에만 고집하면 확장하지 못한다

정보통신기업이 TAM(Total Addressable Market: 인식할 수 있는 시장 규모 전체)을 크게 파악하는 경향이 있기에 IoT도 확대하여 해석된 것이라 여길 수 있습니다. 하지만 오히려 이 해석에는 IoT의 다양한 가능성을 발견하는 중요한 관점이 있습니다.

인터넷과 사물을 연결하는 데만 고집하면, 확장은 되겠지만 투자에 알맞은 이익을 얻을 수 없게 됩니다. 개별 상품에 대한 부과 단가가 극히 작기 때문입니다. 이것으로 만들 수 있는 수익 사업 모델은 높은 투자력이 있는 소수의 큰 플랫폼에 한정되어 버립니다.

따라서 사물을 연결하는 것뿐만 아니라 연결하여 얻을 수 있는 데이터를 더욱 가치 있게 활용할 수 있는 구조나 분석 방법을 구축해야 합니다. 그 구조나 분석 방법을 현장의 업무와 실생활에 적용하면, 사람들이 직접 사물에 과금할 수 있는 구조를 생각할 수도 있을 것입니다.

반복하는 이야기지만, 지금까지의 IoT 이슈는 사물에 지나치게 치우쳐 있습니다. 관련된 모든 요소에 비즈니스가 성립할 수 있는 다른 접근 방법이 있을 겁니다. 굳이 사물이 아니더라도 과금 형태나 에코시스템을 염두에 두면 가능성이 확장되는 것은 분명합니다. 좁은 시야에서 벗어나, 가능성이나 과제 해결의 포인트를 보다 크게 파악하는 넓은 시야를 얻어야 합니다.

아직 연결되어 있지 않은 곳을 주목하여, 어떤 기술로 IoT가 적용 가능한지를 생각해 비즈니스를 검토했으면 좋겠습니다. 아직 연결되어 있지 않은 경계가 있는 그곳이야말로 업무상/조직상/기업문화상/경제상의 다양한 과제가 잠재해 있는 것입니다. 그 과제를 해결하기 위해서 '연결 = IoT'의 개념을 적용하여 경계선을 없애 가는 것입니다. 구체적으로는 네트워킹이나 데이터의 연계, 애플리케이션 상호 연계, 프로세스의 자동 연계 등을 실시하게 될 것입니다. 또한, GPS와 Wi-Fi를 사용해 위치 정보를 활용하여 원활한 동선 유도 등을 실시해 가기도 하겠죠. 이러한 노력이 업무 개선이나 조직 문제의 개선을 주도해 나갈 것입니다.

그렇다면 연결해야 할 경계는 구체적으로 어디에 있는 걸까요? 다음과 같은 것들을 예로 들 수 있습니다.

- 사내와 사외 사이
- 소비자와 기업 사이
- 광고와 콘텐츠 사이
- 현실과 가상 사이
- 상사와 부하 사이

- 남성과 여성 사이
- 업계와 다른 업계 사이
- 인간과 로봇 사이
- 정보통신기업과 일반기업 사이
- 하드웨어와 소프트웨어 사이

이와 더불어 다음 세 가지 경계는 앞으로 점점 단절이 커질 것으로 우려되는 것입니다. 이러한 사회 문제도 IoT로 해결할 수 있을 가능성이 있습니다.

- 도시와 지방 사이
- 부유와 빈곤 사이
- 노년과 청년 사이

🌐 사물만 집착하지 않는 실제 구축 사례

예를 들어 농업을 위한 IoT라면, 일반 제조업 등의 생산성 향상과는 전혀 다른 접근법이 필요합니다. 농작물은 생산성이 너무 좋아지면, 시장에서의 가격이 하락합니다. 소매 유통매장에서의 소비 동향이나 매출 상황을 파악해 어느 정도의 거래 가격을 유지하는 생산 체제가 이상적입니다. 또한, 농작물은 신선도가 매장에서의 가격부여에 큰 영향을 끼칩니다. 따라서 물류망은 신선도 유지가 중요합니다. 여기에 IoT를 활용하여 운송 중 온도를 관리하여 신선도를 유지할 수 있습니다. 이 분야는 최근 들어 필요성이 대두되고 있습니다.

공장　　　　　지역 거점　　　　　배송 센터　　　　　점포(매장)

IoT에 의한 신선도 관리, 온도 관리, 수송상태 관리가 각각의
물류 경로에서 필수적인 관리 항목이 되고 있다.

🏭 물류에서 이어지는 관리

또 하나의 구체적인 예로 풍력 발전의 풍차 설비 모니터링을 소개하겠습니다. 설비의 30m 정도 높은 곳에 있는 풍차 부분에 진동 센서를 설치하여, 분당 진동 상태를 모니터링 하는 것입니다. 설계 시의 사양과 다른 진동이 감지되면 고장의 가능성이 있다고 여기고 분석을 시작합니다. 매분 전송되는 대량의 데이터를 패턴 매칭하여 상태를 자동으로 판단합니다. 판단된 결과는 보수 유지관리 작업원에게 애플리케이션을 통해 전달됩니다. 작업원은 고장이 예측된 날짜나 작업 지시에 따라 현장을 방문하여 점검 관리를 시행합니다.

작업원이 유지보수를 하는 동안, 저하되는 발전량에 대해서는 관련된 전력회사나 지자체 등의 운영 주체에 자동으로 연계되어 정지 시간의 데이터가 요금계산에 반영됩니다. 즉, 현장의 물리적인 풍차 설비로부터 올라온 데이터가 분석되어 밸류체인(가치사슬)의 다른 조직으로 전해져, 그것이 고객에게도 데이터로서 전달되어 최종적으로는 과금 모델에도 반영됩니다.

이처럼 사물의 데이터가 사람과 연결되어 다른 시스템이나 데이터와 연계되는 것이 중요합니다. 지금까지 연결되어 있지 않았던 일련의 흐름을 연결하는 것으로 가치 있는 밸류체인이 만들어집니다.

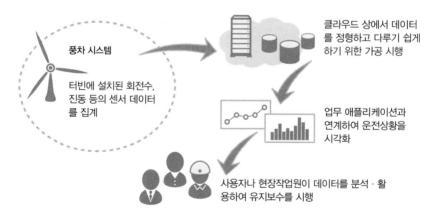

풍차 시스템
터빈에 설치된 회전수, 진동 등의 센서 데이터를 집계

클라우드 상에서 데이터를 정형하고 다루기 쉽게 하기 위한 가공 시행

업무 애플리케이션과 연계하여 운전상황을 시각화

사용자나 현장작업원이 데이터를 분석 · 활용하여 유지보수를 시행

🌐 풍력 발전의 풍차 설비 모니터링의 사례

어떤 업무 내용이나 특정 공장이나 생산 농가의 현장 또는 하나의 산업 영역에만 주목하는 것이 아니라 그들 모두를 연결해 나간다는 착안점을 가지는 것이 중요합니다. 그렇게 하면 다양한 사물의 경계선이 조금씩 사라져 갈 것입니다. 경계선을 제거함으로써 문제를 해결할 수 있는 것이 IoT이기 때문에 우선은 다양한 경계에 주목하고 그 경계에 숨어있는 문제를 생각하면 좋을 것입니다.

이 책에서는 IoT를 실현하기 위한 기술을 소개하고 있지만, 사실 기술이 점차 발달하면서 IoT 실현은 쉬워지고 있습니다. IoT의 실현에 있어, 기술보다는 과제를 발견하고 그것을 어떻게 해결할지를 찾아내는 착안점과 확장시키기 위한 스토리 설정이 중요해질 것입니다.

IoT의 본질은 데이터를 활용한
디지털과 아날로그의 융합

🌐 IoT로 무엇을 할 것인가?

IoT를 실현하려면, 당연하게도 여타의 비즈니스와 같이 목적이 필요합니다. "IoT로 무엇을 달성하고 싶은 것인가"에 대답할 수 없으면, 아직 그 목적을 이해하고 있다고 말할 수 없겠지요. 그렇지만 현시점에서는 IoT에 임하고 있는, 또는 임하고 싶다고 생각하는 조직들도 그 목적이 명확한 곳이 너무 적다는 것 또한 사실입니다.

목적 의식이 없는 채 IoT 프로젝트에 임하거나 IoT 조직을 만들고 있는 조직이 잘되는 것을 본 적이 없습니다.

> IoT로...
>
> 무엇을 할 것인가?
> 무엇을 달성할 것인가?

> IoT를...
>
> 하고 싶다.
> 만들고 싶다.
> 실현하고 싶다.

⚙ 포인트는 'IoT로 무엇을 할 것인가'라는 목적

🌐 IoT가 목표하는 모습은 '디지털 트윈'

IoT가 목표하는 모습이나 목적은 다양합니다. 그러나 목적을 생각할 때에는 미래에 도달할 수 있는 모습을 상상해 보고, 그 본질적인 효과를 이해해야 합니다.

그것을 알고 있으면 IoT에 임하는 필연성도 명확해진다고 생각합니다.

본질적으로 IoT가 목표하는 모습 중 가장 알기 쉬운 모델은 '디지털 트윈'입니다. 디지털 트윈이란, 아날로그와 디지털을 트윈(쌍둥이)과 같이 경계 없이, 똑같이 취급한다는 개념입니다. 경계선을 없앤다는 의미에서는 아날로그와 디지털의 융합이라고 바꾸어 말할 수도 있습니다.

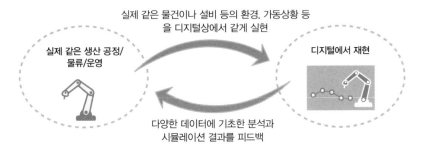

실제 같은 물건이나 설비 등의 환경, 가동상황 등을 디지털상에서 같게 실현

실제 같은 생산 공정/ 물류/운영

디지털에서 재현

다양한 데이터에 기초한 분석과 시뮬레이션 결과를 피드백

🌐 IoT가 목표로 하는 모습 '디지털 트윈'

구체적으로는 아날로그 환경으로부터 얻은 다양한 데이터를 디지털 공간에 넣어, 아날로그 공간에 존재하는 설비·로봇·기기·사람의 동작·상태·환경 등을 모두 데이터화합니다. 그리고 그 데이터를 시각적으로도 알기 쉽게 애니메이션화 하는 등 디지털 공간, 즉 컴퓨터상에서 시뮬레이션할 수 있는 애플리케이션으로 구현합니다.

🌐 현실을 시뮬레이션하여 대책에 도움을 주는 디지털 트윈

실제 현장에서는 시간을 멈춰둘 수 없기에 미션 크리티컬한 시스템이나 현장 작업은 중지가 허용되지 않습니다. 그러나 디지털 공간상에 데이터와 애플리케이션을 일단 구축하고 나면 그러한 데이터를 활용해 시계열을 거슬러 올라가거나, 미래 예측을 하는 등 시간의 제약에 얽매이지 않고 시나리오를 가정해 시뮬레이션하는 것이 가능해집니다.

시뮬레이션할 수 있으면 어떠한 유사성이 발생했을 경우의 대응 방안이나 기술 상의 대체 수단, 납기 지연이나 거래처와의 관계의 대안 등을 검토하여 현장에 앞서서 지시하는 것이 가능해집니다. 또한, 미래에 일어날 수 있는 일을 복수의 업무 시나리오에 전개해 검토할 수 있는 장점도 있습니다.

이러한 시뮬레이션 환경이 실현 가능해지면서 현실 세계를 이전보다 비약적으로 예측할 수 있게 되었습니다. 무엇보다도 경영자의 관점에서는, 예측하기 어렵고 변화가 많은 현대의 경영 환경에 있어서 장래를 예측하거나 복수의 사업 시나리오를 가정한 대응책을 미리 생각하는 것은 매우 유효한 경영 기법입니다.

여기서 디지털 트윈의 장점을 정리하면 다음의 세 가지입니다.

- 시계열을 과거로 거슬러 올라가 원인 분석 및 인과관계를 분석할 수 있다.
- 시계열을 앞으로 늘려 향후 일어날 일들을 예측할 수 있다.
- 일어날 수 있는 사건에 대해 여러 시나리오를 바탕으로 한 사전 의사결정이 가능하다.

아날로그 공간의 다양한 환경 상태를 캡처한 데이터를 디지털 공간에서 시뮬레이션함으로써 논리적으로 두 공간을 완전히 하나로 융합할 수 있습니다. 디지털 트윈은 이 융합된 상태를 목표로 합니다. 이 기술은 급변하는 현대의 경영 환경 속에서 미래의 복수 시나리오를 시뮬레이션 할 수 있다는 큰 장점을 제공합니다.

디지털 트윈을 실현하기 위해 아날로그에서 디지털로 데이터를 취합해 오는 것이 바로 IoT입니다. 다양한 센서를 갖춘 설비 기기의 작동상태, 사람의 동작이나 사람이 가진 지식, 사업 활동으로 제공된 서비스의 종류 및 그 내용에 관한 데이터를 수집하기 위한 수단입니다.

'IoT는 목적이 아닌 수단이다'라는 주장의 요점은 이 디지털 트윈을 전제로 한다면, 그 이유가 매우 명쾌합니다.

🌐 시뮬레이션 데이터가 부족한 것이 문제

디지털 트윈의 단점을 든다면, 그것은 자사가 관리하는 설비나 사람, 거래나 서비스 등의 데이터만으로는 시뮬레이션의 정확도가 충분하지 않다는 점입니다. 실제로는 자사의 데이터뿐만 아니라 협력 업체와 아웃소싱 대상기업 또 제조업의 경우에는 출하한 후의 판매 채널에서의 데이터나 고객 정보의 상태의 데이터 등도 포함하여 모든 것을 디지털 공간상에 넣어야 시뮬레이션 정밀도가 올라갑니다.

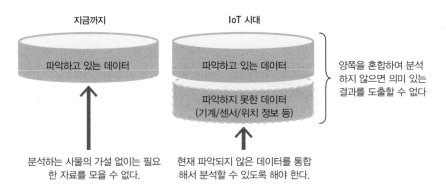

🌐 자사뿐만 아니라 주변의 모든 데이터가 필요

또한, 비즈니스에 관련된 데이터뿐만 아니라 판매처에서 실행하고 있는 환경의 데이터도 필요하게 됩니다. 날씨나 기온에 관한 데이터는 물론, 진동이나 소음, 전자 노이즈나 이산화탄소 농도 등의 데이터까지도 포함할 수 있습니다.

이러한 데이터를 자사만으로 취득할 수 없는 경우는 조건에 따라서는 타사로부터 데이터를 구매하여 정확도가 높은 시뮬레이션을 실현하려는 움직임도 있습니다. 혹은 타사와의 데이터 공유 등을 통해서 더욱 큰 에코시스템을 형성하려는 움직임도 있습니다.

일찍부터 IoT를 이용해 데이터를 축적해 두면, 큰 디지털 트윈을 구축하려는 기업과의 거래를 우위로 진행할 수 있을 것입니다. 데이터를 파는 것뿐만 아니라 서로 데이터를 활용·연계하는 기업연합을 만들려고 제의할 가능성도 충분히 있습니다.

제4장이나 제5장에서 언급하는 내용으로, 실제로 데이터 유통 시장은 지속 상승하고 있어 큰 비즈니스로서 기대되는 영역입니다.

타사에 데이터를 빼앗기지 않도록 한다는 좁은 발상이 아니라, 데이터를 공유하여 연계함으로써 상호 거래 관계에서 데이터의 정밀도나 시뮬레이션의 정밀도를 향상해 나가는 것이 성공으로 연결됩니다.

🌐 데이터를 더욱 활용하는 비즈니스 모델

현재는 디지털화가 되어가는 단계이므로, 많은 데이터가 존재하고 있음에도 일상의 업무 운영에서는 그것을 눈치채지 못하거나 빤히 들여다보고도 버리는 때가 있을 것입니다. 또는 데이터를 축적할 수 있어도 거의 활용하지 못하고 있는 것이 현실입니다.

데이터를 활용해 시뮬레이션 정확도를 올리면, 실패하지 않는 경영이나 미래 지향적인 경제활동을 할 수 있을 것입니다. 그리고 무엇보다도 우리의 삶의 질을 더욱 향상시킬 수 있을 것입니다. 따라서 우리가 현 상태에서는 파악되지 않은 데이터를 센서 등으로 디지털화·시각화하여, 지금까지 파악된 데이터와 함께 새로운 시사를 얻는 것이 중요합니다.

IoT의 시대에는 데이터를 수집해 디지털 트윈을 형성하여, 그것을 최대한 업무나 생활에 있어서 가능한 높은 정밀도로, 실시간으로 활용하는 것을 목표로 해야 할 것입니다. 이것이 본질적으로 실현해야 할 모습입니다. 이것을 충분히 인식한 다음, IoT 비즈니스를 검토하고 IoT 시스템을 구축해 나가는 것이 매우 중요합니다.

CHAPTER

2

IoT 아키텍처의
구성 요소

IoT 시스템 이해와 구성 요소

선행한 M2M과 비교한 IoT의 특징

IoT를 구축하기 위해서는 'IoT 시스템'이라고 말할 수 있는 다양한 컴포넌트를 조합한 환경을 도입할 필요가 있습니다. 이 장에서는 IoT 시스템의 전체적인 모습과 그것을 구성하는 기술 요소 및 각각의 단계별 주요 기능과 구체적인 솔루션 등에 관해 설명합니다.

2000년경부터 선행하여 도입 및 실현된 'M2M'은 IoT 시스템과 매우 비슷합니다. 우선, 코마츠의 KOMTRAX로 대표되는, 제조업에 도입된 기계와 기계를 연결하는 M2M의 차이를 확인해보겠습니다. 먼저 도입된 M2M과 현재 IoT가 노리고 있는 실현상의 가장 큰 차이는 다음의 5가지로 집약됩니다.

❶ 하나의 '시스템'에서 끝나지 않는다.

❷ 현장 측에 피드백, 제어

❸ 자동처리, 아날로그의 디지털화, 시사발견, 최적화

❹ 제3의 플랫폼(모바일, 클라우드, 소셜네트워크, 분석)을 중심으로 구축

❺ 엣지(로컬) 측 인텔리전스와의 연계 처리

과거의 M2M과 비교하면, IoT는 복합적인 시스템에서 성립하는 모델입니다. 그것과 동시에, 다양한 외부 데이터 소스 등에서의 데이터를 통합하여, 클라우드에

서 고급 분석하는 모델입니다. 또한 엣지(로컬) 측 디바이스에도 처리기능을 탑재하여 그것을 클라우드 측과 연계시키는, 분산처리 시스템이 되고 있습니다. 이것에 의해서 디바이스의 수나 데이터 볼륨의 증가에도 견딜 수 있게 됩니다.

또한, 원격 감시 및 데이터 취합뿐만 아니라 현장 측의 사람이나 엣지 측 디바이스에 대한 분석 결과를 최대한 실시간으로 피드백하는 모델이기도 합니다.

그리고 가장 큰 차이점은 제1장에서도 말한 것처럼 2007년경 등장해 2010년경 급속히 보급되고 있는 모바일(Mobile), 클라우드(Cloud), 소셜네트워크(Social Network), 분석(Analytics)이라는 첨단기술을 조합해 구축된다는 점입니다. 이들 기술에 의해서 IoT 시스템은 저비용으로 신속하게 구축할 수 있습니다.

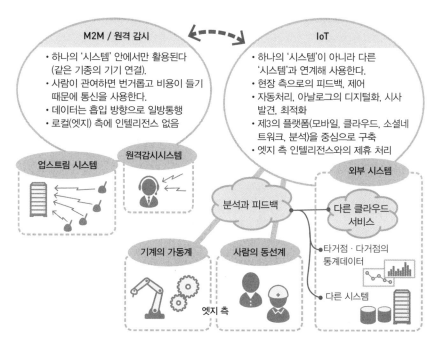

🌀 M2M과 IoT 시스템의 차이

여기서 IoT 시스템의 정의를 다시 다음과 같은 특징을 갖춘 것으로 정리해봅니다.

❶ 모든 사물을 연결하여 데이터를 수집한다.

❷ 수집한 데이터를 여러 데이터와 함께 분석한다.

❸ 데이터 분석으로 새로운 제안이나 예측 모델을 얻는다.

❹ 결과를 현장 사람이나 설비 등에 피드백하여 최적화한다.

❺ 결과나 피드백에서 새로운 비즈니스 모델을 제공하는 시스템을 구축한다.

🌐 기존 컴퓨팅 환경의 구축 방법

다음은 기존의 '기업 내 기간계 시스템 구축'과 'IoT 시스템 구축'의 차이에 대해 알아 봅시다. 다음 그림에서 그 대표적인 차이점을 한 눈에 볼 수 있습니다. 핵심이라면, IoT 시스템은 기존의 개발이나 시스템의 개념이 통용되지 않는다는 점입니다.

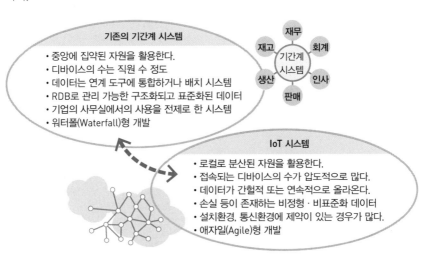

🌀 기존 기간계 시스템과 IoT 시스템의 비교

기존의 기간계 시스템은 컴퓨터실이나 데이터 센터 등과 같이 가능한 중앙에 집약하여 컴퓨터 자원을 구축하고 사용자 측 단말 PC에서 그 업무 시스템에 접속해 업무를 처리하는 '클라이언트 = 서버형 시스템'의 모델이었습니다. 물론 최근에는 서버 측의 클라우드화가 진행되고 있으며 단말기 측도 애플리케이션이 SaaS화[1]되고 있습니다.

이러한 컴퓨팅 환경에서 네트워크에 접속 가능한 PC 등의 디바이스 수는, 고작 직원 수 정도가 상한일 것입니다. 모바일 디바이스도 같은 정도이겠죠.

기간계 시스템에서의 데이터 관리는 데이터 통합 도구에서 시스템끼리 연결하거나, 배치 시스템에 의해서 야간 등에 일괄 전송되는 구조로 되어 있습니다. 취급하는 데이터의 유형은 관계형 데이터베이스(Relational Database)에서 관리 가능한 구조화·표준화·정규화된 테이블 구조에 보관 가능한 데이터인 것이 대부분입니다.

그리고 그러한 시스템 배치 없이 이용되는 물리적인 환경은, 데이터 센터나 기업의 사무실 등의 운용이 가능한 이용 환경이 전제된 것이 일반적입니다.

이러한 시스템은 요구사항 정의로부터 설계·개발·테스트라고 하는 일련의 흐름을 워터폴(Waterfall)형의 개발 방식으로 구현하고서 안정적인 운용에 시간을 들이는 방법이 대부분이었습니다. 최근에는 애자일 개발을 도입하기 시작한 기업도 있지만, 아직 워터폴형이 주류입니다. 요구사항을 확정한 후에 설계·개발이 시작되므로 긴 시간 동안 사용자는 기다려야 하는 상태를 겪습니다.

🌐 많은 디바이스가 연결되며 분산처리를 하는 IoT 시스템

IoT 시스템 구축은 기존 시스템 구축과 거의 정반대의 모델로 구현되도록 하는 것이 요구됩니다.

IoT 시스템은 애플리케이션 구현에서 클라우드나 각종 서버도 물론 이용하지만, IoT 게이트웨이 등 엣지 측 디바이스로 애플리케이션을 동작시키는 등 로컬 컴퓨터 자원을 분산시켜 배치합니다. 또한, 센서 디바이스 등을 대량으로 배치되는 분산처리형 컴퓨팅이 되는 점이 크게 다릅니다.

---

1 SaaS (사스, Software as a Service)란 소프트웨어의 기능을 사용자가 네트워크를 통해 이용하는 형태 혹은 그렇게 제공되는 소프트웨어.

따라서 네트워크에 연결되는 디바이스 수부터 기존 시스템과 그 규모를 비교할 수 없습니다. 설비 기기나 사무실 환경 등에 작은 센서나 게이트웨이를 다수 설치하므로 설치 디바이스 수가 압도적으로 많습니다. 그리고 데이터의 정확도를 높이거나 IoT에서 다루는 범위를 넓히기 위해서 그 대수는 점점 늘어나게 됩니다.

데이터 특성에 대해 살펴보면, 수집되는 데이터는 일시적이거나 또는 디바이스에서 한 번에 올라오는 대량의 피크 데이터(Peak Data)일 수도 있습니다.

특히 모바일 환경이나 공장 등에서 수집한 데이터는 노이즈가 있거나 손실되기 쉬우므로 구조화·표준화·정규화되어 있지 않은 데이터입니다. 이것 또한 기존 시스템과 다른 점입니다. 이 데이터 특성의 차이로 고생하는 개발자가 아주 많습니다.

🌐 애자일형 개발이 요구되는 IoT 시스템

IoT 시스템에서 센서 디바이스 등이 설치되는 엣지 측의 환경은 먼지가 흩날리는 현장에 있거나, 전자 노이즈가 난무하는 공장이거나, 방적이 요구되는 야외이기도 합니다. 즉, 온도와 습도가 가혹하거나 열악한 통신 등 다양한 제약이 있는 환경인 경우가 많습니다.

게다가 구조화·표준화되어 있지 않은 데이터를 처리하는 사용자는 애플리케이션에서 데이터를 보는 단계에 이르러서야, 어떻게 취급하고, 어떻게 처리하면 좋은지를 알 수 있습니다. 그 때문에 우선은 연결 환경을 만들어 데이터를 취득하는 PoC(실증 실험)로부터 시작하게 됩니다. 운용하면서 새로운 요구사항을 살펴보고, 조금씩 조정하여, 취득하는 데이터 및 분석 방법, 애플리케이션의 최적화를 진행하는 애자일형의 개발 방법을 사용할 수밖에 없습니다. 기존의 개발 사고방식이 완전히 통용되지 않는 것이 IoT 시스템 개발의 특징입니다.

🌐 멀티 레이어로 구성되는 IoT 시스템

IoT 시스템을 구축하기 위해서는 여러 기술을 레이어별로 조합하는 '멀티 레이어 아키텍처(Multi Layer Architecture)' 방식을 취하는 것이 일반적입니다. 8계층으로 나눈 멀티 레이어 모델을 다음 그림에서 확인할 수 있습니다.

먼저 아래층부터 설명해 나갑니다. 레이어 1은 공장의 설비나 부품 등 본래는 인텔리전스(지능)를 가지지 않는 물리적인 '**사물 레이어**'입니다. 여기에 센서 등을 설치해 데이터를 출력하고 있습니다. 마이크로컨트롤러 등이 탑재되어 있기도 하지만 대부분은 정보처리능력을 갖추고 있지 않습니다. 만약 가지고 있다고 해도 지극히 제한적인 반복 처리만 지원합니다.

레이어 2는 레이어 1의 기기 등을 연결하는 '**로컬 네트워크 레이어**'입니다.

레이어 8	산업별·목적별 애플리케이션 레이어
레이어 7	애플리케이션 개발 플랫폼 레이어
레이어 6	과금·사용자 관리·인증 레이어
레이어 5	데이터 축적·데이터 유통 레이어
레이어 4	광역 네트워크 레이어
레이어 3	엣지 컴퓨팅 레이어
레이어 2	로컬 네트워크 레이어

종합 보안 환경

레이어 1 — 사물 레이어 / 산업 설비·기기 / 부품 / 프로세스 / 작업원·관리자 / 데이터

🔘 IoT를 구성하는 멀티 레이어 모델

레이어 3의 '**엣지 컴퓨팅 레이어**'는 엣지 측 인텔리전스(처리기능)를 담당합니다. 클라우드와 연계하여 정보처리를 하는 엣지 측의 컴퓨팅 단말이나 IoT 게이트웨이 등의 레이어입니다(엣지 컴퓨팅에 대해서는 2.5절에서 설명합니다).

많은 IoT 시스템들이 보안 확보를 위해서 로컬과 인터넷을 격리합니다. 레이어 4의 '**광역 네트워크 레이어**'에 접속할 때는 어떤 보안 게이트웨이나 방화벽을 통과하게 됩니다.

레이어 5보다 위의 계층은 서버 측 또는 클라우드 측이 됩니다. 레이어 5는 '데이터 축적·데이터 유통 레이어'입니다. 레이어 6은 애플리케이션 PaaS[2]나 과금 인증, 파일 형식을 변환하는 '과금·사용자 관리·인증 레이어'입니다. 레이어 7은 미들웨어 등 중간층에서 동작하는 '애플리케이션 개발 플랫폼 레이어'입니다.

최상위의 레이어 8은 IoT의 '애플리케이션 및 서비스 레이어'입니다. 업계별 애플리케이션 SaaS, 업계별 데이터 서비스, 아웃소싱, 빅데이터 분석, 업계별 분석 서비스 등의 데이터 처리를 제공하거나 애플리케이션을 배치하는 레이어입니다.

각 레이어를 실현하는 기술을 목적에 따라 복합적으로 조합함으로써 최적화된 IoT 시스템을 구축할 수 있게 됩니다.

---

2 PaaS(파스, Platform as a Service)란 소프트웨어를 실행·개발·유통하기 위한 플랫폼을 인터넷으로 제공하는 서비스입니다.

IoT World Forum 레퍼런스 모델

IoT를 선도하고 있는 시스코 시스템즈가 중심이 되어 매년 개최하는 'IoT World Forum'에서도 IoT의 레퍼런스 모델을 정의하고 있습니다.

아래 이미지는 'Internet of Things Reference Model'이라 불리는 것으로 IoT World Forum에서 채택된 표준적인 아키텍처입니다. IoT 시스템을 구현하는데 필요한 기술 구성 요소를 7개의 레이어로 나누어 정의하고 있습니다.

앞서 설명한 멀티 레이어 모델에서는 로컬 네트워크와 광역 네트워크가 별도의 레이어로 되어 있었지만, IoT World Forum의 모델에서는 'Connectivity(통신) 레이어'로 통합되어 있습니다. 또한, 멀티 레이어 모델이 컴퓨팅 기능이나 설치 장소 등에 근거해 레이어를 구분하는 반면, IoT World Forum의 모델은 플랫폼에서 데이터를 어떻게 처리할 것인지를 상세화하는 것으로 레이어를 구분하고 있습니다.

협동과 프로세스(Collaboration & Processes)
사람과 비즈니스 프로세스

애플리케이션(Application)
보고서, 분석, 제어

데이터 추상화(Data Abstraction)
집계와 액세스

데이터 축적(Data Accumulation)
스토리지

엣지 컴퓨팅(Edge Computing)
단말 측 근처에서 데이터 분석과 변환

통신(Connectivity)
네트워크와 접속 환경

물리 디바이스와 컨트롤러(Physical Devices & Controllers)
물리적인 설비나 사물

🏮 IoT World Forum이 정의하고 있는 레이어 구성도

IoT 플랫폼의 중요성

🌐 IoT에 있어서 플랫폼의 필요성

제1장에서도 말한 것처럼 IoT는 클라우드(Cloud), 모바일(Mobile), 소셜네트워크 (Social), 분석(Analytics)이라고 하는 모듈화 가능한 기술로 구축되는 경우가 많아지 고 있습니다. 특히 클라우드는 이제 필수라고 할 수 있겠죠. 이러한 기술은 엄청난 속도로 진화하고 있어 최적의 제품을 계속 바꾸며 구축해간다는 발상이 필요합 니다.

이런 상황에 맞게 IoT 구현에 필요한 여러 기능을 정리해 모듈화하여 제공하는 'IoT 플랫폼'이 중요한 위치를 차지하고 있습니다. 왜냐하면, IoT를 시작하기 위해 서 처음부터 시스템을 만들게 된다면 클라우드나 모바일 등 기술적 요소의 강점인 빠른 구축이라는 혜택을 얻을 수 없기 때문입니다.

최근에는 통신 부분이나 애플리케이션 개발 부분, 과금·인증 부분, 보안 부분, 데이터 축적·유통 부분 등을 중심으로 2.1절에서 소개한 각 레이어를 구성하는 일정한 기능을 패키지화한 솔루션이 준비되어 있습니다. 이것을 이용해 개발하면 빠르게 IoT 시스템을 구축할 수 있습니다. 미리 패키지화된 솔루션이야말로 IoT 플랫폼입니다.

🌐 다양한 기능을 제공하는 IoT 플랫폼

IoT 플랫폼은 제공하는 기능에 따라 크게 6가지로 분류할 수 있습니다. 다만 어느 레이어의 어떤 기능을 가리켜 플랫폼이라고 부를지는 사람이나 업체마다 다르므로 주의가 필요합니다.

❶ 애플리케이션 개발 환경을 제공하는 것

업무 용도나 목적에 따른 애플리케이션 개발을 위한 라이브러리 및 SDK(Software Developer Kit), APaaS(Application PaaS)를 제공합니다. 산업별 또는 업종별 템플릿 기능 등을 제공하기도 합니다.

❷ 과금·인증·사용자 관리 기능을 제공하는 것

다양한 클라우드상에서 디바이스와의 통신서비스 등을 이용한 경우에 과금하거나, 접속해 온 사용자나 디바이스를 인증할 수 있는 기능을 제공합니다.

❸ 데이터 축적·데이터 유통·데이터 연계 기능을 제공하는 것

디바이스나 센서로부터 수집한 대량의 데이터를 보관해 두는 장소입니다. 데이터의 변환이나 보완 기능 등을 제공하고, 데이터를 제삼자에게 유통하는 기능이나 데이터 연계를 실현하는 API(Application Programming Interface)도 제공합니다.

❹ 디바이스와 클라우드 간의 안전한 통신을 제공하는 것

IoT는 클라우드 측에서 폐쇄된 환경의 디바이스 측(로컬)에 접속할 때, 개방형 네트워크를 거치는 경우가 많으므로, 보안을 위해 안전한 접속이 요구됩니다. 특히나 외부에서 접속하는 경우 디바이스가 해킹되는 등의 보안 사고가 다수 발생하고 있습니다. 디바이스와 클라우드 간의 통신 보안은 가장 중요한 과제 중 하나입니다. 이 보안 통신 기능을 플랫폼으로 제공합니다.

❺ 디바이스 관리 기능을 제공하는 것

디바이스의 수가 증가할수록 어디에서 몇 대의 디바이스가 작동되고 있는지, 그 권한은 어떻게 되어 있는지 등 디바이스 상태를 관리하는 기능이 필요하게 됩니다. 그러한 디바이스와 관련된 관리 기능을 제공합니다.

❻ 디바이스에서 클라우드와 연계하여 동작하는 것

2.5절에서 설명하는 엣지 컴퓨팅으로, 최근 주목받고 있는 기능입니다. 클라우드 측에서 작동하는 다양한 프로그램을 로컬 측의 디바이스 상에서도 일부 작동시킵니다. 클라우드와 같은 처리 기능을 제공하거나 학습된 인공지능에 의한 판단 기능을 갖추기도 합니다.

크게 나눈 IoT 플랫폼의 분류입니다. 당연하게도 이해하기 어려울 수 있습니다. 그래서 이해를 돕기 위해 업체가 제공하는 구체적인 플랫폼의 애플리케이션과 구성도를 몇 가지 소개하겠습니다.

🌐 IoT 애플리케이션 플랫폼

애플리케이션을 개발하기 위한 템플릿이나 툴킷을 제공하는 플랫폼으로 미국 PTC가 제공하는 ThingWorx가 있습니다. 풍부한 애플리케이션과 그래프 모듈이 제공되고 있으며 드래그 앤드 드롭으로 애플리케이션을 작성할 수 있는 플랫폼입니다.

🔘 ThingWorx의 화면 이미지

PTC는 3DCAD/PLM 벤더이기 때문에 스마트 시티의 설비 인프라나 제조업의 생산 설비와 3DCAD와의 제휴로 디지털 트윈 구축에 강점을 가집니다.

일본 업체의 제품으로는 윙아크 1st의 'MotionBoard'가 있습니다. 공장의 스마트화를 추진하는 단체인 IVI(Industrial Valuechain Initiative)에서 레퍼런스 애플리케이션으로 활용하고 있습니다. 다양한 애플리케이션 대시보드를 간편하게 만들 수 있어 인기를 얻고 있습니다.

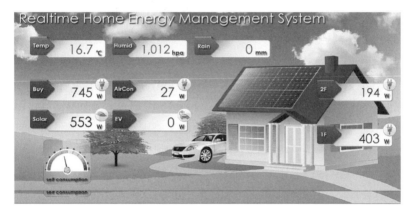

🔘 MotionBoard에서 만든 애플리케이션 대시보드의 예

🌐 보안 통신의 IoT 플랫폼

보안 통신 플랫폼으로는 AWS 클라우드 위에 통신 기본 기능과 보안 통신, 인증 기능 등을 구현한 소라콤의 IoT 플랫폼이 있습니다. 소라콤의 솔루션은 월정액 3,000원이라는 매우 저렴한 가격 덕에 이미 7,000개의 회사(원고 집필 시점)가 사용하고 있습니다. 게다가 미국과 유럽에서도 서비스가 시작되어 개시한지 불과 1년 반 만에 글로벌 확장을 적극적으로 추진하고 있습니다.

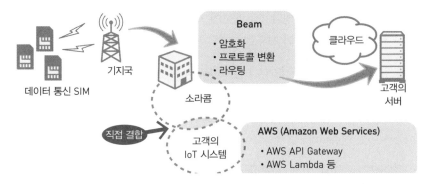

🔘 소라콤의 솔루션 구성도

소라콤의 플랫폼 서비스가 극찬받는 이유는 기존 고가의 통신 사업자 단말기밖에 대응할 수 없었던 통신의 제어 기능을 AWS의 클라우드 환경에서 구현했기 때문입니다. 'Telco Cloud'라고도 불리는 이 기술은 노키아나 에릭슨이 통신 소프트웨어를 전용 ASIC[3]에 구현하여 고가의 전용 하드웨어로서 판매하던 것과 같습니다. 소라콤은 이를 물리 회선 부분 이외의 부분을 풍부한 자원과 API군을 갖춘 AWS 클라우드상에 구현했습니다. 이 분야에 뛰어난 기술을 가진 인재가 많다고 할지라도 진정 놀라운 구현입니다.

원고 집필 시점에서 소라콤이 제공하고 있는 통신 플랫폼의 서비스는 다음 그림과 같습니다.

---

3 Application Specific Integrated Circuit의 약자. 특정 용도 집적 회로.

인터페이스	Web 인터페이스 User Console		API Web API, Sandbox		라이브러리와 SDKs CLI, Ruby, Swift
애플리케이션 연계	데이터 전송 지원 SORACOM Beam	클라우드 자원 어댑터 SORACOM Funnel	인증 서비스 SORACOM Endorse	데이터수집·축적 SORACOM Harvest
네트워크	개인 연결 SORACOM Canal	전용선 연결 SORACOM Direct	가상 전용선 SORACOM Door	사설 LAN 연결 SORACOM Gate
데이터 통신	IoT용 데이터 통신 SORACOM Air			
	소라콤의 글로벌 인프라 120개 이상의 국가 · 지역에서 이용 가능			

🔘 소라콤의 서비스

🌐 데이터 연계의 IoT 플랫폼

데이터 연계 플랫폼으로서는 세존정보 시스템즈의 'HULFT IoT'가 있습니다. 금융 업계 등에서 이용되는 매우 안전한 파일 전송 소프트웨어 HULFT를 IoT 전용으로 소형으로 만든 것입니다.

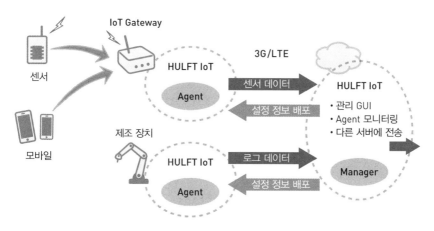

🔘 HULFT IoT의 대표적인 구성 이미지

IoT에서는 로컬에서 데이터가 송신되어도 클라우드 측의 수신 확인을 할 수 없는 때가 많습니다. 하지만 HULFT IoT는 수신 확인을 할 수 있는 부가 기능을 제공하고 있습니다. 로컬에서 일정한 처리를 실행한 데이터 파일을 안정적으로 전송하는 것을 보증하는 것입니다.

🏵 파일 업데이트의 확인까지! 미션 크리티컬에 강한 HULFT IoT

필자가 소속된 우후루(uhuru)에서도 다양한 데이터 소스를 기반으로 실시간 데이터 연계를 시키는 에네부라(enebular)라는 IoT 오케스트레이션(Orchestration) 서비스를 제공하고 있습니다. 에네부라는 먼저 클라우드 상의 데이터 흐름을 프로그래밍합니다. 그리고나면 클라우드, IoT 게이트웨이, 마이크로컴퓨터가 탑재된 엣지 디바이스 어디서든 이용 가능한 자율, 분산, 협조형 IoT 환경을 제공할 수 있습니다.

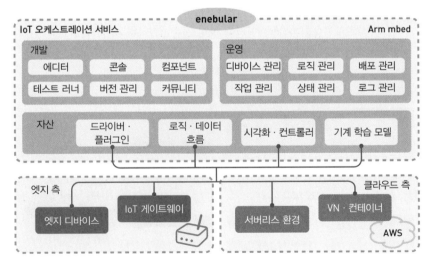

🏵 IoT 오케스트레이션 서비스 에네부라(enebular)의 주요 기능

디바이스상의 자원을 어디서든 안전하게 이용할 수 있는 모델을 실현하고 있습니다. 영국 Arm과 제휴한 기술입니다.

에네부라에는 애플리케이션 대시보드를 구축하는 INFOMOTION이라는 그리기 기능도 포함되어 있습니다. INFOMOTION Type이라고 하는 그리기 모듈타입의 라이브러리를 사용하여 다음 그림과 같은 실시간 대화형 대시보드를 구축하는 것이 가능합니다.

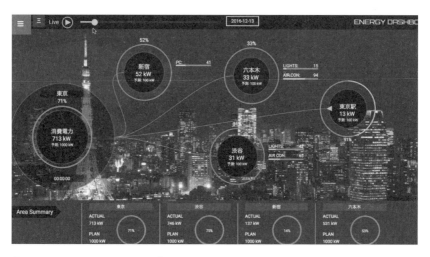

🌐 enebular INFOMOTION에서 구축한 대시보드의 예

IoT의 약점이었던
통신기술의 혁신

🌐 IoT에 최적화된 통신의 필요성

IoT는 디바이스와 게이트웨이 등 엣지(로컬) 측의 통신이 필요합니다. 또한, 엣지 측과 클라우드(서버) 측과의 통신도 필요합니다. 특히나 무선통신 시에는 통신 비용이 많이 드는 것이 문제였습니다. 하지만 최근 들어 IoT에 이용하는 데에 특화된 저속 협대역의 다양한 통신 솔루션이 등장해 실용화되고 있습니다.

IoT 전용의 '저전력 광대역 무선(LPWA: Low Power Wide Area)' 네트워크라고 불리는 통신 네트워크 기술에는 여러 기술 표준이 존재하고 있으며, 2016년에 여러 서비스가 발표되었습니다. LPWA는 지금까지의 휴대 전화를 위한 표준인 3G나 LTE, 5G와 같은 무선 기술을 적용하기에 적합하지 않았던 곳에 통신을 제공합니다. 즉 단말기가 저전력으로 넓은 영역(하나의 기지국으로부터의 거리)을 커버하는 통신을 실현합니다. 무엇보다도 IoT에서는 대량의 디바이스를 접속해 통신하기 때문에 비용이 큰 문제였는데, 이를 해결할 수 있는 저비용이라고 하는 특징도 갖추고 있습니다.

LPWA는 1회 전송량이나 하루의 통신 횟수를 제한하고 있으며 통신 속도가 100bps~수10kbps로 매우 느린 협대역입니다. 그 때문에 3G나 LTE, 5G처럼 사용하기는 불가능하지만, 매달 수백 원에서 수천 원 정도의 압도적으로 낮은 비용과 저전력으로 더 넓은 영역을 커버할 수 있는 기술입니다.

한편, LTE 진영도 릴리즈 13의 규격에서 IoT 전용으로 협대역의 통신규격을 릴리즈할 예정입니다. LTE 등의 휴대 전화를 위한 통신규격을 표준화하고 있는 3GPP는 LTE의 특징을 최대한 활용하려는 모습을 보입니다. LTE는 다양한 속도의 통신을 중첩할 수 있는 것이 큰 특징이기 때문에, 다른 통신으로 나누는 일 없이 LTE망에 통합하려는 목적이 있습니다. 이것에 대해서는 이 절의 뒷부분에서 설명하겠습니다.

여기서 LPWA와 LTE, 거기에 잘 이용되고 있는 WiFi 등 무선통신 표준의 위상을 정리해봅시다. 다음 그림은 각각의 표준을 통신 속도와 통신 거리에 따라 비교하고 있습니다. 비교 포인트로 이것들 외에 통신 비용, 센서 디바이스나 액세스 포인트의 소비 전력, 보안 통신이 가능한가와 같은 항목을 들 수 있습니다. 종합적으로 비교할 때는 이것들도 알아두면 좋을 것입니다.

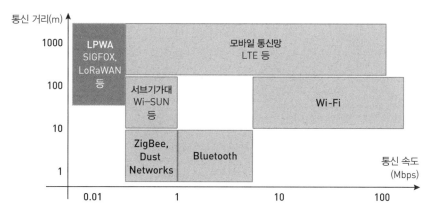

● LPWA와 기타 무선통신 표준의 위상(서브기가대: 1GHz 이하의 주파수 대역)

IoT 전용의 LPWA이지만 몇 개의 표준이 등장하고 있습니다. 팹리스 반도체 업체인 SEMTECH를 중심으로 2015년 설립된 LoRa Alliance(https://www.lora-alliance.org/)가 추진하는 'LoRa', 프랑스의 Sigfox S.A.가 제공하는 'Sigfox'(https://www.sigfox.com/en), 기존의 LTE 기술을 확장한 'NB-IoT(Narrow Band IoT)' 등이 대표적입니다. 이제 각각의 특징을 살펴봅시다.

🌐 분위기가 고조되는 LoRa/LoRaWAN

LoRa는 LoRa Alliance가 추진하는 무선통신표준입니다. 1GHz 이하의 서브기가대 주파수를 이용하여 장애물이 적고 전망이 좋은 환경이면 최대 10km 정도까지 이르는 전송 거리를 지원합니다. 매우 넓은 영역을 커버할 수 있는 통신표준으로서 기대를 받고 있습니다. 사용하는 주파수 대역은 통신 사업자로서의 라이센스가 필요하지 않은 비면허 대역입니다.

전송 속도는 헤더 정보까지 포함해 300bps에서 10kbps 정도로, 주파수 대역 전역에 신호를 확산하는 주파수 스펙트럼 변조(무선 변조) 방식을 채용하고 있습니다.

LoRa에는 3개의 통신 클래스가 있습니다. 클래스 A는 LoRa 기본통신으로 센서에서 양방향 통신으로 데이터를 전송할 때 사용합니다. 통신은 엔드 디바이스에서의 업링크로 개시됩니다. 낮은 지연의 클래스 B는 엔드 노드가 정기적으로 실행하여 수신 슬롯을 마련하는 방식입니다. 게이트웨이로부터의 정기적인 비컨 신호를 수신했을 때에 전송하는 방법입니다. 클래스 C는 지연이 없는 상태입니다. 엔드 디바이스는 계속해서 수신할 수 있도록 기동하지만, 전력을 소비하는 엔드 디바이스의 배터리 제약이 없는 경우에 사용합니다.

LoRa 디바이스　　　　LoRa 게이트웨이　　　　클라우드

🌐 LoRa의 기본적인 구성도

LoRa의 기술을 응용한 연결 솔루션에 'LoRaWAN'이 있습니다. LoRaWAN은 LoRa의 기술을 기본으로 한 개방형 MAC 프로토콜을 사용하여 게이트웨이 부분의 WAN 측이 LTE 등의 모바일 네트워크에 접속할 수 있습니다. 네트워크 회선의 유무나 회선의 처리를 의식하지 않고 간편하게 LoRa 게이트웨이를 설치할 수 있도록 하는 솔루션입니다.

일본에서는 소라콤을 시작해 소프트뱅크, NTT 그룹 등의 통신 사업자도

LoRaWAN 서비스를 제공하고 있으며, 다양한 실증 실험을 하고 있습니다. 2017년 5월에 나가노현 이나시의 이나아이넷(이나시 유선 방송 농업 공동 조합)와 우후루가 공동으로 시행한 LoRaWAN 게이트웨이 설치와 전파 도달 시험에서는 최장 7.8km라고 하는 장거리의 전파 도달을 확인했습니다. 그 후 이나아이넷의 단독 시험에서는 최장 9km라고 하는 일본 최대 수준의 전파 도달 거리를 기록하고 있습니다.

🔘 LoRaWAN 게이트웨이

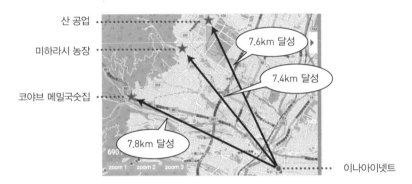

산 공업

미하라시 농장

코야브 메밀국숫집

7.6km 달성

7.4km 달성

7.8km 달성

이나아이넷

🔘 이나시에서의 LoRaWAN 전파 도달거리 시험결과

장애물이 많은 도심지역에서는 100m에서 2km 정도밖에 도달하지 못한다고 합니다. LoRaWAN은 지방이나 교외에서 광범위하게 커버하는 IoT 시스템을 실현하는 데 위력을 발휘할 것이라 기대할 수 있습니다.

Summary ✓

LoRa/LoRaWAN의 특징

- 서브기가대 주파수를 사용하여 최대 10km 정도까지 닿는 통신 거리
- 전송 속도는 헤더 정보까지 포함해 300bps에서 10kbps 정도
- 양방향 통신모드(클래스 A), 비컨모드(클래스 B), 지연 없는 모드(클래스 C)가 존재
- LoRaWAN은 WAN측을 LTE 등 모바일 네트워크에 연결하는 LoRa의 구현 방식
- 통신 사업자 허가가 불필요한 무면허 주파수 대역을 사용

🌐 압도적인 저비용이 매력인 Sigfox

Sigfox는 서브기가 대역(866MHz 대역, 915MHz 대역, 920MHz 대역)을 이용하는 독자 기술로 유럽을 중심으로 서비스가 전개되고 있습니다. 최대 전송 속도는 약 100bps, 전송 거리는 최대 50km, 따라서 LoRa보다 광범위한 통신이 가능한 것이 특징입니다. 연간(월간이 아닙니다!) 1000원부터의 비용으로, 다른 통신표준을 압도하는 저가격입니다. 배터리 구동으로 10년 가동이 가능한 디바이스를 실현할 수 있는 저소비전력 특성을 가지고, 세계적으로 보장된 통신표준을 사용합니다. 또한, 이용하는 주파수 대역은 통신 사업자로서의 라이선스가 필요하지 않습니다.

그 대신 단말기에서 기지국으로 업로드할 때의 속도는 100bps, 다운로드 속도는 600bps로 매우 느린 통신입니다. 단말기로부터 기지국까지 통신도 하루에 120회까지 제한이 있고, 1회당 12바이트의 데이터밖에 송신할 수 없습니다.

Sigfox의 특징은 다른 통신에 간섭하지 않는 연구도 이루어지고 있다는 것입니다. 반송 주파수를 무작위로 변화시켜 같은 데이터를 3회 송신하여 다른 통신으로부터의 간섭을 억제합니다. 그렇게 하면서, Sigfox가 사용하는 주파수 대역 전체에 걸쳐서 5밀리 초간 200kHz의 주파수로, 다른 통신이 없는 것을 확인하는 캐리어센스(Carrier Sense)를 실시합니다.

🔘 Sigfox의 구성도

이처럼 극히 작은 데이터 통신을 저속, 저비용, 게다가 저전력의 디바이스로 실현하는 Sigfox는 수도·가스·전기의 미터 측정(텔레메트리)이나, 주차장의 상태 관리, 기상 관측 등 정기적으로 일정량의 데이터를 전송하는 원격 모니터링 이용에 적합합니다.

Sigfox 회사는 하나의 국가에 하나의 네트워크 사업자밖에 라이센스 하지 않을 방침을 취하고 있어, 일본에서는 KCCS(교세라 커뮤니케이션 시스템)가 네트워크 사업자로 서비스를 전개하기로 결정되었습니다. 일본에서는 초기 단계에 40개의 협력기업과 함께 컨소시엄을 형성하면서 보급을 촉진한다고 발표했습니다.

Sigfox의 특징

Summary ✎

- 최대 전송 속도 약 100bps, 전송 거리 최대 50km
- 하루 120회 제한, 회당 12바이트 데이터 송신
- 디바이스는 배터리 구동으로 10년 가동이 가능할 정도의 저소비전력
- 텔레메트리 등 원격 모니터링에 주로 활용
- 통신 사업자 라이선스가 불필요한 주파수 사용

🌐 LTE의 연장 선상의 표준 NB-IoT

'NB-IoT(Narrow Band IoT)'는 고속 데이터 통신이 필요하지 않은 IoT 전용사양 책정을 목표로 합니다. 다음 표는 LTE의 사양 릴리즈를 나타낸 것이지만 NB-IoT는 이 중 Release 13의 단말 카테고리 Cat.NB1에 해당합니다.

	Release 8	Release 8	Release 13	Release 13
단말기 카테고리	Cat.4	Cat.1	Cat.M1	Cat.NB1
최대통신속도 (다운로드)	150Mbps	10Mbps	0.8Mbps	26kbps 이하
최대 통신 속도 (업로드)	50Mbps	5Mbps	0.8Mbps	62kbps 이하
안테나 수	2	2	1	1
주파수 대역	면허 대역	면허 대역	면허 대역	면허 대역
대역폭	20MHz	20MHz	1.4MHz	180kHz
모바일	기존 LTE와 같음	기존 LTE와 같음	기존 LTE와 같음	핸드오버 비대응
서비스 제공	이용 가능	이용 가능	미정	미정

대역폭을 180kHz까지 좁히고, 통신 속도도 다운로드 26kbps, 업로드 62kbps로 저속 제한하고 있습니다. 고속으로 움직이는 사물이나 디바이스와의 실시간 통신을 가정하지 않아, 연결을 유지한 채로 통신국을 바꾸는 핸드오버(Hand-over)는 지원하지 않습니다.

NB-IoT(Cat.NB1)는 통신 라이센스가 필요한 LTE 기반의 주파수 대역인 면허 대역을 사용합니다. 이것은 LoRa나 Sigfox와 크게 다른 점입니다.

NB-IoT의 특징

Summary ✎

• LTE 통신 사양을 IoT에 최적화한 확장판
• 통신 속도는 다운로드 26kbps, 업로드 62kbps로 저속으로 제한하고 있다.
• LTE 표준을 위한 통신 라이센스가 필요한 주파수 대역을 사용

마지막으로 여기까지 소개한 3개의 LPWA 서비스를 명세표로 비교하여 놓습니다. 단지 이 비교는 향후의 기술 혁신에 따라 바뀔 수 있으므로 주의하세요.

● LPWA의 3진영 비교표 (2017년 8월 집필 시점)

	LoRaWAN	Sigfox	NB-IoT
최대통신속도 (다운로드)	사양 책정 중	사양상 가능하지만, 일본 국내법으로는 불가	26kbps 이하
최대 통신 속도(업로드)	4.4초마다 11바이트	12바이트(120회/1일)	62kbps 이하
주파수 대역	ISM Band(면허 불필요)	ISM Band(면허 불필요)	면허 대역
대역폭	100~500kHz	100Hz	180kHz
모바일	핸드 오버 X	핸드 오버 X	핸드 오버 X
서비스 제공	2017년 2월 7일 시작 (소라콤)	2017년 1월 시작 (도쿄·오사카 주변의 일부 지역)	미정
서비스 제공 사업자	소라콤, NTT 동서(검토 중), 소프트뱅크(검토 중)	교세라 커뮤니케이션 시스템	기존 통신 사업자

🌐 LPWA 주요 3진영 이외의 움직임

여기까지 LPWA의 주요 3진영을 소개했습니다. IoT 현실화에 발맞추어, 이들 외에도 LPWA로 구분되는 통신표준이 등장하고 있습니다. 예를 들면 미국 Ingenu가 추진하는 'RPMA', 영국 Flexnet이 추진하는 'Sensus' 등입니다.

다만 이들은 무선국의 라이센스가 불필요한 통신표준이기 때문에, 사업자가 마음대로 기지국을 다수 설치하면 상호 간섭을 일으키는 것이 아니냐는 우려가 나오고 있습니다. 또한, 치열한 지역 쟁탈전이 전개될 경우, 기존 사업자 쪽이 설치 장소의 측면에서 유리하지 않을까 생각됩니다.

현재는 서비스 제공 사업자 간 협의를 하고 있는데, 기술적으로도 비즈니스적으로도 상호 간섭이나 과다 경쟁은 회피하는 것이 바람직하다고 생각합니다.

2017년 4월에는 소니가 10km~100km 가까이 전파가 닿는 독자 규격의 LPWA 기술을 발표했습니다. '산이나 바다 등 장애물이 없는 경우에는 100km 이상의 원거리 통신에 성공한 데다, 시속 100km/h의 고속 이동 중에도 안정적으로 통신할 수 있다.'라고 합니다. 다만 어디까지나 현시점에서 기술 개발에 성공했다는 단계입니다. 이 책 집필 시점에서는 실증 실험에 협력하는 사업자를 모집하고 있는 상태라고 합니다.

이처럼 IoT를 위한 무선 기술, 특히 LPWA에 관해서는 새로운 기술이 속속 등장하고 있습니다. 항상 최적의 사물이나 서비스를 조합하는 것이 IoT이기 때문에, 구현 시점에서 목적에 맞는 최적 솔루션 조합에서 시작됐다고 해도, 운용해 나가는 과정에서 조합을 바꾸며 수준을 향상하는 것이 중요합니다. 그런 의미에서 앞으로의 기술 혁신에 눈을 뗄 수 없습니다.

난립하는
로컬 네트워크 표준

🌐 다양한 로컬 네트워크 표준

IoT를 구성하려면 공장 안이나 물류 창고, 사업소에 설비 기기나 센서를 연결하기 위한 로컬 네트워크를 구축하는 것이 일반적입니다. PC를 연결할 수 있도록 유선이나 무선으로 네트워크를 구축하는 것입니다.

유선 네트워크는 지금까지도 사무실의 사무기기나 공장의 FA(Factory Automation) 기기의 제어 등에 사용해 왔으며, 특별히 IoT 여부를 구분하지 않고 활용할 수 있습니다. 다만 연결되는 기기나 설비가 증가하면 증가할수록, 공장 등의 환경에서는 그 배선 비용(네트워크의 부설비용)이 큰 과제가 됩니다. 일부 사례에서는 그 배선 비용이 전체 네트워크 구축 비용의 1/3에서 1/2 가까이 차지하는 때도 있다고 합니다.

무선통신을 사용한 로컬 네트워크가 급속히 보급되고 있습니다. 많은 디바이스를 쉽게 연결하여 IoT 환경을 조성하기 위해 무선을 이용하는 무선 로컬 네트워크에 관해 설명해보겠습니다.

무선으로 폐쇄적인 로컬 네트워크를 구축하는 기술에는 Wi-Fi, Bluetooth, ZigBee, Z-Wave, Dust Networks 등이 있습니다. 다양한 표준이 난립하고 있는 상태인데, 그중에서도 특히 많이 알려졌으며 이용하기 쉬운 것을 소개하겠습니다.

🌐 가장 범용적인 접속 환경 와이파이(Wi-Fi)

우선은 가장 범용적으로 사용되며 IoT 이외의 기존의 네트워크에서도 이용되고 있는 와이파이의 특징과 그 병목 현상(Bottleneck)에 대해 살펴보겠습니다.

IEEE 802.11 기기 관련 단체인 '와이파이 얼라이언스(Wi-Fi Alliance)'가 그 표준에 따라 만들어진 제품 간 상호접속성을 인정한 것이 와이파이입니다. 지금까지도 단계적으로 표준이 진화하고 있으며 그때마다 통신 속도도 향상하고 있습니다. 최초의 802.11은 2Mbps였지만, 2017년에는 802.11ac의 이론값이 6.93Gbps까지 확장되어 있습니다. 또한, WEP/WPA/WPA2 등 다양한 암호화 방식에도 대응하고 있습니다.

무선주파수는 2.4GHz 대역을 사용하는 것과 5GHz 대역을 사용하는 것으로 나눌 수 있습니다. 2.4GHz 대역은 전자레인지 등의 기기와의 간섭이 큰 문제가 되고 있습니다. 전자기 노이즈가 걱정되는 환경에서는 접속이 끊기는 등 성능을 발휘되지 못하는 경우가 있는데, 이를 병목 현상이라 합니다.

와이파이를 활용할 때 이점은 단순하고도 중요합니다. 지극히 일반적이고 널리 사용되고 있는 통신표준이므로, 대응하는 와이파이 디바이스가 풍부하고 저렴하다는 점입니다. 배선 비용이 커지기 쉬운 물류 창고 내의 광대한 폐역 환경에서도 저렴하게 네트워크 구축 가능한 것이 넓게 활용되고 있는 요인입니다.

와이파이의 특징   Summary ✐

- 통신 속도는 단계적으로 높아져, 현재의 이론값은 6.93Gbps
- Wi-Fi 전파는 100m 정도까지 도달 가능
- 무선주파수 대역은 2.4GHz 대역과 5GHz 대역을 사용
- 전자레인지 등 전자 노이즈가 발생하는 환경에서는 간섭이 발생

🌐 블루투스(Bluetooth)와 BLE 비컨

근거리 무선통신표준인 블루투스의 표준 중에서도 IoT용으로 주목받고 있는 것이 '저전력 블루투스(Bluetooth Low Energy, 이하 BLE)'입니다.

PC 주변기기 등에서 널리 사용되어 온 원래의 블루투스는 Bluetooth SIG에 의해서 표준 사양이 책정되고 있습니다. 초기 사양은 2.4GHz 대역을 79개의 주파수 채널로 나누어 사용하는, 주파수를 무작위로 바꾸는 주파수 호핑을 통해 기기간의 거리 10~100m 정도를 최대 24Mbps로 무선통신할 수 있는 것이었습니다. 게다가 저렴하게 무선통신이 가능한 것이 특징이었습니다.

2010년에 버전 4의 사양이 발표되었을 때, 기존의 블루투스와 호환성이 없는 대신 저전력으로 통신을 구현하는 표준으로 등장한 것이 BLE입니다. 저전력, 저비용 통신 구현이 IoT 용도에 적합하여 단번에 보급되었습니다.

BLE의 통신 속도는 전력 절감을 위해 1Mbps로 유지되고 있지만, 통신 거리는 최대 30m로 점점 넓어지고 있습니다. 하지만 저전력을 위해 5m 정도의 거리에서 이용하는 것이 권장됩니다. 통신 방식은 두 가지가 있는데, 하나는 개별 BLE 디바이스 간의 통신 연결(Connection)이고, 다른 하나는 로컬 네트워크에 접속한 모든 디바이스에 일제히 전송하는 브로드캐스트(Broadcast)입니다.

BLE를 활용한 'BLE 비컨(Beacon)'이란 것이 있습니다. BLE를 탑재한 디바이스가 발신하는 전파 강도를 수신 측의 소프트웨어(리시버)로 측정하여 상호 간 거리를 측정합니다. 2013년에 애플이 이 기술을 응용한 iBeacon을 발표해, 단번에 시장에 알려졌습니다. 그 이후 근접 거리에 있는 물건의 위치 정보나 사람의 위치 정보를 감지해 디바이스로 위치정보 메시지를 전송하는 애플리케이션 구축을 저렴하게 구현할 수 있게 되었습니다.

BLE 비컨 단말은 미약 전파만을 발신하는 디바이스이므로 저렴하고 소형화할 수 있는 것이 특징입니다. 최근에는 동전형의 소형 비컨이나 20,000원 전후의 비컨 태그도 등장하고 있습니다. 전파를 감지하는 거리는 리시버의 설정으로 유연하게 변경할 수 있으며 50cm에서 30m정도까지 설정할 수 있는 것이 일반적입니다.

비컨 디바이스 활용에서 주의가 필요한 것은 전지의 수명과 정확도입니다. 전지의 수명이 1년부터 수년이라도 그것보다 이른 교환이 필요할 때가 있으며, 감지 감도가 충분하지 않은 때도 있으므로 정확도가 요구되는 통신에는 적합하지 않다고 지적되고 있습니다.

게다가 다수의 비컨 단말을 폐쇄 공간의 2.4 GHz대의 와이파이 환경에서 사용하면 혼선을 일으켜 와이파이의 속도 저하가 나타나는 것이 확인되고 있습니다. 그래서 와이파이와 다수의 비컨을 병용하는 것은 주의가 필요합니다.

🌐 Estimote의 비컨 디바이스

BLE의 특징
Summary ✑

- 블루투스 표준이지만 기존 블루투스와 호환되지 않음
- BLE 장치가 발신하는 전파 강도를 수신기가 받아 거리를 측정함
- 통신 속도는 1Mbps, 도달거리는 최대 30m (일반적으로 5m 정도)
- BLE 비컨으로 널리 이용되고 있으며 저렴한 소형 디바이스가 존재함

🌐 저전력의 ZigBee

ZigBee는 센서 네트워크를 위한 무선표준의 하나로 블루투스와 자주 비교됩니다. 절전 시 대기 전력이 블루투스보다 저전력인 것과 절전모드에서 벗어난 후 데이터를 송신할 수 있을 때까지 필요한 대기시간이 수십 밀리 초 정도로 매우 짧은 점이 특징입니다. 블루투스가 절전에서 복귀해 데이터 송신할 때까지 3초 정도 걸리는 것과 비교하면 확연한 차이가 있습니다.

그런 이유로, Zigbee는 데이터를 보내고 싶을 때 잠깐 사용하고 전송 후에는 다시 절전모드로 되돌리는 동작을 반복하는 사용에 적합합니다. 다만, 수신 측이 절전 모드의 송신 측을 구동하는 것은 할 수 없습니다. 또한, 빈번한 데이터 송신을 한다면 절전 상태에 의한 전력 절감도 기대할 수 없게 됩니다.

ZigBee는 최대 65,536대의 디바이스와 접속이 가능합니다. 한 대의 기기, 부모 코디네이터(Coordinator)를 활용하여 여러 디바이스에 데이터를 일제히 전송할 수 있고, 개별의 디바이스마다 송신할 수도 있습니다. 그리고 부모 기기를 라우터로 하여, 메시형 네트워크나 차례대로 연결하는 애드훅 네트워크를 형성하는 등 네트워킹 유연성이 높다는 특징도 있습니다.

많은 디바이스의 접속이 필요한 환경에서 평상시는 절전 상태로 해두고 정기적으로 상태를 보고하는 용도에 적합합니다.

ZigBee의 특징
Summary ✎

- 절전 대기 전력이 블루투스보다 저전력
- 절전 모드에서 복귀하여 데이터 전송까지 필요한 대기시간이 수십 밀리 초 정도
- 접속 대수 최대 65,536대
- 메시형 네트워크와 애드훅 네트워크 구성 가능

메시 네트워크의 중요성

로컬 네트워크의 통신표준으로 이름이 자주 등장하는 메시 네트워크(Mesh Net-work)에 관해 설명해 봅니다.

메시형 네트워크는 그 이름대로 망사형 네트워크를 말하는 것으로 그물처럼 연결된 네트워크 접속 형태입니다. 중앙에서 순서대로 분기하는 스타형 네트워크와 자주 비교됩니다.

데이터는 패킷 릴레이 방식으로 순서대로 전송되며 목적 노드(디바이스)에 어떤 노드 A와 노드 C 사이의 연결이 끊겼다고 해도. 노드 B를 거치는 우회로로 전송할 수 있습니다. 이러한 중복성으로 항상 연결을 유지해 신뢰성을 향상하고 있습니다.

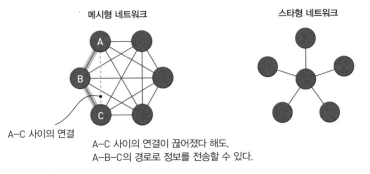

🌐 메시형 네트워크와 스타형 네트워크

🌐 스마트홈 시장에서 기염을 토한 Z-Wave

Z-Wave는 주로 스마트홈 시장에서 전 세계적으로 사용되는 무선통신 표준입니다. 이 표준은 덴마크 기업인 Zensys(2009년에 시그마 디자인즈가 인수)와 Z-Wave 얼라이언스가 개발했습니다. 상호 운용성을 가지는 저전력 표준으로 장기간 운용을 할 수 있는 것이 특징입니다. 이미 상호 운용 가능한 제품이 1,400종류 이상 존재합니다.

최대 100kbps의 작은 데이터 패킷으로 통신하여, 노이즈로 인한 패킷 손실을 줄여 높은 신뢰성을 제공할뿐만 아니라 통신 지연시간도 점점 낮아지고 있습니다. 주파수 대역은 서브기가대의 800~900MHz를 이용해 Wi-Fi와의 공용 운용 환경에서도 간섭하지 않습니다. 단거리 통신의 경우에는 매우 안정적이라는 특징도 있습니다.

메시형 네트워크 구축을 지원하여 부모 기기(컨트롤러) 1대당 최대 232대의 디바이스를 연결할 수 있습니다. 특정 디바이스끼리 직접 통신을 할 수 없는 상태가 되어 있어도(직접 접속이 되어 있지 않아도) 메시형 네트워크로 다른 라우팅 경로를 찾아, 거리가 멀어도 통신할 수 있으므로 연결이 잘 끊기지 않는다는 특징도 있습니다.

Z-Wave는 ZigBee와 자주 비교되지만, 실제로 Z-Wave의 높은 상호 운용성을 이용해 ZigBee와 Z-Wave의 네트워크를 연결하여 사용하기도 합니다. 일반적으로 Z-Wave가 보다 저렴하게 제공되는데, 이것이 스마트홈 시장에서 Z-Wave가 인기 있는 요인입니다.

Z-Wave의 특징   Summary

- 최대 100kbps의 작은 데이터 패킷으로 통신
- 통신 신뢰성이 높고 대기시간(지연)도 낮다.
- 컨트롤러 1대당 최대 232대의 디바이스 접속 가능
- 상호 운용성이 좋으므로 다른 표준과 함께 운용되는 경우도 많다.

메시형 네트워크로 주목받는 Dust Networks

IoT를 구축하는 로컬 네트워크는 통신 경로에 문제가 있어도 '끊을 수 없는 무선'이 되는 메시형 네트워크로 구축하는 것이 추세가 되고 있습니다.

그런 메시형 네트워크로 'Dust Networks'가 있습니다. Dust Networks의 가장

큰 특징은 일제히 동기로 통신하기 때문에 초저소비 전력을 실현하는 것입니다. 이것에 의해서 전지 구동으로 메시형 네트워크를 구축할 수 있게 됩니다. Dust Networks는 기지국 기능을 가지지 않고서도 다수의 디바이스를 연결해 메시형 네트워크를 형성하기 때문에, 자율분산형 무선 네트워크로서도 기대되고 있습니다. 자율분산형 네트워크는 네트워크의 어느 한 곳이 끊겨도 자율적으로 다른 디바이스를 거쳐 데이터를 송신할 수 있습니다.

Dust Networks는 주파수 대역으로 2.4GHz대의 15채널을 사용하여 주파수 호핑을 실시하기 때문에 다른 무선통신과의 간섭에도 강하다는 특징도 있습니다. 또한, 송수신 시에는 모든 디바이스가 동기화하여 일제히 통신을 한 후 절전모드 상태로 전환할 수 있으므로, 전지 구동에서도 수년간 동작을 계속하는 것이 가능합니다. 뛰어난 저전력을 실현하고 있는 것입니다.

이러한 특징으로 Dust Networks는 마케팅의 메시지로서 '끊을 수 없는 무선'을 강하게 내세우고 있습니다.

하지만 디바이스 사이를 거칠 때 1초 전후의 전송 지연이 발생하는데, 이것이 최대의 약점입니다. 따라서 실시간이 요구되는 데이터 통신에는 적당하지 않습니다. 또한, 90바이트 × 36패킷/초의 작은 송신 용량이므로 고속 데이터 통신에 적합하지 않습니다.

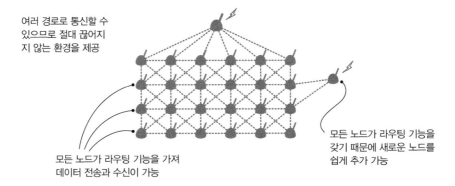

여러 경로로 통신할 수 있으므로 절대 끊어지지 않는 환경을 제공

모든 노드가 라우팅 기능을 갖기 때문에 새로운 노드를 쉽게 추가 가능

모든 노드가 라우팅 기능을 가져 데이터 전송과 수신이 가능

🌐 Dust Networks의 개념도

Dust Networks의 적용 영역으로는 주차관리나 플랜트의 원격 모니터링 등 원격 감시 분야에서의 실적이 많아지고 있습니다.

Dust Networks의 특징

Summary ✎

- 기지국 기능을 가지지 않고도 많은 디바이스를 연결한 메시 네트워크를 형성할 수 있다.
- 네트워크 중 한 곳이 끊겨도 자율적으로 다른 노드를 통해 데이터를 보낼 수 있다.
- 다른 무선통신과의 간섭에 매우 강하다.
- 디바이스를 거칠 때 1초 정도의 전송 지연 발생

지금까지 살펴본 것처럼, 분산형으로 결코 연결이 끊기지 않는 신뢰성과 안전성을 담보한 메시형 네트워크는 향후의 IoT 로컬 네트워크 구축에 있어서 더욱더 중요하게 될 것입니다.

왜냐하면, 공장이나 플랜트 등의 현장에서 많이 발생하는 전자 노이즈나 전파가 통하지 않는 강철과 같은 장애물 등 네트워킹에 문제를 가져오는 상황이 많기 때문입니다. 네트워크 일부가 끊겨도 통신이 유지되는 신뢰성이 높은 분산형·메시형 네트워크는 활용은 계속해서 증가해 갈 것으로 생각합니다.

엣지 컴퓨팅의 출현

🌐 IoT 엣지 컴퓨팅의 필요성

IoT 시스템을 구축할 때 데이터 처리나 분석은 클라우드 측에서 실시하는 것이 상식이었으나 모든 것을 클라우드에 맡겨서는 안되는 상황도 생겨나고 있습니다.

데이터를 취득하기 위해서 연결하는 디바이스의 대수가 증가해, 실시간으로 수집하는 데이터양이 비약적으로 증가하고 있습니다. 수집한 데이터에 대해서도 실시간 데이터 처리나 분석이 요구되며, 공장의 설비 기기에 대한 신속한 피드백이 필요해졌습니다. 예를 들면 공장의 설비 기기에서 올라오는 스트리밍 데이터를 그 공장 내에서 실시간으로 분석하여, 이상이 감지되면 즉시 기기를 제어해 불량품을 산출하는 등의 대처가 가능해집니다.

공장의 가동 정보, 건강 상태나 투약 정보와 같은 병원이 가진 외부에 공개하고 싶지 않은 보안 데이터는 로컬에 두어야 하는 요구도 발생합니다.

이런 상황에서 '엣지 컴퓨팅(Edge Computing)'이 제안되고 구현되기 시작하였습니다. 엣지 컴퓨팅은 사물에 연결하는 엣지(가장자리, 엔드 포인트)가 되는 디바이스에 존재하는 컴퓨터 자원을 사용해 중간에서 처리하는 컴퓨팅 모델입니다.

인간에 비유하면 '무조건반사'에 해당하는 것이 엣지 컴퓨팅입니다. 엣지 컴퓨팅은 간단한 정보처리를 할 필요가 있는 경우나, 곧바로 응답할 필요가 있는 경우에 그 자리에서 즉시 반응합니다. 우리의 몸이 아픔을 느꼈을 때 반사적으로 반응하는 것과 같습니다.

이렇게 생각하면, 엣지 컴퓨팅은 당연히 구현되어야 하는 거라고 생각할 수 있습니다. 인간의 몸이 다양한 장소에서 정보처리를 하는 것과 마찬가지로, 컴퓨팅 모델에서도 드디어 같은 복잡성이 요구되는 것입니다. 엣지 컴퓨팅은 많은 디바이스와 대량의 데이터를 클라우드로 보내기 전처리로써 필요한 기능입니다.

🌐 엣지 정의의 다양성

'엣지'라는 단어를 사용한지 얼마 되지 않아, 의미가 아직 확정되지 않은 것처럼 보입니다. 그러니 우선은 '엣지(Edge)', '엣지 컴퓨팅(Edge Computing)', '엣지 디바이스(Edge Device)'라는 말이 무엇을 가리키는 것인지 정리해 둡시다.

광역 네트워크 전체를 보았을 때, 네트워크의 가장자리(로컬 네트워크)는 '가장자리'라고 할 만큼 확실히 엣지입니다. 그러나 '로컬 네트워크'라고 해도 그 안에는 다양한 계층으로 나누어진 단말기가 존재합니다. 그리고 IoT 게이트웨이 등을 엣지라고 칭하는 것도 있으며, 그 IoT 게이트웨이의 서브로 연결된 복수의 센서 디바이스를 엣지 디바이스라고 부르기도 합니다.

이것이 혼란의 근원입니다. 엣지란 네트워크 전체를 보았을 때의 '가장자리' 부분이라고 생각해 두는 것이 좋을 것입니다. 그렇게 생각하면, 어느 네트워크의 어느 레이어를 '엣지'라고 부르고 있는지가 명확해집니다.

다음 페이지의 그림은 2.1절에서 소개한 IoT 레이어 모델입니다. 광역 네트워크로부터 생각해보면, 가장자리는 엣지 컴퓨팅 레이어 이하의 로컬 네트워크의 전체입니다. 이것이 넓은 의미의 엣지가 됩니다.

로컬 네트워크를 보았을 경우의 '가장자리'는 두 가지가 있습니다. 하나는 레이어 3의 부분으로, 여기에서는 'IoT 게이트웨이 상에서 수행하는 엣지 컴퓨팅'을 말합니다. 또 하나는 레이어 1의 부분으로, 여기에서는 '마이크로컴퓨터 등을 탑재한 장비나 설비에서의 엣지 컴퓨팅'을 말합니다. 이 두 개의 엣지 컴퓨팅의 모델을 명확하게 하여 구현 검토하는 것이 필요합니다.

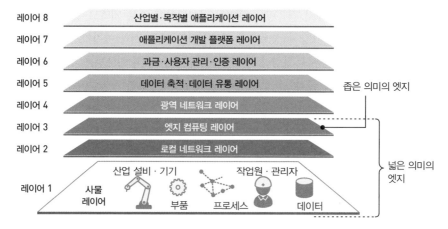

레이어 8	산업별·목적별 애플리케이션 레이어
레이어 7	애플리케이션 개발 플랫폼 레이어
레이어 6	과금·사용자 관리·인증 레이어
레이어 5	데이터 축적·데이터 유통 레이어
레이어 4	광역 네트워크 레이어
레이어 3	엣지 컴퓨팅 레이어
레이어 2	로컬 네트워크 레이어

좁은 의미의 엣지

넓은 의미의 엣지

레이어 1 사물 레이어
산업 설비·기기
부품
프로세스
작업원·관리자
데이터

● 넓은 의미의 엣지 컴퓨팅과 좁은 의미의 엣지 컴퓨팅

엣지 디바이스의 구성 요소에 대하여

엣지 컴퓨팅에서 사용하는 디바이스는 센서의 데이터를 처리하는 마이크로컨트롤러와 메모리, 운영체제, 전원, 통신 기능 등을 탑재한 것이 있습니다. 인터페이스에 직접 센서가 연결된 단일 기능 모듈은 탑재된 단일 칩의 마이크로 센서 데이터를 전송하는 것이 있습니다. 이러한 센서 디바이스는 단독으로는 복잡한 처리를 할 수 없습니다. 그래서 게이트웨이상에서 복수의 디바이스의 데이터를 정리해 처리하는 모델이 채택됩니다.

그 하나의 예로 들 수 있는 것이 파나소닉의 인체 감지 센서 디바이스입니다. 이것은 하나의 센서, 감도 조정 기능, 게이트웨이와의 로컬 무선통신 기능을 갖추고 있습니다.

● 파나소닉의 홈 네트워크 인체 감지 센서 디바이스(KX–HJS200–W)

여러 디바이스를 조합해 복합기능 센서 디바이스를 구성할 수도 있습니다. 여기에는 전자공작용 키트로 인기가 높은 라즈베리 파이(Raspberry Pi) 같은 저렴한 보드 컴퓨터를 이용합니다. 이러한 보드에 여러 센서 모듈을 연결하여, 다양한 센싱을 가능하게 하는 복합기능 센서 디바이스를 만들 수 있습니다. 탑재하는 마이크로컴퓨터의 성능이 높으면 복수 센서로부터 얻은 데이터를 디바이스상에서 처리하는 엣지 컴퓨팅에 사용할 수 있습니다.

🌐 라즈베리 파이를 사용하여 복합 센서 디바이스를 구성하는 예

🌐 엣지 컴퓨팅은 필연적인 기능

클라우드가 전성기를 이루고 있던 2010년 당시부터 '2017년 즈음에는 엣지 측으로 컴퓨팅 모델의 트렌드가 변화할 것'이라고 예상했습니다. 제1장에서 말한 '2007년부터의 10년째에 다음의 트렌드가 온다.'라고 생각하고 있었기 때문입니다.

엣지에는 실시간 데이터 처리나 피드백이 요구될 것으로 예측됐습니다. 디바이스의 센서로부터 얻을 수 있는 데이터는 낭비적이거나 손실을 포함하기 쉽기에 이런 비구조적인 데이터를 그대로 클라우드로 보낸다면 그 부담이 너무 커서 다 처리할 수 없으리라 생각했습니다.

앞으로도 IoT에 연결되는 센서 디바이스는 나날이 증가할 것이고 거기에 따라 데이터양도 증가할 것이므로 그러한 상황에서 엣지 컴퓨팅의 모델이 등장한 것은 필연이라고 할 수 있습니다.

🌐 엣지 컴퓨팅과 유사한 포그 컴퓨팅

엣지 컴퓨팅과 유사한 개념으로 '포그 컴퓨팅(Fog Computing)'이 있습니다. 그 기원은 시스코 시스템즈가 제창한 분산형 컴퓨팅 모델로, 현재는 인텔 등과 컨소시엄을 형성하여 '오픈 포그 컨소시엄(OpenFog Consortium)'으로 표준화, 레퍼런스 아키텍처의 정비, 사례 만들기 등을 추진하고 있습니다.

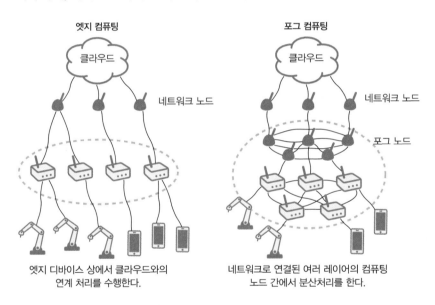

🌐 에지 컴퓨팅과 포그 컴퓨팅의 차이

포그 컴퓨팅의 특징은 엣지 측의 컴퓨팅 가능한 노드(디바이스 등)가 서로 연결되어 연계하면서 분산처리를 하는 것입니다.

네트워크를 잘 아는 분이면, 연결 형태(네트워크 토폴로지)에 주목하고 이해해도 좋습니다. 엣지 컴퓨팅이 스타형 토폴로지가 되는 것에 비해, 포그 컴퓨팅은 메시형 토폴로지가 됩니다.

🌐 엣지 컴퓨팅으로 전환하는 아마존

엣지 컴퓨팅이 중시되기 시작했다는 것을 클라우드 업체의 움직임에 주목해도 알 수 있습니다. 그 움직임을 몇 가지 살펴보도록 합시다.

지금까지 컴퓨팅 모델을 제안해 오던 아마존의 AWS에서도, 2015년에 'AWS IoT'와 '아마존 대시 버튼(Amazon Dash Button)'을 출시해 선보였습니다. 2016년에는 로컬 환경에서도 AWS의 클라우드 기능인 Lambda나 디바이스 섀도(Device Shadow)를 작동시킬 수 있는 서비스를 출시했습니다. 'Greengrass'라고 불리는 이 서비스는 IoT에 임하는 사람들의 감탄을 자아냈습니다. 엄청난 점유율을 가진 클라우드 사업자도 엣지 측 제휴를 무시할 수 없는 시대가 된 것이 분명했기 때문입니다.

AWS는 동시에 SDK(Software Development Kit) 및 평가 보드를 출시했습니다. 게다가 클라우드 프로그래밍 가능한 아마존 대시 버튼인 'AWS IoT Button'도 판매하고 있습니다.

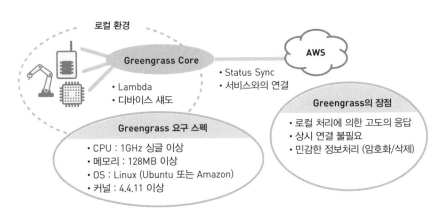

🏵 AWS Greengrass의 개요

AWS Greengrass Core는 AWS에서 동작하는 AWS Lambda 함수, AWS IoT
의 디바이스 섀도 기능, 로컬 메시지처리 및 IoT 디바이스와의 안전한 통신환경을
제공합니다.

● AWS Greengrass Core가 가진 기능 목록

기능 이름	개요 설명
AWS Lambda 로컬 지원	Greengrass를 사용하면 디바이스에서 직접 AWS Lambda 함수를 이용할 수 있으므로 신속하게 코드를 실행할 수 있다.
AWS IoT의 디바이스 섀도의 로컬 지원	디바이스 섀도는 디바이스의 상태가 각 디바이스의 가상 버전, 즉 '섀도(그림자)'로서 캐시된 디바이스의 이상적인 상태와 비교한 현재의 상태가 추적된다.
로컬 메시지처리	로컬 네트워크에서 디바이스 간의 메시지를 이용할 수 있으므로 AWS와 접속하고 있지 않아도 서로 통신할 수 있다.
안전한 통신환경	AWS에서 익숙한 것과 같은 보안, 액세스 관리, 상호 간의 디바이스 인증 및 허가, AWS IoT에 대한 안전한 접속을 사용하고 있다.

● 사쿠라 인터넷의 IoT 아키텍처

일본의 클라우드 사업자인 사쿠라 인터넷도 엣지 측의 IoT 통신 모듈로서 '사쿠
라 IoT 통신 모듈'을 발표하고 있습니다. 회사의 클라우드와 통합하는 것으로, IoT
의 센서 디바이스로부터 올라오는 데이터를 완벽한 보안을 갖춘 통신으로 데이터
센터에 연결하는 솔루션을 제공하고 있습니다.

또한, 회사는 통신료와 일체형으로 된 저가격의 서비스를 제공하고 있습니다.
이것은 '데이터를 데리고 간다'라는 개념을 바탕으로, 제조기업이 이용하기 쉬운
IoT 환경을 엣지 측 모듈을 포함한 서비스 패키지로써 제공하는 것입니다.

데이터 센터부터 클라우드 사업까지 진출한 사쿠라 인터넷이 로컬 디바이스를
연결하는 안전한 통신 모듈을 준비해 토탈 IoT 환경을 갖춘 데이터 패키지 서비스
를 발매한 것은 놀라운 일이었습니다. 제조업에 있어서 사용하기 쉽고, IoT 연결에
서 컴퓨팅까지를 종합적으로 커버하는 환경이 등장했다고 말할 수 있습니다.

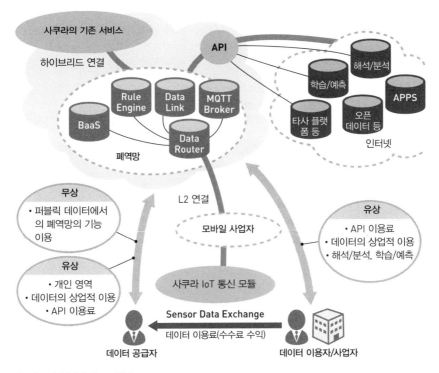

⚫ 사쿠라 인터넷의 IoT 생각

⚫ 엣지 컴퓨팅의 선구자 FogHorn Systems

애플리케이션 공급 업체로 GE나 시스코 시스템즈와도 제휴하고 있는 벤처 기업인 미국 FogHorn Systems가 일찍부터 엣지 컴퓨팅에서 조금 앞서가는 모델을 실현하고 있습니다. 클라우드 측으로부터 애플리케이션을 엣지 디바이스 측에 전달·업데이트·동작시켜, 클라우드 측에서 동작하는 모듈과 연계하여 엣지 측에서 분석 처리까지 실현하는 솔루션을 제공하고 있습니다.

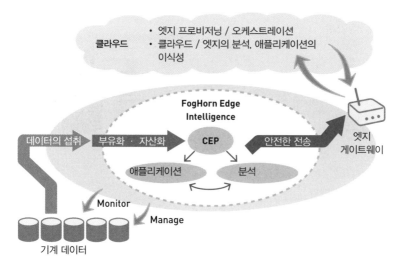

🎯 FogHorn Systems의 아키텍처

    FogHorn Systems는 일본에서 요코가와 전기와 자본 업무 제휴를 하고 있고, 중국 전력의 네트워크 자회사 에너지·커뮤니케이션과는 파트너로 있습니다. 설비 관리시스템을 비롯한 엣지와 클라우드의 하이브리드 환경을 고객 기업에 제공하고 있습니다. 다음 그림처럼 엣지 측의 디바이스 가동 상태나 시계열 변화를 분석할 수 있는 정교한 애플리케이션을 제공하고 있습니다.

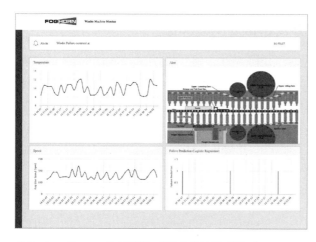

🎯 FogHorn Systems가 제공하는 애플리케이션의 화면 예

🌐 Arm이 제공하는 보안 IoT 환경

2016년에 소프트뱅크가 인수하여 화제가 된 영국의 반도체 라이센스 기업의 Arm이 개발하고 있는 '엠베드 오에스(mbed OS)'는 Arm 아키텍처의 엣지 디바이스에서 실행되는 IoT 용도의 작은 운영체제입니다.

마이크로컴퓨터에서 애플리케이션을 실행할 수 있는 'TrustZone'이라는 다른 주소 공간의 영역까지 마련하고 있어, 엠베드 클라우드와 연계하여 엣지 디바이스까지의 보안 통신 및 애플리케이션 실행 환경을 완벽하게 제공합니다.

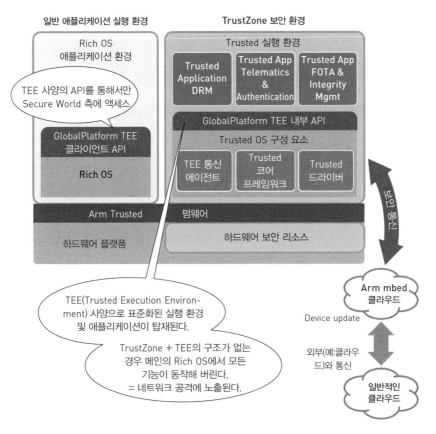

🌐 Arm의 엠베드 클라우드와 TrustZone의 동작 모델

인터넷으로 모든 것이 연결되는 IoT이기에 네트워크 공격에 대한 디바이스의 보안 대책이 그 중요성을 더해가고 있습니다. 엠베드 오에스는 펌웨어, 인증 기능, 외부접속기능 등 중요한 영역을 보호하는 기능으로 기대되고 있습니다.

엠베드 클라우드는 Arm이 제공하는 클라우드 서비스로, 엠베드 오에스의 TrustZone에 위치한 펌웨어 등의 데이터에 업데이트 전달 등을 할 수 있는 매우 안전한 클라우드 서비스입니다. 지금까지의 IoT 서비스가 통신 부분의 암호화 정도로 보안을 담보하고 있던 것과는 확실히 수준이 다른 보안입니다. 엠베드 클라우드는 칩 레벨에서의 보안을 담보함으로써, 외부로부터의 공격을 허용하지 않는 견고한 IoT 아키텍처를 실현하고 있습니다.

🌐 클라우드와 엣지의 원활한 컴퓨팅 환경이 IoT의 참모습

앞으로 IoT에서 엣지 컴퓨팅은 필수적인 기능입니다. 지금까지는 클라우드로 구현하는 편이 저렴하고 간편했지만, 로컬 디바이스 간의 연계 서비스나 로컬 디바이스에서의 간단한 정보처리 실현 등 로컬 디바이스 자체의 프로그래밍도 요구되고 있습니다.

그렇지만 클라우드 측은 웹 시스템 개발이나 클라우드 시스템 개발 기술을 가진 엔지니어가 중심이며, 디바이스 측은 임베디드 개발 기술을 가진 엔지니어가 중심입니다. 둘의 사이는 큰 차이가 있어, 원활한 연계 서비스를 실현하기까지 많은 어려움이 있을 것입니다.

향후에는 비즈니스 모델이라고 해도, IoT를 구축하는 엔지니어의 기술이라고 해도, 엣지와 클라우드 양측 모두에서 원활하게 데이터를 취급할 수 있는 컴퓨팅 환경을 구축하는 것이 IoT의 묘미이며 참모습입니다.

CHAPTER

3

다양한
데이터 소스

디바이스에서 수집되는
데이터의 사례

🌐 IoT의 다양한 디바이스

IoT는 센서를 탑재한 다양한 디바이스가 연결되어 그 디바이스로부터 다양한 데이터를 취득할 수 있습니다. 여기에서는 다양한 디바이스와 그 디바이스로부터 수집되는 데이터의 사례를 살펴보겠습니다.

우선 어떠한 디바이스가 있는지 생각해봅시다. 주변에서 가장 가까운 디바이스는 스마트폰이 있습니다. 스마트폰과 연결되는 스피커나 시계, 안경형 디바이스 등의 주변기기도 등장하고 있습니다. 물론 PC나 태블릿도 IoT의 디바이스로서 충분히 활용할 기회가 있을 것입니다.

집안을 잠시 살펴보면, 지금은 네트워크로 연결되어 있지 않을지도 모르지만, 냉장고, 전자레인지, 조명 등의 가전도 네트워크 연결 기능이 추가되어 IoT의 중요한 디바이스가 되고 있습니다. 가정의 전력 소비나 온도, 습도를 측정하는 디바이스도 생각할 수 있습니다.

거리나 사무실로 눈을 돌리면, 곳곳에 설치된 감시 카메라가 센서로의 역할을 할 수 있습니다. 쇼핑 매장에서는 비컨이라는 전파 발신기가 손님(스마트폰 등의 기기)과의 접근 정도, 즉 거리를 측정해서 알려 주기도 합니다.

이처럼 주변의 다양한 디바이스가 데이터를 수집할 가능성을 내포하고 있습니다. 이 장에서는 우리 일반 소비자가 사용하고 있거나 명백해 보이는 다양한 디바이스를 채택해 그 특성이나 거기서 취득할 수 있는 데이터의 예를 들어보겠습니다.

🌐 센서 보급화에 일조한, 스마트폰에 의한 데이터의 대표적인 사례

개인 디바이스 중 데이터 소스의 대표는 확실히 스마트폰일 것입니다. 스마트폰에는 일반적으로 GPS, 가속도 센서, 자이로 센서, 자기 센서, 조도 센서, 근접 센서, 지문 센서 등이 갖추어져 있습니다.

'GPS(Global Positioning System)'는 여러 위성 신호를 포착하여 현재 위치를 산출하는 센서입니다. 자동차 내비게이션 등에서도 사용되고 있으며 수 미터 정도의 오차가 발생하지만, 보행이나 차량 등의 주행에 사용하는 데 문제가 없는 정밀도로 위치 정보를 파악할 수 있습니다. GPS 신호에서 산출한 위도·경도 데이터가 출력됩니다.

'가속도 센서'는 스마트폰의 움직임(가속도)을 감지하는 센서입니다. 스마트폰을 흔들고 있는 움직임뿐만이 아니라 스마트폰이 세로인지 가로인지 등을 판단할 수 있습니다.

'자이로 센서'는 스마트폰의 회전 움직임(각속도)을 감지하는 센서입니다. 가속도 센서와 함께 스마트폰의 기울기에 따라 VR(Virtual Reality: 가상현실)이나 AR(Augmented Reality: 증강현실)의 앱으로 캐릭터 등의 드로잉 위치를 판정하기 위해 이용되기도 합니다.

'조도 센서'는 빛의 밝기를 감지하는 센서입니다. 주위의 빛의 세기를 판단해 스마트폰의 화면 밝기나 앱의 상태를 전환할 수 있습니다. 센서의 분해 능력에 따라 밝기를 여러 단계로 구분하여 데이터를 출력합니다.

'근접 센서'는 접근하는 물건을 감지하는 센서입니다. 통화 시 수화부에 귀가 접근한 것을 감지하여 화면 조작을 취소하거나 앱의 상태를 전환하기 위해서 사용됩니다. 스마트폰에서는 근접하고 있는지 아닌지를 나타내는 2단계의 값을 데이터로써 출력합니다.

'지문 센서'는 인간의 지문을 읽어내는 센서입니다. 스마트폰 액세스, 다양한 앱의 인증, 실행을 허가할 때의 본인 인증, 의사 확인 등에 이용됩니다. 센서에 접한 지문 패턴을 데이터로 출력합니다.

가속도 센서

GPS 안테나

자이로 센서

조도 센서

지문 센서

근접 센서

🌐 스마트폰에 다양한 센서가 탑재되어 있다.

스마트폰은 iOS나 안드로이드(Android)라고 하는 운영체제가 탑재된 그 자체가 CPU, 메모리, 스토리지, 전원, 통신 기능 등을 갖춘 하나의 완결한 컴퓨터 디바이스입니다. 따라서 각종 센서에서의 출력처리는 애플리케이션 등에서 소프트웨어를 추가하면 간단하게 실현할 수 있습니다.

그러나 다른 일반적인 센서를 탑재한 디바이스는 CPU, 메모리, 운영체제, 임베디드 소프트웨어, 전원, 통신 기능 등을 갖춘 것으로 해야 합니다. 특히 센서의 센싱 정밀도나 출력값의 간단한 연산 등은 임베디드 소프트웨어에 의해 정의해 나갈 것입니다. 이후에 스마트폰 이외의 센서 디바이스의 종류와 그것이 어떠한 데이터를 만들어 내고 있는지를 살펴보겠습니다.

🌐 웨어러블 디바이스에 의한 데이터의 대표적인 사례

'웨어러블 디바이스(Wearable Device)'는 사람이 몸에 착용하는 디바이스로, 시계형이나 안경형이 대표적입니다. 맥박이나 보행 등 인간의 생체 정보를 취득하거나, 인간이 보고 듣는 환경 정보를 보강하는 것이 있습니다. 또한, 피부에 붙이는 접착형이나 콘택트렌즈형도 최근 등장하고 있습니다. 이러한 웨어러블 디바이스는 맥박 데이터, 온도, 주변 화상, 음성 등을 수집할 수 있습니다.

상용화된 웨어러블 디바이스 중 재밌는 제품을 발견해서 사용해 본 적이 있습니다. 몸에 지니기만 해도 호흡을 모니터링 하는 Spire라는 디바이스로, 손바닥에 실리는 작은 케이스에 7축의 센서와 무선 충전이라는 기술이 담긴 제품입니다. 호흡 주기를 측정하여 집중도, 긴장 상태, 운동 등의 활동 상태, 앉은 상태, 평온한 상태 등을 실시간으로 모니터링하면서 최적의 호흡 깊이와 주기를 조언해 줍니다. 웨어러블 디바이스의 좋은 점은 항상 몸에 지닌 만큼 우리 인간이 의식하고 있지 않은 데이터까지 취득해 준다는 것입니다. 그러한 데이터를 다양한 형태로 지속해서 기록하여, 통계를 바탕으로 처리하고 시각화해줍니다.

● Spire 본체와 충전기

● Fitbit이나 Apple Watch에서 얻을 수 있는 데이터 사례

웨어러블 디바이스 중 활동량 측정을 주기능으로 하는 손목시계형의 기기들이 많이 판매되고 있습니다. 그중에서도 출하 대수가 압도적으로 많은 것이 'Fitbit'입니다. Fitbit에는 다음의 그림과 같은 연계 앱이 준비되어 있어 스마트폰과 블루투스로 연결하여 데이터를 동기화합니다. 데이터는 스마트폰뿐만 아니라 클라우드에서도 관리할 수 있습니다.

🎖 Fitbit 디바이스와 앱 화면

Fitbit은 보행, 맥박, 가속도가 주요 취득 데이터이지만 그것들로 이동 거리, 운동량, 소비 열량, 수면 시간 등 일상의 행동에 관련되는 정보를 산출해 스마트폰의 앱이나 웹 화면에 일원적으로 보여 줍니다. 활동량 데이터 수집에 특화되어 있습니다. 또한, 디바이스 단독으로 존재하는 것보다도 스마트폰의 기능을 사용하면서 외부 디바이스로써 활용하는 것을 전제로 설계되고 있습니다.

같은 손목시계형으로 인기가 높은 'Apple Watch'도 있습니다. Apple Watch로 취득하는 데이터는 Fitbit과 비슷하지만, 마이크, 스피커, 환경 광센서, 통신 기능 등도 탑재하고 있습니다. 음성 데이터의 입력은 물론 빛의 유무 판정이나, 단체 데이터 통신 등이 가능합니다. 디바이스에 축적된 풍부한 데이터를 스마트폰과 클라우드에 통합할 수 있습니다.

게다가 취득한 데이터를 디바이스에서 깔끔하게 보여 주는 앱도 구현되어 있습니다. iPhone과의 연동에 최적화되어 있지만 독립된 디바이스로도 이용할 수 있습니다.

🌐 Apple Watch

🔍 비컨 디바이스 데이터의 대표적인 사례

블루투스의 BLE 표준을 활용하여 전파를 발신하는 디바이스로 '비컨(Beacon)'이 있습니다. 현재는 스마트폰과 연동하는 디바이스가 많으므로 생활에 밀착한 헬스케어나 소비자 서비스 활용에 실현되고 있습니다.

고정된 비컨이나 이동하는 비컨에서 ID 정보를 수신하고, 그 전파의 강도에 따라 비컨이 어느 정도의 거리에 있는지를 파악할 수 있습니다. 보통 15~30cm 정도를 감지하지만 멀리 30m 정도까지 감지할 수 있는 구조도 구축이 가능합니다. 비컨에서 멀리 떨어져 버리면 전파가 감지되지 않는 구조입니다.

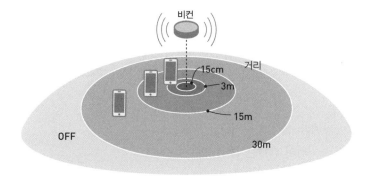

🌐 비컨의 전파탐지 구조

비컨 디바이스는 가격이 매우 저렴합니다. 전지가 1년 정도밖에 가지 않는 것이라면 20,000원 전후로 구매할 수 있는 디바이스도 있습니다.

주의해야 할 것은 비컨 자체는 데이터를 송수신하는 장치가 아니라는 것입니다. 그저 고유 ID를 가진 신호를 계속 송신하는 디바이스입니다. 센서로 데이터를 비컨 신호에 실어 전송하는 구현 방식입니다.

제품 예로서 레인저 시스템의 온습도 센서부착 BLE 비컨 디바이스가 있습니다. 코인형 전지로 구동하는 소형의 센서 디바이스로, 온습도 센서로 측정한 결과를 5초마다 BLE를 통해 계속 송신합니다. 송신 간격이 5초라면 1.4년 정도 사용할 수 있다고 설명서에 명시하고 있습니다.

🔹 레인저 시스템의 온습도 센서 비컨(iBS01T)

🌐 카메라 디바이스 데이터의 대표적인 사례

웹 카메라가 저렴하게 출시되며 화상회의 등의 커뮤니케이션 용도나, 감시 카메라로서의 이용 이외의 영역까지 용도가 넓어지고 있습니다. 예를 들면 영상을 애플리케이션으로 후처리했을 때의 다양한 결과물을 확인하는 사용법이 있습니다. 이 경우는 정지영상이나 동영상의 데이터를 취득하고 있습니다.

IoT로 사용되는 카메라 센서 디바이스는 취득한 데이터를 이미지로 처리해 패턴인식을 하는 기능이나, 동영상 전후의 프레임 변화를 감지하는 기능이 결합되어 있습니다. 이것으로 사람의 움직

🔹 오므론의 휴먼비전 컴포넌트 가족시선(HVC-C2W)

임이나 개인을 식별하고, 얼굴의 표정을 판단하고, 이상을 감지하고 경보를 발신하는 일련의 처리를 실현할 수 있습니다.

구체적인 예로는 오므론의 'OKAO Vision'을 들 수 있습니다. 세계에 5억 라이선스 이상의 출하 실적을 가진 이미지 센싱 기술입니다. 사람 이미지를 고속으로 감지·인식하는 기술로, '얼굴 인식', '인체 감지', '얼굴 방향 추정', '시선 추정', '눈꺼풀 추정', '나이 추정', '성별 추정', '표정 추정', '얼굴 인증', '애완동물 검출' 등 11개의 검출·추정 기능을 제공합니다.

🌐 가전 등의 홈 디바이스와 데이터의 대표적인 사례

가정에 있는 냉장고, 에어컨, 세탁기, 전자레인지, 식기세척기, 청소기 등의 백색 가전의 대부분은 아직 인터넷에 연결되어 있지 않지만 데이터를 수집하기 위한 디바이스로서 이전부터 주목받아 왔습니다. 최근에는 샤프가 **'친구 가전'**이라고 하는 콘셉트를 내걸어 네트워크로 연결되는 가전을 여러 가지 판매하고 있습니다. 말하는 에어컨이나 말하는 전자레인지로, 사용자의 사용법이나 기호를 데이터로써 취득해 클라우드와 연동해 동작을 점점 최적화하는 모델을 만들고 있습니다.

TV나 하드 디스크 레코더 등의 가전은 운영체제로 리눅스(Linux)나 안드로이드(Android)를 사용하여 PC와 같은 디바이스의 형태로 네트워크 접속 기능을 탑재한 제품을 이미 시중에 많이 판매하고 있습니다. 이런 가전은 백색 가전의 '동작의 최적화'라고 하는 모델과는 달리, 마케팅 영역에서의 데이터 수집이 되는 듯합니다.

예를 들면 어떤 TV 프로그램을 보고 있는지, 녹화하고 있는지 등의 시청 데이터의 수집이나 고민 후 끝내 선택한 프로그램이 무엇이었는지 등입니다. 일본은 북미와 비교하면 TV가 네트워크에 접속된 비율이 낮다고 알려졌지만, 향후 데이터를 취득하는 장점이 명백해지면 수집하는 데이터가 늘어날 것으로 생각됩니다.

음성 입력을 할 수 있는 '에코(Echo)'라고 하는 스피커를 아마존이 미국에서 대히트시킨 적이 있습니다. 출시하고 나서 순식간에 700만대나 판매해 상당한 임팩트가 있었습니다. 클라우드 AI와 연계하여 실현한 '스마트 스피커 (Smart Speaker)'로 불리는 이 디바이스는 향후의 홈 디바이스 중에서 핵심이 되었습니다. 구글이나 라인 등 많은 회사가 빠짐없이 대거 출시하기 시작했습니다. 사람의 음성 정보를 수집할 뿐만 아니라, 환경음 등도 수집할 수 있는 디바이스이며, 더욱 다양한 디바이스를 네트워크에 연결해 제어하는 게이트웨이 역할도 기대되고 있습니다.

🌐 아마존의 스마트 스피커 에코와 에코닷

🌐 데이터의 종류와 처리에 대한 유의점

우리의 주변에 있는 디바이스를 중심으로 어떠한 데이터를 수집할 수 있는지를 설명해 왔습니다. 거기에서 알 수 있듯이, 실제로 중심이 되는 것은 생체 정보, 활동량, 위치 정보, 음성, 구내 기기의 이용 정보 등 사람과 직접 관계하는 데이터입니다. 이들 데이터는 일반적으로 개인정보보호의 관점에서 신중하게 취급되어야 합니다. 따라서 개인이 자기 자신을 위해서 이용하는 것 이외의 목적으로 사용되는 일은 없어야 합니다.

개인정보 보호법 개정으로 일정 기준을 충족하면 그러한 정보를 적극적으로 이용할 수 있게 변하고 있으며, 수집한 데이터의 활용에 큰 기대가 모이고 있습니다. 그렇지만 너무 엉뚱한 권장 사항이나 지나친 서비스는 '소름 장벽(기분 나쁜 장벽)'으로 혐오될 수 있습니다. 그래서 개인적인 데이터의 활용에는 여전히 충분한 배려가 필요합니다.

설비에서 수집되는 데이터의 사례

🌐 설비 기기 센서 설치

이번 절에서는 우리 주변이 아닌 공장 등의 현장에서 가동하는 다양한 설비 기기나 디바이스와 그것들로부터 수집되는 데이터에 주목할 것입니다. 이 영역은 개인의 신변 디바이스 이상으로 다양한 기기가 존재합니다. 기존의 M2M 구조에서 수집할 수 있는 설비의 가동 데이터는 물론, 지금까지와는 다른 센서를 설치하여 얻을 수 있는 데이터도 소개합니다. 지금까지 알지 못했던 것을 알 수 있는 사례는 다양합니다.

🌐 가동 상태를 시각화하거나 원격 감시만이 목적은 아니다

설비 기기 등을 네트워크로 연결해 지속해서 데이터를 수집하는 초기의 목적은 보이지 않았던 것을 데이터로 수집하여 시각화하는 것이지만, 그 지향점의 끝에는 몇 개의 단계를 더 생각해볼 수 있습니다.

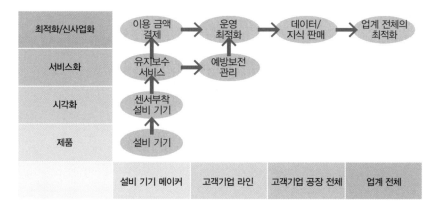

최적화/신사업화	이용 금액 결제 → 운영 최적화 → 데이터/지식 판매 → 업계 전체의 최적화
서비스화	유지보수 서비스 → 예방보전 관리
시각화	센서부착 설비 기기
제품	설비 기기
	설비 기기 메이커	고객기업 라인	고객기업 공장 전체	업계 전체

● 설비 기기의 IoT 단계

'시각화'하는 것으로 어떠한 상태일 때 설비가 고장이 나는지를 알 수 있습니다. 반대로, 최대의 가동 상태를 발휘하고 있는 상황도 확인합니다. 그다음 단계는 제품에 부대하는 유지보수 서비스의 제공입니다. 예를 들어 고장 나기 전의 상태를 파악할 수 있으면, 예방보전의 유지보수를 사전에 실시하는 등의 '서비스화'가 가능해집니다.

또한, 그런 데이터가 쌓이면 다른 용도로도 활용할 수 있습니다. 여러 기업이나 여러 공장에 서비스 최적화를 제공하거나, 그 방법이나 데이터를 판매하는 등의 신규 사업 가능성이 개척됩니다.

데이터에 의한 시각화나 원격 모니터링은 단독의 설비 기기 메이커만으로 서비스 제공까지 달성할 수 있습니다. 그래서 전체모습을 파악하기 쉽습니다. 그러나 실제로는 신규 사업으로 연결하는 등, 그 앞에 목표로 하는 모습이 따로 있다는 것을 이해해 두어야 합니다.

🌐 모터 등 회전계의 데이터 사례

공장의 설비에는 다양한 모터가 존재하고 있습니다. 기기를 작동시키기 위한 압축기의 내부에 내장된 모터, 컨베이어 벨트를 움직이기 위한 모터, 자동문을 열기 위한 모터 등 온갖 장소에 모터가 사용되고 있습니다.

이러한 설비 기기의 모터 회전수를 '카운터(Counter)'로 측정하거나 브레이크 부분을 '진동 센서'로 측정하는 방법 등이 있습니다. 모터에 공급되는 전류값의 변화는 회전수에 영향을 주기 때문에 '전류 센서'로 값을 측정하는 때도 있습니다.

회전수의 변화가 커지거나 진동이 심해지면 고장의 가능성이 증가했다고 판단하는 것입니다.

🌐 기기의 소음이나 진동 등의 데이터 사례

설비 기기가 가동 중일 때 다양한 소리가 발생하지만, 정상적으로 가동하고 있는 기기에서 들리는 소리와 이상이 발생했을 때 들리는 소리는 다릅니다. 기기의 가동 시에 발생하는 진동도 평상시에는 허용 값에 부합하겠지만, 이상 시에는 허용치를 넘는 큰 진동이 되는 경우가 많을 것입니다.

설비 장인이나 베테랑 직원이라면 자신의 귀로 가동 시의 소리를 듣거나, 설비 기기에 손을 대어 진동을 느껴 이상 검출의 판단이 가능하다는 이야기를 많이 듣습니다. 그러나 이 정도의 베테랑은 흔치 않으며, 점점 줄어만 가는 것이 현실입니다.

거기서 등장하는 것이 '집음 마이크'나 '진동 센서(가속도 센서)'입니다. 집음 마이크로 소리를 담아 설비 기기가 가동할 때의 주파수 패턴을 판별하여 정상 동작과 이상 시의 차이를 구별하는 것이 가능해집니다. 또한, 진동 센서를 설치해두고 정상 동작할 때의 진동을 허용치를 결정해 두고, 허용치에서 벗어났을 때는 이상 값이라고 판단하는 것도 가능합니다.

🌐 레인저 시스템스의 가속도 센서(iBS01G/RG)

🌐 기기의 전류 및 전압 등의 데이터 사례

모터에 이상이 발생하면 전원에서 흘러 들어가는 전류값이 정상 가동할 때와 비교하여 차이가 발생합니다. 그래서 전원 라인에 '전류 클램프'를 설치합니다. 이것으로 흐르는 전류값을 모니터링하여 이상 상태나 고장 가능성을 감지할 수 있습니다.

자주 실행하지 않는 설비 기기에서 정상적이지 않은 전력 소비가 발견된다면 누전 등의 우려가 있습니다. 분전반의 전력을 월간이 아니고 좀 더 짧은 주기로, '전력량계'로부터 데이터를 취득해 모니터링하는 것도 이상 감지에 유효한 수단입니다.

🔘 오므론 소형 전력량
모니터(KM-N1)

🌐 기온이나 습도, 소음 등의 설치 환경 데이터 사례

설비 기기가 작동하는 환경에서 이상 원인을 규명하는 것은 쉬운 일이 아닙니다. 기기 그 자체에 원인이 있는지, 그렇지 않으면 설치 환경에 원인이 있는지, 판단하기 어렵기 때문입니다. 예를 들어, 가공 설비의 정밀도는 고온이 되면 편차가 생기기 쉬운 것으로 간주합니다. 습도가 높은 경우에는 수지나 목재 등의 가공, 도금의 정확성 등에 편차가 생기기 쉬운 것으로 간주합니다.

또한, 설비 기기가 위치한 현장에서는 전자기 노이즈가 영향을 줄 수도 있습니다. 이 역시 인간의 경험과 감으로 보완해왔지만 숙련된 인력을 유지하는 것이 어려워지고 있습니다. 따라서 정상 상태의 기온과 습도를 데이터로 취득해 두고, 가공 정밀도와 일치하는 상관관계 및 허용오차를 모니터링하는 것이 유효한 제어가 될 것입니다. 또한, 빈번히 오류를 일으키는 기기가 놓여있는 환경의 노이즈를 상시 측정할 필요는 없지만, '자기장 센서' 등을 이용해 전자 노이즈의 발생원을 특정하고, 차폐하는 등의 대처를 간단하게 시행할 수 있습니다.

이렇게 눈에 보이지 않더라도 알 수 있도록 하는 것이 IoT의 의의입니다. 특히 전자기 노이즈는 데이터 취득에 악영향을 미치기 때문에 대책을 세울 가치가 크다는 것을 알아두세요.

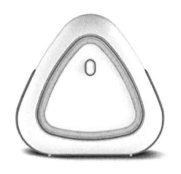

🔘 온도·습도 등 6종류의 데이터를 측정하는 레인저 시스템즈의 Air Mentor Pro

🌐 소재나 기체, 액체의 양과 같은 데이터 사례

빌딩 옥상의 물탱크에 물을 퍼 올리는 양수 펌프는 작동할 때에 소음이 발생하기 때문에 건물의 지하에 설치하는 것이 일반적입니다. 이 펌프에 '유량계'를 붙여두면 '유량이 감소했다.' 즉, '막힘의 가능성이 있다.'라는 것을 알 수 있으므로 점검이나 유지보수를 정확하게 실시할 수 있습니다. 또한, 펌프의 모터 부분은 항상 가동하기 때문에 망가지는 일이 많아 진동 센서나 전류 센서로 고장을 감지하도록 해두면 편리합니다.

대부분 문제가 되는 때는 펌프가 있는 지하실에 네트워크 환경이 갖추어져 있지 않은 경우입니다. 콘크리트에 둘러싸인 환경이므로 모바일 통신도 연결되지 않습니다. 데이터는 지속해서 측정하면서, 데이터를 정기적으로 취득할 수 있는 수단을 준비해야 하는 상황이 많습니다.

🌐 실시간 관리의 필요성 확인

지금까지 설비 기기에서 취득할 수 있는 데이터에 대해 알아봤습니다. 실제로 구현할 단계가 되면, 도입하는 고객은 가능한 한 실시간으로 데이터를 검색하고 모니터링하고 싶다고 요구하는 경우가 많습니다. 하지만, 정말로 실시간으로 데이터수집, 관리가 필요한지를 잘 생각해 봐야 합니다.

매 초마다 데이터를 수집한다고 가정해 봅시다. 다수의 설비 기기에서 데이터를 취득해, 하나의 장비에 수십 개의 데이터 항목을 계속 취득한다고 하면 막대한 데이터가 쌓이게 됩니다. 설비 기기의 수가 증가하면 증가할수록, 데이터양도 따라 증가할 것입니다. 이 경우 로컬 통신의 문제뿐만 아니라 클라우드에 보내는 통신비용도 문제입니다. 게다가 그렇게 축적한 데이터를 충분히 활용할 수 있다고도 할 수 없습니다.

어떤 목적으로 얼마나 자주 데이터를 수집할 필요가 있는지 검토할 필요가 있습니다. 또, 수집한 데이터를 실시간으로 분석하여 신속하게 피드백을 해서 제어하는 것이 정말로 필요한지도 검토해야 합니다. 사안에 따라 결정해야 하는 일입니다. 정말 필요하지 않은데 이것을 실시한다면, 더 큰 비용과 수고가 지불될 뿐, 효과적이고 결실이 있는 데이터 활용으로 연결되지 않습니다.

이런 사안들을 결정하기 위해서 에러율이나 고장률, 복구까지 필요로 하는 시간(중단 시간)에 주목하면 좋을 것입니다. 오류나 고장이 종종 발생하는 설비·기기를 모니터링하고 데이터를 수집하는 것은 의미가 있습니다. 고장의 빈도나 중단에 따른 영향이 심대한 것이라면, 비용을 들여서라도 실시간으로 모니터링하고 신속한 대처를 하고 싶은 것이 현장의 요구일 것입니다.

실제로 들었던 사례 중 이런 것이 있습니다. 수년간에 걸쳐서 끊임없이 데이터를 수집했지만, 그 사이 고장이 전혀 발생하지 않아서 고장 발생의 요인 분석이 성립되지 않고 데이터 보관 비용만 비대해졌다는 것입니다. 이러한 일이 생기지 않도록 정말로 유효한 데이터와 취득 방법에 대해서 일정 기간 경과 후에 평가·판단을 해나가는 것이 중요합니다.

SECTION
3-3

자동차는 중요한
데이터 소스

🌐 자동차는 이제 센서와 소프트웨어의 집합체

미국 테슬라의 전기 자동차의 제조·판매의 시작이나, 구글의 자회사 웨이모 (Waymo)의 자율주행차량의 실현에서 알 수 있듯이, 정보통신기업과 자동차 업계의 관계가 아주 깊습니다. 현재의 자동차는 엔진제어뿐만 아니라 브레이크나 핸들 조작까지 컴퓨터로 제어하고 있고, 하드웨어만의 집합체에서 다양한 센서와 소프트웨어의 집합체가 되고 있습니다. 즉 '달리는 스마트폰'이라고 해도 과언이 아닙니다.

다음 사진은 웨이모가 테스트한 자율주행차량입니다.

🔘 구글의 자회사 웨이모의 자율주행차

이 차량에는 카메라 센서 외에도 다양한 센서가 탑재되어 있는데, 한층 더 눈길을 끄는 것은 루프탑에 있는 'LIDAR(Light Detection and Ranging: 일명 레이저 레이더)'입니다. 레이저를 활용한 공간 센서 디바이스로, 주행하면서 시시각각으로 변하는 주행환경의 데이터를 '점군(Point Cloud) 데이터'라는 점의 집합체로 인식합니다. 이렇게 하면 주행궤도의 수정, 제동, 상황판단 등을 실시간으로 제공합니다. 물론 점군 데이터만으로는 불충분하므로 전방·후방을 찍기 위한 카메라도 갖추고 있습니다.

🌐 자동차가 얻을 수 있는 데이터의 풍부함

평상시 우리가 차내의 미터기나 내비게이션 화면에서 보고 있는 것은 '인포테인먼트(Infotainment)'라는 정보시스템과 엔터테인먼트시스템의 데이터뿐입니다. 그러나 자동차는 전기가 켜지는 순간부터 다양한 데이터를 취득합니다. 엔진이나 모터의 회전수, 배터리의 잔량은 물론, 다양한 전자 제어 시스템이 정상적으로 작동하는지의 점검 결과 등 'ECU(Engine Control Unit: 엔진 제어 장치)'에서 제어하고 있는 부품이나 모듈의 데이터도 대량으로 취득하고 있습니다.

자율주행차량이 아닌, BMW의 대형 세단 7시리즈는 1시간 주행에 1테라바이트 정도의 대량 데이터를 만들어낸다고 합니다. 자율주행차량이 되면 훨씬 많은 데이터를 생성할 거라는 건 어렵지 않은 추측입니다.

🌐 주행 데이터에서 나오는 서비스

ECU로 취득한 데이터를 검색하여 꺼내볼 수 있는 디바이스 GEOTAB가 일반인을 대상으로 판매되고 있습니다. 유지보수용 보드의 OBD II(On-Board Diagnostic version II) 커넥터에 연결하여 3G 통신으로 데이터를 클라우드에 업로드할 수도 있습니다.

GEOTAB으로 ECU의 데이터를 모니터링하여, 주행 데이터의 다음과 같은 항목을 시각화할 수 있습니다.

- 엔진 회전수의 상한선
- 불필요한 공회전
- 과속
- 급제동 · 급가속
- 급핸들 등의 위험 운전
- 안전벨트 미장착
- 후진
- 시간 외 사용
- 목적지에서의 연착이나 일찍 출발
- 무단 자택 이용
- 사무실에서 장시간 대기 및 장시간 점심 식사
- 근무 시간의 장시간 정차

⊕ ODB II 커넥터에 연결하는 GEOTAB 모듈

이러한 주행 데이터의 시각화를 통해 다양한 서비스가 생겨나고 있습니다. 예를 들면 GEOTAB의 사용 예는 아니지만, 주차장 서비스와 렌터카 서비스를 실시하고 있는 TIMES24 렌터카가 있습니다. 운전이 끝나면 반납 전에 그 날의 급발진·급제동의 회수 등을 탑재된 내비게이션이 보고해 줍니다. 이 데이터는 통신회선으로 센터에 송신되어 드라이버의 프로파일이나 차량 보험의 최적화 등에 이용되고 있습니다.

이러한 서비스는 '텔레매틱스(Telematics)'라고 불리며, 지금도 상당량의 데이터를 취득할 수 있습니다. 이것이 자율주행차량 시대가 되면 사람이 관련된 최소한의 항목에 대해서만 보고를 해 주게 될 것입니다.

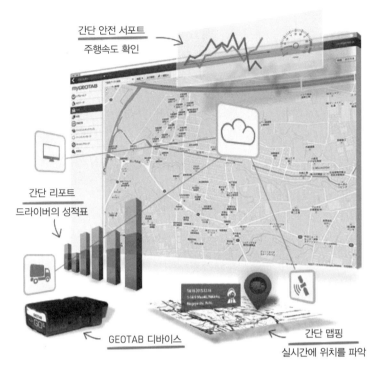

간단 안전 서포트
주행속도 확인

간단 리포트
드라이버의 성적표

GEOTAB 디바이스

간단 맵핑
실시간에 위치를 파악

🌐 텔레매틱스로 제공하는 서비스의 이미지 사례

🌐 실시간 제어로 실현하는 자율주행

　자율주행차량의 실현은 개별차량의 주행 데이터를 취득하는 것만으로는 충분하다고 말할 수 없습니다. 사고를 일으키지 않는 상황판단을 하려면 앞에 설명한 LIDAR로 주위의 주행환경을 수집하거나, 지도상의 위치 데이터를 클라우드에 수집하거나, 다른 차량과 위치 정보를 공유해야 합니다. 그렇게 하여 자율주행차량 전체에 더욱 정밀하고 현실적인 환경지도를 구축할 필요가 있습니다. 그 데이터를 각각의 개별차량에 피드백하여 자동차 측의 실시간 차량 제어의 부담을 감소시킬 수 있는, 집중과 분산의 처리 환경을 구현하는 것입니다.

앞으로 몇 년 안에 실용적인 자율주행차량이 시장에 등장하게 될 것입니다. 이러한 데이터의 취득·활용을 통한 새로운 서비스와 비즈니스에 대한 기대는 나날이 커지고 있습니다.

🌐 자동차에 달린 대표적인 센서

자동차에서 다양한 데이터를 생성하는 센서의 종류에 대해 살펴봅시다.

다음 센서들은 자동차가 주행할 때의 기본적인 상태를 측정합니다. 엔진이나 구동 시스템의 상태를 모니터링하고 측정한 데이터를 ECU에 집약하여 최적값으로 유지·제어합니다.

- 차속 센서: 바퀴 속도를 측정한다.
- 압력 센서: 유압 또는 수압을 감지한다.
- 스로틀 위치 센서: 스로틀(Throttle) 개도 등을 측정한다.
- O2 센서: 배기가스의 잔존산소를 검출해, 더 효율적인 공연비가 되도록 제어한다.
- 배기 온도 센서: 배기 온도를 측정한다.
- 에어로미터 및 흡기 온도 센서: 흡입 공기량 및 흡입 공기의 온도를 측정한다.
- 수온 센서: 엔진 냉각수의 온도를 측정한다.

자율주행차량에는 추가로 아래의 센서들이 더 탑재될 것입니다.

- 카메라: 주변 상황을 인식하고 식별한다.
- 밀리파 레이더: 밀리파라고 불리는 고주파를 전방의 물체 등에 쏘아, 반사되어 돌아온 신호를 복수의 수신 안테나로 수신하여, 그 위상차로 방향과 거리를 산출한다.
- LIDAR: 적외선 레이저를 펄스 형태로 쏘아 물체에서 반사되어 되돌아오는 시간으로 거리를 측정한다. 레이저와 구조가 유사하다는 것에서 레이저 레이더로 불리기도 한다.
- 소나: 초음파를 쏘아 반사되어 돌아오는 시간으로 거리를 측정한다.

위의 자동차가 생성하는 데이터를 기존에는 차량의 제어에만 사용하고 있었으므로, 자동차 업체라는 닫힌 영역에서만 활용되는 것이 일반적이었습니다. 그러나 최근 텔레매틱스가 고조되면서, 자동차 이외의 영역에서도 활용하고 있습니다.

🌐 자동차에서 얻은 데이터를 활용한 비즈니스

주행량이나 운전의 실제 상태를 지속적이고 상세하게 파악할 수 있게 되어 새로운 비즈니스나 서비스가 등장하고 있습니다.

예를 들면, 주행거리뿐만 아니라 안전한 주행을 한 내역이 데이터로 제출된다면, 그만큼 자동차 보험을 할인하려고 하는 시도가 있습니다. 일본에서는 소니 손해보험 및 각종 센서 등을 판매하는 OPTEX가 협력해 서비스를 시작하고 있습니다.

유럽에서는 이미 자동차 보험의 20%를 차지한다고 하는 이 텔레매틱스 보험은 보험료의 최적화와 안전운전 홍보의 양쪽 관점에서 매우 주목받고 있는 보험 서비스입니다. 유럽에서는 2020년까지 자동차 보험의 30% 이상이 텔레매틱스와 같은 UBI(Usage Based Insurance: 사용량 기반의 보험)로 이동할 것으로 예상되고 있습니다.

자율주행의 시대에는 차량 공간을 '승차'나 '운전' 외로 활용하는 새로운 비즈니스 모델의 등장이 기대되고 있습니다. 지금부터 몇 년 사이에 다양한 센서가 도입되어 자동차와 가정 중 어느 쪽이 먼저 전체 IoT화 될지 관심이 쏠리고 있습니다.

데이터 감지에 필요한 센서

🌐 센서 선정의 포인트

지금까지 다양한 디바이스를 알아보았습니다. 새롭게 무엇인가 취득하고 싶은 정보가 발생한다면, 그 목적이나 취득해야 할 데이터의 타입, 정밀도, 볼륨 등에 따라 적절한 센서를 선택해야 합니다.

사람의 움직임을 파악하고 싶다면, 스마트폰에도 탑재된 가속도 센서나 GPS를 사용해 얻을 수 있습니다. 그러나 GPS의 전파가 도착하지 않는 실내에서는 이용할 수 없습니다. 단순 위치가 아닌 움직임을 포착하고 싶다면 완전히 다른 센서가 필요할 수도 있습니다.

실내의 위치 정보라면, 센서는 아니지만 Wi-Fi의 액세스 포인트와의 거리로 위치를 산출하는 방법이 있습니다. 방의 출입을 파악하고 싶다면, 자동문에 적외선 센서나 카메라를 설치해 사람의 통과를 감지하는 방법도 있습니다.

IoT 실현 시 어떠한 종류의 센서나 카메라를 선택할지는 목적과 측정 대상에 따라 달라집니다. 목적과 측정 대상을 확인하여 측정수단의 조합을 결정해야 합니다. 다음 페이지의 표는 목적에 맞는 센서의 조합으로, 'IoT 기술 텍스트(모바일 컴퓨팅 추진 컨소시엄 감수, 릿쿠텔레콤)'를 바탕으로 정리한 것입니다.

◉ 목적별 센서 조합

분류	센서	사람의 움직임	에어컨	프로세스 산업	기계 산업	자동차	농업	교량
기계량	압력		○	○		○		
	가속도	○			○	○		○
	힘				○			
	변위				○			○
	왜곡							○
	강우량						○	
유량	초음파 유량계							
	전자기 유량계			○				
	차압 유량계			○				
회전 · 속도	회전				○	○		
	속도				○	○		
음향	마이크	○				○		
	초음파	○	○			○		
빛 · 전자파	빛	○						○
	이미지	○			○	○	○	○
	조도					○	○	
	일사					○	○	
	적외선	○	○			○		
온도 · 습도	온도	○	○			○	○	○
	습도		○			○	○	
	수분						○	

🌐 측정 대상에 대한 목적을 명확히

센서를 선택하려면 대상이 되는 공간과 측정 대상이 되는 사람·사물·환경 등을 파악하고, 그 측정 대상에 대해 어떤 목적으로 어떻게 출력을 이끌어낼 것인지를 명확하게 해야 합니다.

고정 설비인 컨베이어 벨트가 측정 대상이라면, 정상적으로 가동하고 있는지 어떤지 등의 상태를 파악하는 것을 목적으로 합니다. 그리고 그 목적을 달성할 수 있는 센서를 선택하는 것입니다. 컨베이어 벨트 자체의 이미지나 소리, 진동, 거기에 전류나 전압과 같은 전력의 상태를 파악하기 위한 센서를 선택하는 것입니다. 아울러, 벨트 컨베이어가 설치된 환경(실내/실외나 진동·소음 등)의 데이터를 취득할 필요가 있는지도 판단합니다. 또한, 센서에 전력을 공급할 수단이나 데이터 통신 수단에 대해서도 전망을 세워야 합니다.

다음 표는 목적·용도별로 어떤 종류의 센서가 필요할 것인지를 정리한 것입니다.

🔵 목적·용도 및 구체적인 센서의 예

목적	센서 디바이스
가동 상태를 파악	진동 센서, 전류계
환경 상태를 시각화	온습도 센서, 이산화탄소 농도 센서, PM2.5 등의 먼지 센서, 마이크에 의한 소음 센서, 광센서에 의한 조명의 ON/OFF 감지
물리적 공간을 스캔	LIDAR와 레이저 거리 측정, 자력 센서에 의한 벽에 철골 검색
사람의 움직임을 감지	가시광선이나 초음파에 의한 인체 감지 센서, 카메라 센서, 비컨
물건이나 소재의 양을 감지	무게 센서, 유량 센서
사람이나 물건의 상태를 감지	적외선 센서와 온도계에 의한 발열 감지
토지나 건물의 변화량을 감지	변형 센서에 의한 토사 재해의 전조 감지, 지진 전후의 건물의 경사 파악

🌐 가동 상태를 파악하는 센서

공장의 설비나 기기에 탑재된 모터 등의 고장을 검지하기 위해서는 '진동 센서 (가속도 센서)'나 '전류계' 등이 사용됩니다.

모터에 가속도 센서를 설치하여 모터의 진동을 시각화할 수 있습니다. 안정적인 가동 시의 진동·진폭을 미리 측정해 두고 거기에서 허용 가능한 규정 값을 산출합니다. 또한, 그 규정 값에서 벗어난 후 어느 정도의 시간이 흐른 후에야 고장이 나는지도 데이터화해 둡니다. 그렇게 하면 고장의 조짐을 감지할 수 있게 되어, 교환 등의 대응을 원활하게 수행할 수 있습니다.

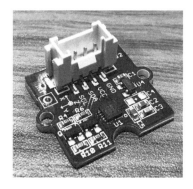

마찬가지로 모터에 유입되는 전류값을 측정하면, 고장 날 때 설계 사양과 다른 전류값의 상승 또는 저하를 볼 수 있으므로, 고장 가능성을 판단할 수 있게 됩니다.

🔘 가속도 센서의 예

🌐 환경 상태를 시각화하는 센서

다양한 건물이나 공간의 상태를 파악하고 시각화하기 위해서는 온도·습도 센서, 이산화탄소 농도(CO_2) 센서, PM2.5 등을 감지하는 먼지 센서가 필요합니다.

'온습도 센서'는 표면의 반도체 소자의 저항값 변화로 측정하는 것이나, 온도나 습도에 따라 전압이 선형적으로 변화하는 IC형이 있습니다. '이산화탄소 농도 센서'나 '먼지 센서'는 표면의 박막에 해당 감지 물질이 부착·유입되면 저항값과 전압값이 변화하는 것을 이용하여 해당 물질을 감지합니다.

'소리 센서'는 마이크에서 소리를 담아 그 환경의 소리의 크기나 변화를 db 값으로 출력합니다. '광 센서'는 환경의 조명 상태, 예를 들면 조명의 ON/OFF를 포토 다이오드로 검지해, 전류값으로 출력합니다.

🌑 온습도 센서, 광 센서, 소리 센서의 예

🌐 물리 공간을 스캔하는 센서

앞에서 소개한 LIDAR(레이저 레이더)는 적외선 레이저 빛을 공간에 주기적으로 쏴어, 공간 안의 다양한 물체에서 레이저 빛이 반사되어 돌아오는데 걸리는 시간으로 각각의 물체와의 거리를 측정하는 센서입니다. 자율주행차량에서는 얻은 데이터를 실제 공간을 본뜬 3D 지도에 투영하여 실시간으로 공간을 감지하면서 주행하는 데 사용됩니다.

건설현장에서는 자력을 감지하는 '자기 센서'를 사용합니다. 금속의 유무를 소리나 빛으로 피드백하여 사람의 눈에 보이지 않는 벽 안의 철골을 검출하는 등의 센싱 방법이 이용되고 있습니다.

🌑 자기 센서의 예

🌐 사람의 움직임을 감지하는 센서

사람의 움직임을 감지하는 센서로는 적외선 등의 가시광선을 상시 비추어 그것이 차단되었을 때 사람이나 물체의 움직임으로 감지하는 '인체 감지 센서'가 있습니다. 센서가 일정 시간, 움직임이 있는 물체로부터 돌아온 광선을 감지할 수 없는 경우에 사람이 '있다/없다'를 판단합니다.

이것과는 완전히 다른 방식으로 '카메라형 인체 감지 센서'가 있습니다. 카메라로 사진을 촬영하고 이미지에 포함된 인물을 감지하는 센서입니다.

혹은 비컨을 움직이는 기기에 설치하거나, 사람이 지니게 하는 것으로 움직임을 판정하는 방법도 있습니다. 전파의 강도를 수신기에서 측정하여, 그 전파 강도에 따라 수신기와의 거리를 계산하여 움직임을 판정합니다.

⚙ 인체 감지 센서의 예

🌐 사물이나 소재의 양을 감지하는 센서

'중량 센서'는 사물의 내부 왜곡이나 압력을 감지하여 무게를 측정합니다. 변형 센서와 유사한 구조로 출력된 전압에서 그 물건의 중량을 산출합니다.

'유량 센서'는 액체나 기체의 유량을 측정합니다. 소용돌이의 흐름을 감지하는 방식과 'MEMS(Micro Electro Mechanical Systems: 일명 마이크로 머신)' 센서의 칩 위를 흐르는 공기로 인해 저항값이 변화하는 것을 이용하는 방식이 있습니다. 그 외에는 가열한 '서미스터'를 유로에 여러 개 설치해두는 방법이 있습니다. 서미스터 위를 흐르는 유체가 서미스터로부터 열을 빼앗아 저항값이 상승하는 원리를 사용한 방법입니다. 설치한 여러 지점 사이에서 측정한 온도의 저하 속도에 따라 유속을 계산합니다. 이것은 센서 개별적으로 측정하기보다, 센서 출력을 계산해서 측정하는 실현 방법입니다.

⚙ 서미스터의 예

🌐 사람이나 물건의 상태를 감지하는 센서

사람의 움직임을 검출하고 감지하려면 '적외선 센서'를 사용합니다. 사람이나 물건의 어느 부분이 얼마나 열을 가졌는지를 감시·파악할 수 있습니다. 방사되는 적외선의 강도(에너지양)는 온도가 높아짐에 따라 점차 증가합니다. 그 적외선 에너지양을 센서로 감지하고 변환 처리함으로써, 사람이나 물건의 표면 온도를 알 수 있습니다.

🌐 토지나 건물의 변화량을 감지하는 센서

대부분의 산사태는 짧은 시간에 극심한 폭우가 내렸을 때 일어납니다. 그러나 그뿐만 아니라 장기간에 걸쳐 토지의 수분량이 많아졌을 때도 일어날 수 있습니다. 그 예방 대책의 하나로 사용되는 것이 '왜곡 센서'입니다.

산사태가 예상되는 산림 등에 일정한 간격으로 왜곡 센서를 설치하여 일정 이상의 왜곡을 감지하도록 합니다. 그러면 눈에 보이지 않는 지면의 기울기나, 수분 함유에 의한 토지의 가라앉음 등을 파악할 수 있어 토사 재해의 전조를 감지할 수 있습니다.

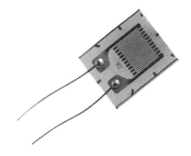

왜곡 센서는 금속 저항을 절연체 위에 설치하고, 거기에 걸리는 응력으로 저항값이 바뀌는 것을 이용합니다. 저항값의 변화에 따른 전압 또는 전류의 변화를 출력하여 왜곡량으로 변환합니다.

🔘 변형 게이지의 예

센서 데이터의
구체적인 사례와 활용방법

🌐 센서 데이터는 파형 데이터

다양한 센서의 종류에 대해 언급했습니다. 다음은 센서 디바이스가 보내는 데이터에 대해 구체적으로 살펴보겠습니다. 센서 데이터라고 하는 것은 센서가 전기적 또는 물리적으로 받은 자극이나 입력을, 전류나 전압으로 바꾸어 출력하는 것으로, 아무것도 가공하지 않을 때는 파형 데이터가 되어 얻을 수 있는 것이 많을 것입니다.

여기에서는 대표적인 센서인 온도 센서와 진동 센서의 1차 파형 데이터를 채택하여 그것을 어떻게 활용하면 좋은지에 대해 설명합니다.

🌐 온도 센서의 데이터 사례

온도 센서에는 여러 가지 종류가 있지만, 자동차 등에서 자주 사용되고 있는 것은 '서미스터(Thermistor)'이며 온도에 의해서 저항값이 바뀌는 것을 이용한 세라믹 반도체 센서입니다. 단, 서미스터의 저항값은 온도에 의해 급격하게 변화하는 곡선이 되기 때문에 온도 센서로써 이용하려면 리니어라이즈(Linearize, 직선화)가 필요하게 됩니다.

최근 자주 이용되고 있는 'IC 온도센서'는 온도에 따라 전압이 상승하는 것이 일반적입니다. 직선화 처리는 불필요하고, 출력값을 취급하기 쉬운 것이 특징입니다. 온도 변화에 따라 전압값이 바뀌고 그것이 출력됩니다. 이 출력을 센서와의 관계식으로 계산하여 온도에 대응시킵니다. 다음 그림은 전압과 온도의 관계를 나타내는 그래프의 예입니다.

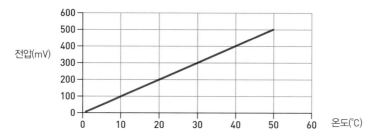

🏵 전압과 온도의 관계

🌐 진동 센서/가속도 센서의 데이터 사례

다음 그림은 진동을 검지하는 가속도 센서의 전형적인 메커니즘(Mechanism)을 나타내고 있습니다.

가속도 센서의 내부 구조

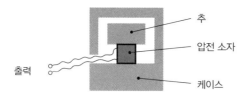

🏵 가속도 센서의 메커니즘

'압전소자형 가속도 센서'라고 불리는 것입니다. 압전성이 있는 물체(압전체)에 힘을 가했을 때 분극이 발생해 전압이 생기는 현상을 '압전 효과'라고 부릅니다. 이것을 이용해 진동이나 가속도를 계측하는 센서입니다.

다음 그림은 압전소자형의 가속도 센서에서 출력되는 파형 데이터의 예입니다. 진동이 발생하면, 진폭이 전압값이 되어 출력됩니다. 진동이 잘게 쪼개진 고주파(샘플링 빈도가 높다)가 되어 시각화할 수 있는 것이 특징입니다.

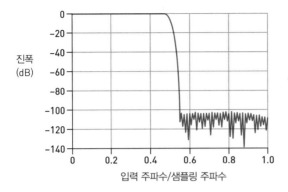

진폭
(dB)

입력 주파수/샘플링 주파수

◉ 압전소자형 가속도 센서에 의한 진동측정의 파형 예

🌐 GPS 위치 정보의 예

GPS(Global Positioning System)로 위치 정보를 취득하는 것은 내비게이션이나 휴대
전화에서도 넓게 이용되고 있는 방법입니다. 본래 센서와는 조금 다르지만, 물체
의 위치추적이나 확인이라는 면에서는 센서처럼 사용되고 있습니다.

다음 그림은 GPS의 기본적인 구조를 나타내고 있습니다. 천정에 있는 4개의 위
성으로부터 신호를 수신하고, 각각의 위성으로부터의 거리 정보나 시간을 읽어내,
지구상의 위치를 확인합니다.

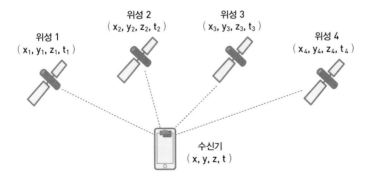

위성 1
(x_1, y_1, z_1, t_1)

위성 2
(x_2, y_2, z_2, t_2)

위성 3
(x_3, y_3, z_3, t_3)

위성 4
(x_4, y_4, z_4, t_4)

수신기
(x, y, z, t)

◉ GPS의 기본 구조

GPS 모듈에서 계산된 자신의 위치 정보(위도·경도)와 타임스탬프(시간)가 출력됩니다. 이 정보를 지도상에 대응해 이용하는 방법이 일반적으로 사용되고 있습니다.

● 위치 정보를 지도에 대응하여 표시하는 예

🌐 카메라 센서에서 데이터 처리

카메라는 센서라고 하기보다 이미지를 촬영하기 위한 장치로 보는 것이 보통입니다. 그러나 디지털카메라의 핵심은 이미지를 캡처하는 'CMOS 이미지 센서(Complementary Metal Oxide Semiconductor Image Sensor)'입니다. 그렇게 생각하면 카메라는 센서 디바이스라고 말할 수 있습니다.

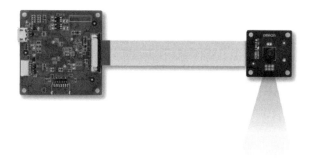

● 오므론 휴먼비전 컴포넌트 (HVC-P2)

카메라는 이미지 처리 소프트웨어와 결합하여 단순한 이미지 출력 장치에 머무르지 않고, 다양한 센서 디바이스로 응용할 수 있습니다. 예를 들면, 얼굴 탐지 및 인식, 동체 감지와 같은 기존의 센서가 제공하는 기능을 더욱더 정밀한 수준으로 실현할 수 있습니다. 최근에는 사람의 눈으로는 좀처럼 측정·감시할 수 없는 분광 반사에 의한 식생(식물이 생육하고 있는 상태) 분포·오염 상황의 관측도 가능해지고 있습니다. 카메라의 활용 폭은 더욱더 넓어질 것으로 예상됩니다.

🌐 센서 데이터 활용방법의 패턴

여기서는 주로 사용하는 센서와 데이터에 관해 설명했습니다. 데이터를 활용하기 위해서는 몇 가지 전형적인 패턴이 존재합니다.

시계열로 축적한 데이터를 통계 처리하여, 시간에 따른 추세 값을 파악하거나, 미래의 고장 등을 예지·예측하는 것이 가능하게 될 것입니다. 계속해서 모니터링을 해 두면, 어떤 정해진 임계값을 넘었을 때 경보를 발령할 수 있습니다. 또한, 센서에서 출력되는 파형 패턴을 식별하여, 특정 작업이나 설비의 결함을 찾을 수도 있습니다.

더 자세한 내용은 제4장에서 설명하겠습니다. 앞으로는 다양한 센서로 수많은 데이터를 활용하여, 지금까지 보이지 않았던 환경의 상태나 설비 기기의 동작 상황 등을 실시간으로 파악해 대응할 수 있게 됩니다. 이것이 센서 데이터를 활용하는 가장 큰 장점입니다.

IoT 데이터의 수집·
축적의 기본과 활용
까지의 프로세스

IoT 데이터의 특징

🌐 IoT 시스템에서 취급하는 데이터에 대해

여기까지 IoT 시스템의 전체 이미지나 센서 디바이스에 관해서 설명했습니다. 이번 장에서는 IoT 시스템에서 취급하는 데이터의 특징과 그 취급 방법에 관해 설명합니다.

IoT 시스템에서 취급하는 데이터는 다양한 종류가 있지만, 크게 5개의 특징이 있습니다.

❶ **데이터 양**: 지속적이며 대량으로 생성된다.

❷ **데이터 타입(규격·사양)**: 디바이스나 게이트웨이에는 다양한 규격이 있으며, 교환되는 데이터의 포맷이나 프로토콜 등, 데이터 유형도 제각각이다.

❸ **노이즈**: 센서의 설치 장소나 통신 환경 등에서 노이즈가 발생할 수 있다. 간헐적으로 노이즈가 데이터에 섞이거나 데이터 자체가 손상되는 경우가 있다.

❹ **지연**: 통신 상태에 의한 지연이 발생하거나, 시스템이 오류를 일으켜 여러 디바이스 간 취급하는 시간에 대한 오차가 발생할 수 있다.

❺ **추가 및 변경**: 취득하는 데이터의 추가나 변경이 자주 발생할 가능성이 있다.

그럼 각각에 특징에 대해 자세히 설명해 보겠습니다.

🌐 특징1: 데이터양은 지속해서 증가한다

IoT 데이터의 특징 중 하나는 '데이터가 지속해서 대량으로 발생'하는 것입니다. 하나의 데이터 계열이라도 고빈도로 로깅(데이터를 계속 기록하는 것)하면 데이터는 증가하게 됩니다. 복수의 센서 데이터가 센싱이 되면 더욱 그렇습니다. 일례로 여기에서는 오므론이 판매하고 있는 7항목의 센서 데이터를 살펴봅시다. 센서 하나로 7항목의 데이터를 측정할 수 있습니다.

🔘 오므론의 환경 센서(2JCIE-BL01)

손바닥에 놓일 정도인 단 5센티미터 정도 크기의 디바이스지만, 다음과 같은 데이터를 취득할 수 있습니다.

- 온도
- 소리(소음)
- 습도
- UV(자외선량)
- 조도(밝기)
- 가속도
- 기압

방 안에 설치하면, 한 대로 쾌적한 환경인지 아닌지 모니터링이 가능합니다. 다만, 7개의 센서를 내장하고 있는 만큼 취득하는 데이터의 종류가 많으며, 따라서 데이터양도 많아집니다.

이 환경 센서 디바이스는 통신 기능으로 BLE를 탑재하고 있어, 취득한 데이터를 임의의 타이밍에 송신할 수 있습니다. 송신 간격은 1초~3600초(1시간) 사이의 임의의 간격으로 지정할 수 있으므로 목적에 따라 설정합니다.

예를 들어, 회의실에 설치해 방의 밝기를 확인하는 경우는 10분 간격으로도 문제없을 것입니다. 그러나, 공장 내의 설비에 설치해 기계 주변의 온도를 원격 모니터링한다면, 1초 간격으로 데이터를 취득하고 싶을지도 모릅니다. 데이터 전송 시점에 따라 데이터양은 크게 바뀌지만, 센서 디바이스가 데이터를 계속해서 출력하는 것에 변화는 없습니다.

게다가 IoT 시스템에서는 데이터를 계속 보내는 디바이스가 한 대로 한정되지 않습니다. 회의실이라면 각 회의실, 공장이라면 각 설비 기기와 방이나 기기에 설치하는 것이 대부분일 것입니다. 한 대의 설비 기기에 여러 개의 센서를 설치하기도 하므로, 수집할 수 있는 데이터양은 센서의 수나 취득하는 데이터 계열의 수에 비례해 점점 증가해 갑니다.

계속해서 늘어나는 데이터양을 어떻게 조절해 나갈까 하는 것이 과제가 됩니다. 센서 디바이스가 고성능이거나 프로그래밍을 할 수 있으면, 엣지 컴퓨팅에서의 처리가 유효합니다.

공장 내의 설비에 센서를 설치한 경우를 가정해봅시다. 주위의 온도를 모니터링하여 어느 임계 온도를 넘을 때 경고를 발령하고 싶다면, 임계값을 넘었을 때만 데이터를 전송하여 통지하는 방법을 생각할 수 있습니다. 이상한 데이터만을 전송, 축적하는 대응도 가능하므로, 모든 데이터를 보관하는 것보다 데이터양을 줄일 수 있습니다. 임계값 설정을 할 수 없는 디바이스의 경우라도, 게이트웨이의 엣지 처리로 가능할 수 있습니다.

엣지에서 전처리를 할 수 없다면, 디바이스는 데이터를 계속 보내게 됩니다. 그러므로 클라우드에 이상 수치가 들어오면 액션을 일으키는 등의 시스템을 구축해야 합니다.

대량의 데이터가 수신될 때 데이터를 어떤 전처리도 하지 않고 축적하는지, 의미 있는 데이터를 추출하고 나머지는 폐기하는지는, 데이터의 이용 목적을 고려하여 만들어진 애초의 기본설계에 따라 달라집니다.

기본적으로 IoT 시스템에서 전송되는 데이터는 지속적이기에 데이터양은 계속 증가합니다. 따라서 데이터양을 억제하는 것이나, 효율적으로 전송하는 방법을 생각하는 것이 필요합니다.

🌐 특징2: 다양한 유형의 데이터가 혼재한다

IoT의 데이터 특징 두 번째는 '다양한 데이터 유형이 혼재'하는 것입니다. IoT의 디바이스나 게이트웨이에는 다양한 제품이 존재하고, 각각 규격이 다릅니다. 디바이스나 게이트웨이의 규격이 제각각이라는 것은 전송하는 데이터의 유형이나 프로토콜도 제각각임을 의미합니다.

일반 시스템 개발이라면 구축하는 시스템의 데이터 입력은 '언제', '어디에서', '어떤 타이밍으로', '어떤 포맷으로'라고 정의되어 있습니다. 하지만 IoT에서는 연결하는 디바이스에 따라 데이터의 정의가 다릅니다. 게다가 디바이스를 추가한다면, 더욱 다양한 유형의 데이터를 취급할 필요도 생깁니다.

간단하게는 온도나 습도를 일본의 기기에서는 섭씨로 처리하지만, 해외의 센서나 기기에는 화씨로 규정되어 있는 것도 있습니다. 또, 기기에 따라서는 바이너리(0과 1의 값) 데이터만 얻는 것이나 이미지 데이터만을 얻는 것도 있습니다. 이미지 데이터의 경우에는 JPEG인지 PNG인지 이미지 포맷에 대한 종류의 차이도 있습니다.

게다가 데이터의 통신 프로토콜도 회사마다 각각 다릅니다. 이 점이 특히 스마트 공장 등을 실현하려고 할 때의 상호 운용성이나 데이터 관리 기능에 병목이 되고 있습니다. 통신 프로토콜은 미쓰비시 전기가 추진하는 CC-Link나 Modicon이 추진하는 Modus 등이 있지만 각각 사양이 달라, 단순하게 연결할 수 없다는 문제가 발생합니다.

이처럼 다양한 설비나 디바이스가 연결되는 환경에서는 다른 데이터 유형이나 프로토콜을 병렬적으로 처리해야 합니다. 중요한 것은 어떠한 포맷의 데이터가 보내져도 대응할 수 있도록 유연한 구조를 구축해 두는 것입니다.

다양한 데이터 유형
다양한 데이터 포맷
다양한 통신 프로토콜

다양한 센서에 의한 데이터 유형
(숫자 데이터 만이 아닌 이미지
등의 다양한 데이터)

다양한 게이트웨이 사양
(데이터의 필터링 기능 등)

디바이스나 게이트웨이는 다양한 규격이 있으며,
들어오는 데이터의 포맷과 프로토콜도 제각각

🔩 다양한 유형의 데이터를 병렬적으로 처리하다.

🌐 특징3: 데이터에는 노이즈가 섞인다

IoT 데이터의 특징 세 번째는 '데이터에 노이즈가 섞이는 것'입니다. IoT 데이터는 값이 누락되거나, 간헐적이거나, 내용이 공백인 경우처럼 노이즈가 섞이기 쉽습니다. 그 원인은 다양한데, 네트워크가 불안정하거나, 디바이스가 고장난 경우나, 디바이스의 설치환경에 문제가 있는 등 다양한 요인이 있습니다.

'이상 수치', '쓰레기 데이터', '나쁜 데이터', '불완전 데이터'라고 불리는 이러한 노이즈가 섞인 데이터를 축적해 나가는 것은 크게 두 가지 측면에서 문제가 됩니다.

첫 번째는 사용할 수 없는 데이터를 축적하는 것으로 통신이나 메모리, 저장 공간의 낭비입니다. IoT 데이터는 그 양이 방대해지는 것이 특징이므로, 미래를 예측한 데이터베이스 설계가 중요합니다. 그러나 쓸데없는 데이터를 축적할 필요는 없습니다.

두 번째는 데이터 분석의 문제입니다. 보통 값에서 너무 벗어난 값은, 전체적인 분석이 잘못되는 요인이 되므로 제거해야 합니다. 현실 세계에서 일어나고 있는 일들을 시각화하기 위해서 수집한 데이터가 잘못된 것이라면, 그 데이터를 분석하여 보이는 세계는 잘못된 세계가 되어 버립니다.

데이터라고 하는 것은 용도가 뒤늦게 발견되어 활용되는 일도 적지 않습니다. 현 단계에서는 IoT 데이터와 AI(Artificial Intelligence: 인공지능)를 결합하는 것을 생각하지 않아도, 장래 AI를 도입하기로 했을 경우, 그때까지 축적해 온 과거의 데이터를 학습 데이터로 하게 될 것입니다. 그때 학습 데이터가 올바르지 않으면 AI의 정확도를 올릴 수 없습니다.

통신 환경이나 스토리지의 비용이 낮아지고 있으므로 어떤 데이터라도 축적해 두는 것이 좋다고 말할 수도 있지만, 값에 이상이 있는 데이터를 축적할 필요는 없습니다. 축적할 때에는 데이터의 노이즈를 제거하고 저장하는 것이 좋습니다.

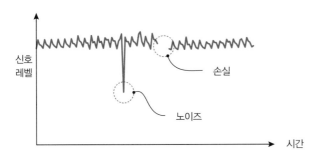

🌐 데이터의 노이즈와 손실 값의 이미지

🌐 특징4: 데이터에는 지연이 발생하기 쉽다

IoT 데이터의 특징 네 번째는 '지연(대기시간이나 타이밍의 지연)'이 생기는 것입니다. IoT에서 지연은 두 종류가 있습니다.

첫 번째는 통신 네트워크를 경유할 때의 '대기시간(Latency)'에 의한 것입니다. 처리 요청으로부터 응답이 돌아올 때까지의 시간입니다. IoT에서는 디바이스에서 클라우드로 데이터를 보냅니다. 상황에 따라서는 엣지에서 처리를 수행한 뒤 데이터를 보냅니다. 따라서 실시간으로 데이터를 수집하고 있더라도, 통신 네트워크의 상황이나, 게이트웨이 등의 엣지에서의 처리 때문에 데이터는 클라우드에 늦게 도착합니다. 실시간성이 중요하지 않은 용도라면 문제가 없지만, 의료 시스템이나 기계의 자동운전 등 인명에 관련되는 즉시 응답이나 판단이 필요한 용도에서는 중대한 문제입니다. 그러한 용도에서는 지연을 일으키지 않거나, 지연에 대응할 수 있는 주의 깊은 설계가 필요합니다.

지연의 두 번째는 디바이스에 의한 것입니다. 센서 디바이스를 포함해 IoT 시스템에는 다양한 디바이스가 연결되어 있습니다. 그 개별 디바이스가 가진 '내부 시간에 뒤틀림'이 발생해 시간의 오차가 생길 가능성이 있습니다. 또한, 디바이스의 수가 많으면 시간대(Timezone) 설정이 애당초 행해지지 않은 때도 있습니다. 이런 경우 잘못된 시각의 데이터를 계속 수집하는 큰 문제가 발생하게 됩니다.

IoT 데이터는 시간이 매우 중요한 요소입니다. 접속하는 디바이스의 수, 규격, 장소를 한정하지 않고 데이터를 취득했을 때 '시간'이 분류나 분석의 기준이 되기 때문입니다. 취득한 데이터를 시간에 그룹화하여, 분석하는 때가 많습니다.

어떤 기계의 고장을 예측하기 위해서 데이터를 분석한다면, 기계가 고장이 난 시간에 주위의 설비나 환경이 어떤 상황이었는지를 분석해야 합니다. 만약 각 디바이스가 보유하고 있는 시간이 어긋나 있다고 하면, 원래라면 알아차렸을 고장의 요인을 올바르게 찾아낼 수 없습니다. 따라서 시간을 취급하는 데 주의가 필요합니다.

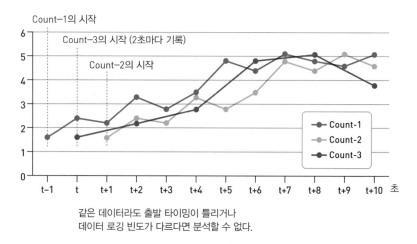

같은 데이터라도 출발 타이밍이 틀리거나
데이터 로깅 빈도가 다르다면 분석할 수 없다.

⬤ 타이밍이 어긋나있는 데이터의 이미지 사례

🌐 특징5: 취득하는 데이터의 추가나 변경이 빈번히 일어난다

IoT 데이터의 특징 다섯 번째는 '데이터의 종류가 증가'하는 것입니다. IoT에서는 시스템 구축 후에 디바이스의 추가나 변경이 빈번하게 일어날 가능성이 높습니다. IoT는 그 활용방법을 점점 진화시키는 것이 특징입니다. 진화야말로 IoT의 강점입니다.

디바이스로부터 데이터를 취득해 분석·시각화하여 보면, 개선할 사안이 발견되어, 새로운 데이터를 얻기 위해서 센서를 추가하는 시나리오를 생각할 수 있습니다. 요즘은 영상 처리기술이 진화하고 있어, 이미지나 동영상의 데이터를 활용하는 분석 방법이 많아지고 있습니다. 그 때문에 데이터 처리의 변경이 이루어지는 것도 생각할 수 있습니다. 게다가 현재의 시각화를 시행한 다음의 단계로, 특정 조건에 일치하는 경우에 사람의 손을 거치지 않고 제어를 시행하는, 원격 제어를 수행하는 기업도 늘어날 것입니다. 이것은 축적한 데이터를 조합한 분석이나 장비의 원격 감시라는 기존의 방법을 넘는 새로운 단계입니다.

이처럼 IoT는 기존의 기간계 시스템과 비교하면, 사용 용도가 점점 변화해 가는 시스템입니다. 이것은 센서 등의 디바이스 추가가 빈번히 행해진다는 것을 의미합니다. 즉 최초의 시스템 설계 시에 정해진 구조화·표준화·정규화된 데이터와는 다른, 새로운 데이터가 점점 추가되어 간다는 것입니다.

향후 어떤 센서 디바이스가 연결되는지는 사전에 정의할 수 없습니다. 따라서 어떠한 규격의 디바이스가 추가되어도, 또 데이터양이나 데이터 유형이 변화해도 영향을 받지 않는 시스템으로 만들어 갈 필요가 있습니다.

🌐 데이터가 많을수록 활용의 용도는 확대된다.

여기까지 IoT 데이터의 다섯 가지 특징을 보았습니다. M2M 등의 기존의 시스템과 비교해서, IoT 시스템에 연결되는 데이터 수집 디바이스는 분산화하고 있습니다. IoT 시스템은 디바이스의 수가 제한되지 않습니다. 센서의 설치 수가 데이터 활용의 성공으로 연결되는 것은 아니지만, 수집할 수 있는 정보가 많으면 많을수록 활용의 용도는 넓어질 수 있습니다.

어느 데이터와 어느 데이터가 연관이 있는지 등 나중에 검증하기 위해서 수집한 데이터는 가능한 한 많이 축적해 둘 필요가 있습니다. 비즈니스 모델의 변화나 확대에 맞추어 데이터 수집 디바이스를 추가해 갈 수 있는 IoT에서는 한층 더 데이터양이 방대하게 되어 갈수록, 이 데이터가 새로운 길을 개척할 것입니다.

다음 절에서는 막대한 양이 되는 IoT 데이터를 어떻게 다루어 나가는지를 살펴보겠습니다.

데이터 수집에서 통합까지의 프로세스와 포인트

🌐 IoT 데이터 수집과 활용법

앞 절에서는 IoT 데이터의 특징에 관해 설명했습니다. 여기에서는 IoT 데이터를 수집할 때의 포인트나 수집된 이후의 데이터 활용의 방법에 관해 설명합니다.

구체적인 IoT 데이터 활용에 대해 생각하기 전에 기본적인 문제를 정리해 둡시다. 그것은 '애초 IoT의 데이터 활용은 기존 시스템에서의 데이터 활용과 다른 것인가?'라는 것입니다. 이 질문에는 다음과 같은 대답을 할 수 있습니다. 기존까지의 데이터 활용에 IoT 데이터의 특징을 토대로 하여 활용 방법을 조합해 가는 것이라고 말입니다.

기존의 데이터란 요구사항 정의에서 제대로 설계된 기간계 시스템이 취급하는 구조화·표준화·정규화된 것입니다. 활용 방법에 대해서도 용도에 맞추어 설계된 기정처리가 이루어집니다. 거기서 사용되는 데이터는 이미 일어났던 과거의 것이 많아, 이러한 과거의 데이터를 이용하는 시스템을 최근에는 'Systems of Record(=SoR, 기록을 위한 시스템)'라고 말하기도 합니다. SoR에서 사용하는 데이터는 Access와 같은 RDBMS(관계형 데이터베이스 관리시스템) 및 Excel과 같은 스프레드시트 소프트웨어로 취급하기 쉽습니다. SoR에서는 이러한 데이터를 분석하는 활용 방법이 중심이었습니다.

IoT 시스템에서는 디바이스가 점점 추가되어 취득하는 데이터도 변하기 때문에 시스템 설계할 때에 가정되어 있던 데이터 처리와는 다른 처리가 필요하게 됩니다.

기존대로의 데이터 활용에 그치지 않고, 변화하는 용도에 맞추어 유연하게 활용하는 기술을 생각해 가는 것이 중요합니다.

또한, 그 데이터의 활용 용도도 기존과는 다릅니다. 과거의 경위에 근거해 앞으로 일어날 것을 예측하거나 고객, 상점, 설비에 실시간으로 피드백해 나가는 용도가 중심이 되고 있습니다. 이러한 데이터 활용을 통해서 사람과의 관계성 구축이나 고객 대응을 의도하는 시스템을 최근에는 'Systems of Engagement(SoE, 연결하기 위한 시스템)'라고 부릅니다. 향후에는 SoR의 데이터와 SoE의 데이터를 잘 조합하여 고도의 경영 시뮬레이션 모델을 확립해 나가는 것이 중요합니다.

기존의 데이터 활용

Systems of Record

Systems of Record의 데이터와 Systems of Engagement의 데이터를 잘 조합하여, 고도의 경영 시뮬레이션 모델을 확립하는 것이 중요

IoT의 데이터 활용

Systems of Engagement

⊕ IoT 데이터 활용 사고방식

그러기 위해서는 용도의 변화에 맞춘 유연한 대응이 필요하게 되지만, 데이터 활용의 진행 방법 자체는 지금까지와 크게 다르지 않습니다. 다음 그림처럼 수집, 축적, 정형, 통합, 분석, 시각화, 검증의 프로세스가 있어 그 결과를 피드백하는 일련의 단계입니다.

통합

정형

분석

축적

시각화한 결과를 검증하고, 추가 수집해야 할 데이터를 검토하여 수집단계에 피드백한다.

시각화

수집

검증

⊕ 데이터 활용 프로세스

그러면 각각의 프로세스에서 무엇을 실시해야 하는지, 또 IoT의 관점에서 유의해야 할 포인트는 어디인지를 순서대로 살펴봅시다. 이번 장에서는 데이터의 수집으로부터 통합까지 4개의 프로세스에 관해 설명합니다. 분석 이후의 단계는 제5장에서 설명합니다.

🌐 수집: 센서 데이터를 어떤 형식으로 전송할 것인가가 포인트

우선은 데이터를 **수집**할 필요가 있습니다. IoT에서는 제3장에서 기술한 것처럼 다양한 센서로부터 취득한 데이터가 계속해서 기록됩니다. 센서와의 연결은 BLE인 경우도 있고, 보드 컴퓨터나 게이트웨이에 직접 연결하는 때도 있습니다.

보드 컴퓨터나 게이트웨이는 센서를 연결하기 위한 드라이버 소프트웨어를 정비하여, 어떠한 빈도나 포맷으로 데이터를 취득하는지를 결정할 필요가 있습니다. 센서 기기와 연결되면, 올라오는 데이터를 로컬 게이트웨이에 일단 축적할 것인지, 그냥 스트리밍으로 송출할지 등을 결정합니다.

우선은 빈도에 대해 생각해봅시다. 1초에 1회라고 하는 세세한 빈도로 데이터를 취득하면 게이트웨이의 사양에 따라서는 메모리의 오버플로를 일으켜, 데이터를 취득할 수 없게 될지도 모릅니다. 필자도 고객 기업으로부터 "실시간으로 모니터링을 하고 싶다"라는 요구를 자주 듣지만, 정말로 필요한 상황이 아니면 매초와 같은 짧은 주기로 데이터를 취득할 필요는 없습니다. 10초에 1회이거나 1분에 1회라도 충분히 목적에 부합되는 구현이라고 생각합니다.

다음은 디바이스에서 수집한 데이터를 어떤 형식으로 클라우드에 전송할 것인가입니다. IoT에서 자주 이용되는 데이터 형식으로 CSV, XML, JSON이 있습니다. 이들은 인터넷 통신에서 일반적으로 이용되는 형식입니다. 특징에 대해서는 다음 절에서 설명합니다.

데이터 형식에 관해서는 너무 구체적인 논점이라 느끼는 분도 있겠지만, IoT의 데이터는 지속적이고 방대합니다. 데이터양에 비례해 네트워크 비용이 들기 때문에 어떠한 형식으로 데이터를 수집할지가 중요한 사항이 됩니다.

또한, 센서 디바이스의 데이터를 그대로 클라우드에 보낼 것인지, 아니면 로컬의 디바이스나 게이트웨이로 어느 정도 전처리를 한 후 전송할지도 중요합니다. 로컬에서 반사적인 대응이 필요한 시스템에서는 엣지 컴퓨팅을 채용합니다. 전처리 이외에 클라우드에 보내는 데이터를 선별해 두면 네트워크 비용도 저렴해질 수 있습니다.

🌐 축적: 대량 데이터를 지속해서 꺼내기 쉬운 형태로 축적한다

수집한 데이터는 클라우드에 전송해 **축적합니다**. IoT 데이터는 점점 더 대량이 되므로 축적하는 스토리지에 대한 고려가 필요합니다.

IoT에서는 차례차례로 받은 데이터를 축적해 나가고, 한 번 축적한 데이터의 갱신은 거의 발생하지 않습니다. 또한, 사전에 정해진 방법을 사용하여 필요한 때마다 데이터를 꺼냅니다. 시간의 범위를 지정해, 그에 따른 정보를 추출하는 사용법입니다. 즉, 데이터를 꺼낼 수 있어도, 일단 축적한 데이터를 변경·수정하는 일은 거의 없습니다. 게다가 축적된 데이터가 버려지는 일도 기본적으로는 없습니다. IoT 시스템에 도입된 AI가 머신러닝을 할 때, 과거의 데이터가 필요하기 때문입니다.

여기서 알 수 있듯이 IoT의 데이터는 꺼내기 쉬운 형태로 축적해 두는 것이 중요합니다. 또한, 다양한 데이터에 대응할 수 있는 유연한 구조로 축적하는 것이 요구되고 있습니다. 그 때문에 구조화·표준화·정규화된 데이터의 축적을 위한 RDBMS뿐만 아니라, 데이터를 그대로 축적하기 위한 NoSQL형 데이터베이스를 조합하여 운용할 수 있습니다(NoSQL형의 데이터베이스에 대해서는 다음 절에서 설명합니다).

일단 축적

X월 Y일 ~ Z일의 기기 상황을 보고 싶다.

임계 온도를 모니터링하고 싶다.

방문자 수가 전일 대비 X%이상 감소하고 있는 점포를 추출하고 싶다.

사전에 사용법이 정해져 있지 않은 데이터를 그때그때 꺼낸다.

🌐 IoT에서의 데이터 축적과 활용의 특징

🌐 정형: 노이즈를 제외하고 유효한 데이터로 가공

축적된 데이터를 검색하고 활용할 때에 필요한 것이 **정형**입니다. 왜냐하면, 디바이스가 보낸 상태로 축적된 IoT 데이터는 유형이 제각각이거나, 대량의 노이즈가 섞여 있는 때도 있기 때문입니다. 따라서 꺼낸 데이터는 사용할 수 있는 형태로 정형해야 합니다. 이런 정형을 클렌징(Cleansing)이라고 부릅니다. 데이터 활용의 80%는 클렌징을 포함한 준비 작업이라고 말할 만큼 중요한 역할을 담당하고 있습니다. 클렌징은 매우 충실한 작업이며, 이후 데이터 분석의 정확도를 높이기 위해서 중요한 프로세스입니다.

클렌징이 요구되는 상황은 다음과 같습니다. 원래는 같은 데이터로 취급되어야 하는데, 미묘한 차이 때문에 다른 데이터로 취급되는 경우입니다. 이것은 IoT 시스템뿐만 아니라 기존의 업무 시스템에서도 일어날 수 있는 문제입니다. 고객 관리 데이터베이스의 고객명에 대해 살펴봅시다. 다음의 고객명은 모두 같은 기업을 가리키고 있지만, 스페이스의 차이로 다른 고객명으로 취급되어 버립니다.

- 주식회사우후루 – 기본적인 표기
- 주식회사 우후루 – 스페이스가 들어있음
- (주)우후루 – 주식회사를 괄호로 표시
- (주) 우후루 – 스페이스가 들어있음

이들이 모두 같은 데이터가 되도록 클렌징을 실시해야 합니다. 그렇지 않으면, 데이터 분석의 결과가 잘못되어 버립니다. 그러나 IoT 데이터에는 클렌징의 자동화가 어렵다는 특성이 있습니다. 업무 시스템 데이터의 경우는 '주식회사'의 표기 부분을 제외한 기업명 본체가 같으면 동일 기업일 가능성이 크다는 것을 예상할 수 있어서, 그 패턴을 프로그래밍하는 것으로 클렌징을 반자동화할 수 있습니다. 또한, 쉽게 이용할 수 있는 ETL 도구[1]도 많이 존재합니다.

---

1 'Extract: 추출, Transform: 변환, Load: 로드'를 실시하는 것이 ETL 도구. 여러 시스템에서 데이터를 추출하고 변환 및 처리하는 소프트웨어.

IoT는 데이터가 수치 나열인 경우가 많아서, 그것이 올바른 값인지 어떤지를 데이터만 봐서는 판단이 서지 않습니다. 정상 수치의 범위를 설정하고, 그 범위를 분명히 넘은 데이터를 비정상적인 것으로 간주하고 배제하는 클렌징이라면 간단하게 할 수 있을 것입니다. 하지만, 수치를 넘어섰다고 해서 반드시 노이즈라고 볼 수 없고, 되려 필요한 정보일 수도 있습니다. 네트워크의 부진이나 디바이스의 고장 등에 의한 노이즈라고 판단할 수 있는 패턴이 밝혀지지 않으면, 클렌징의 자동화는 어렵습니다.

애당초 IoT 시스템은 그런 **평소와 다른 데이터**를 간단하게 버릴 수 없습니다. 공백의 값이나 돌출된 값은 현장에서 발생하고 있는 문제를 나타내고 있는 것인지도 모르기 때문입니다. IoT가 목표로 하는 모습에 디지털 트윈이 있는 것은 1.5절에서 설명했지만, 그 목적은 현장에서 일어나고 있는 상황을 모니터링하여, 원격지에서 파악하는 것입니다. **평소와 다른 데이터**가 현장의 상황을 전하고 있는 가능성이 있는 이상, 섣불리 클렌징을 하거나 삭제할 수 없습니다.

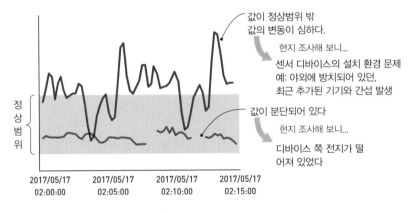

● IoT 데이터의 클렌징 시에는 노이즈에 주의

제거 가능한 노이즈인지 아닌지를 판단하려면, 왜 그러한 데이터가 발생하는지를 밝혀둘 필요가 있습니다. 센서를 장착한 기기가 고장이 난 결과로서 얻은 이상 수치는 필요한 데이터이지만, 센서 디바이스가 고장이 난 결과로서 얻은 이상 수치는 불필요한 노이즈입니다. 노이즈인지 아닌지를 판정하는 대책으로는 복수의 센서를 장착해, 다른 센서의 데이터와 비교하는 방법이 있습니다. 네트워크의 문제가 공백 값을 발생하고 있다고 의심되는 경우는 주변의 네트워크나 같은 네트워크 내의 센서가 모두 공백 값을 전송하고 있는지를 조사합니다. 모든 것이 공백 값이면, 네트워크 이상이 분명하다고 판단할 수 있을 것입니다.

그 밖에 IoT 특유의 노이즈 원인으로 디바이스의 전지 소모가 있습니다. IoT는 전력을 공급할 수 없는 장소에 디바이스를 설치하는 일이 꽤 있습니다. 그 때문에 전지의 소모가 이상 수치를 생성하는 일이 발생합니다. 이것에 대해서는 디바이스의 동작 상황이나 전지 잔량을 정기적으로 점검하는 구조로 대응하면 좋을 것입니다.

이처럼 노이즈가 섞이기 쉬운 IoT 데이터를 클렌징할 때는 다양한 가능성을 고려할 필요가 있습니다. 첫째로, '노이즈를 일으키는 기기로부터 센서를 멀리한다.', '노이즈를 일으키는 기기를 전자파 차단한다.'라고 하는 물리적인 대처입니다. 계속해서, '복수의 센서로부터 얻을 수 있는 같은 시간의 데이터를 비교한다.', '센서 디바이스 자체의 동작 상황을 확인한다.'라는 검증을 통해서 노이즈가 섞이기 어려운 환경을 구축해 갑니다. 그래도 노이즈가 발생한다면, 드디어 클렌징이 나올 차례입니다. 다만, 전술한 것처럼, IoT 데이터에 대한 클렌징은 세심한 주의를 기울여 실시해야 합니다.

🌐 통합: 목적에 따라 다양한 데이터 연계

데이터의 클렌징을 실시하고나면 다음은 **통합**입니다. 이용하는 목적을 달성하기 위해서, 분석에 필요한 여러 데이터를 모으는 것입니다. 요점은 통합하는 대상이 IoT 데이터에만 머물지 않는다는 것입니다. 자사가 보유하고 있는 기존의 기간계 시스템 데이터(Systems of Record 데이터)나, 타사가 공개하고 있는 오픈 데이터 등도 포함하여 통합하는 것이 중요합니다.

IoT 시스템을 구축하는 시점에서는 기간계 시스템 등의 여러 시스템이 자사 내에서 벌써 가동하고 있어, 그 데이터가 축적되어있는 경우가 많을 것입니다. IoT라고 하는 새로운 시스템을 구축할 때는 디바이스로 수집하는 데이터에 주목하는 것이 당연하지만, 기존의 데이터도 여전히 중요합니다. 데이터를 분석하거나 시각화하기 위해서는 기존의 데이터와 새로운 데이터를 조합할 필요가 있습니다.

IoT 데이터 활용 프로젝트의 목적은 처음에는 단순한 것이어도, 지속하는 동안 점점 다양해집니다. 그 때문에 사내에서 사용중인 시스템이 어떠한 데이터를 어떻게 보관하고 유지하는지를 인식해 두는 것이 중요합니다. 다양한 활용 목적에 적합한 데이터 보관 시스템이나 상호 제휴 애플리케이션을 구축할 때 많은 도움이 되기 때문입니다.

여기서 IoT 데이터, 기존의 사내 데이터, 또 타사의 데이터를 함께 수집·축적하는 경우에 주의해야 할 점이 있습니다. 이러한 데이터는 물리적으로 하나의 시스템이나 데이터베이스에 정리하는 것이 아니라, 인터페이스를 매개로 접속하는 것이 일반적이라는 것입니다. 상대방 시스템이 API(Application Programming Interface: 애플리케이션 개발을 위한 접속 인터페이스)를 공개하고 있다면, 그 API를 이용하여 데이터 통합 환경을 구축합니다. 최근에는 이러한 기술이 압도적으로 많아지고 있습니다.

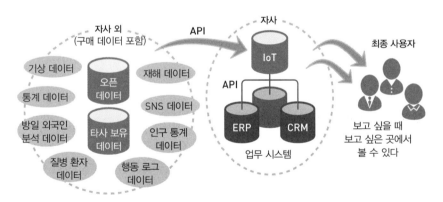

◉ IoT 데이터, 사내 데이터, 사외 데이터를 API로 통합한다.

🌐 외부 데이터 소스의 활용

최근 들어 자사 데이터만으로는 소스 활용이 불충분하다는 인식이 확산하고 있습니다. 자사 데이터만으로는 시뮬레이션 정확도가 오르지 않고, 데이터가 시사하는 것이 보이지 않는 실정이라는 것입니다. 그래서 새로운 대량의 데이터를 외부에서 구하는 일도 많아졌습니다. 정부가 공개하고 있는 통계 정보, 오픈 데이터 프로젝트 등에서 공개하고 있는 각 자치단체의 데이터, 편의점의 POS 데이터, 지역별 날씨 정보 등 다른 업체가 보유한 데이터를 구매해 사용하는 일이 일반화되고 있습니다.

예를 들어 상용차의 운행 관리를 하려 한다면, 운행 데이터뿐만 아니라 차량이 주행하는 장소의 지역 특성 정보나, SNS로 실시간으로 전해지는 정보 등 타사가 제공하는 다양한 관련 정보를 조합합니다. 그렇게하여 더욱 정밀한 운행 관리를 실현할 수 있습니다.

이런 이유 때문이라도 IoT 시스템에 활용 가능한 데이터는 향후 새롭게 제공되었을 경우에서도 간단하게 제휴할 수 있는 유연한 것이어야 합니다.

🌐 오픈 데이터의 활용

일본의 경우 정부가 공개하고 있는 대표적인 데이터 카탈로그 사이트 DATA. GO.JP가 있습니다.

이 사이트에서 제공하는 것은 2차 이용이 가능한 정보처리에 적합한 데이터입니다. 각 부처의 웹 페이지에서 공개한 정보가 모여 있습니다. 정부가 보유한 데이터를 점점 개방화해 적극적으로 사용하게 하려는 노력이 시작되고 있습니다.

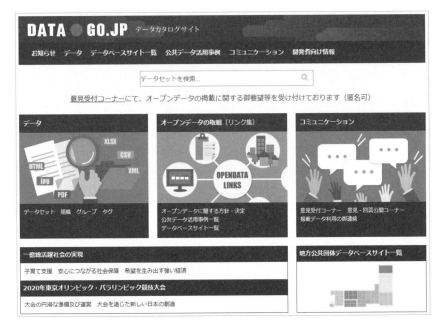

🏅 오픈 데이터를 제공(http://www.data.go.jp/)

　다른 예로는 '지역경제 분석시스템(RESAS, 리서스)'이 있습니다. 마을·사람·일 창
생본부가 설치되어있는 시스템입니다. 지방자치단체가 객관적인 데이터를 기반으
로 지역의 현황이나 과제를 파악할 수 있도록 만들어졌지만, 행정 관계자가 아니
더라도 많은 기능을 이용할 수 있습니다.

　각 지역이 자체의 강점이나 약점, 문제를 분석해 그 해결 방안을 검토하는 데 도
움을 주는 도구로 활용할 수 있습니다. '감각', '경험', '생각'이 아니라 데이터에 근거
한 정책 입안(EBPM: Evidence Based Policy Making)을 실현할 수 있을 것으로 기대되고
있습니다.

🌐 지역경제 분석시스템(https://resas.go.jp/)

Innovation Nippon[2]의 2016년 보고서에 따르면, 이처럼 오픈 데이터가 점점 활용됨으로써 연간 1조8000~3조5000억 원의 경제효과가 발생할 거라고 합니다.

🌐 시스템을 '만들고 끝'이 아닌 IoT 데이터 활용 구조

IoT 데이터를 활용하는 일련의 프로세스 중 수집부터 통합까지 설명했습니다. 프로세스들은 모두 중요하지만, 가장 중요한 것은 목적부터 역으로 계산한 정밀도 높은 데이터를 어떻게 효율적으로, 그리고 포괄적으로 수집·축적할 수 있는지입니다. 그러기 위해서는 데이터 수집·축적의 구조를 **만들고 끝내는** 것이 아니라, 'PDCA(Plan–Do–Check–Act)' 사이클을 반복하는 것이 주요합니다. 어떤 센서를, 어떻게 설치하고, 어떤 데이터를 수집할지, 또 엣지에서의 처리 여부를 '시도와 에러(Try & Error)'로 계속 검증할 필요가 있습니다. 이 검증은 PoC(실증 실험) 단계에서 몇 번이나 반복해 실시해야만 합니다.

---

2 국제대학 GLOCOM과 구글이 공동으로, 2013년에 시작한 프로젝트. 일본의 IT를 통한 혁신을 촉진하기 위해 활동을 하고 있다.

비용의 관점을 잊지 않는 것도 중요합니다. IoT 시스템은 네트워크 통신기반이므로 통신 비용을 항상 고려해야 합니다. 통신 비용을 예상한 예산 내로 제한해야 합니다. 디바이스를 추가할 때 디바이스 자체의 비용과 수리 비용뿐만 아니라, 데이터 운용에 필요한 러닝 비용(Running Cost)에도 주의를 해야 합니다. 데이터 수집량이 증가함에 따라, 운영비용도 증가한다는 간단한 원칙을 잊지 않도록 하십시오.

데이터 수집부터 통합까지를 지원하는 기술과 인프라

🌐 IoT 데이터를 활용할 수 있게 만드는 기술

IoT 시스템은 PDCA(Plan-Do-Check-Act)를 돌리면서 변경·확장해 나가는 것이 기본이므로, 처음 구축 시점에서는 앞으로 어떻게 데이터를 활용할지 명확하게 정의할 수 없습니다. 오히려, 데이터의 활용 방법을 명확하게 정의하지 않고 운용해 나갈 수 있는 유연성이 중요한 사항이 됩니다. 따라서 유연성을 가진 데이터 형식이나 축적·통합 방법이 요구됩니다.

이번에는 데이터 수집부터 통합 프로세스까지, 유연성을 가진 IoT 시스템의 구축을 지지하는 기술 요소나, 알고 있으면 좋은 내용을 소개하겠습니다.

🌐 엣지 데이터 처리를 어디에서 할 것인가?

IoT 시스템은 어떤 형태를 취하더라도 엣지의 데이터를 클라우드에 송신하게 됩니다. 그 송신 방법은 크게 다음의 2개로 나눌 수 있습니다.

- 엣지(디바이스)마다 서버에 접속해 데이터를 송신한다.
- 여러 디바이스의 데이터를 정리하는 게이트웨이를 매개로 서버에 송신한다.

게이트웨이(Gateway)는 다양한 디바이스의 데이터를 통합하여, 프로토콜을 변환하고 서버에 데이터를 송신하는 역할을 합니다.

초기 IoT 시스템의 엣지 디바이스는 마이크로컴퓨터와 메모리의 처리 능력, 소비 전력의 제약이 크고, 고속의 통신 기능을 가지지 않았습니다.

만일 인터넷 접속이 가능한 광범위한 통신 기능을 각 디바이스에 탑재했다고 해도, 보안 대책을 실시하는 것이 어려웠습니다. 그 때문에 서버와의 통신 기능을 디바이스에 갖게 하지 않고, 게이트웨이를 통한 시스템 구성으로 구축하는 것이 일반적이었습니다.

그러나 기술의 발전에 따라 엣지 디바이스의 처리 능력이 크게 향상했습니다. 프로그래머블 디바이스도 등장하고 있습니다. 따라서 게이트웨이를 통하지 않고도 디바이스를 직접 서버에 접속하게 하는 방법도 사용되고 있습니다. 예를 들어 라즈베리 파이 등의 보드 컴퓨터에 여러 센서 디바이스를 접속시키고, 통신 모듈을 접속해 놓으면, 디바이스의 데이터 처리를 실현할 수 있습니다.

🏵 보드컴퓨터에 센서와 통신 모듈을 연결한 예

디바이스 측의 데이터 처리를 **엣지 컴퓨팅(Edge Computing)**이라고 부르는 이유는 앞서 2.5절에서 설명했던 대로입니다. 엣지 컴퓨팅으로 설비 기기의 피드백(Feedback)을 엣지에서 실시하는 것이 가능해집니다. 거기에 덧붙여, 엣지 컴퓨팅은 서버로의 데이터 송신 회수를 줄이는 등의 통신 비용 절감에도 이바지합니다. IoT에서는 수집한 데이터를 가능한 한 그대로 축적하는 것이 좋지만, 데이터양의 문제로 일단 엣지에서 데이터의 통계 처리나 데이터의 형식을 변형하고 있습니다. 이렇게 하면 데이터 크기를 줄일 수도 있고, 서버 측의 처리를 덜어 줄 수 있기 때문입니다.

🌐 데이터 형식의 포인트는 통신 비용

전송하는 데이터양이 증가하면 증가할수록 통신 비용도 증가합니다. 여기서 중요한 것이 엣지에서 수집한 데이터를 어떠한 형식으로 클라우드에 송신하는가입니다.

일반적으로 자주 사용되는 데이터 형식은 이전에 설명한 바와 같이 **CSV, XML, JSON**으로, 각각 다음과 같은 특징이 있습니다.

- **CSV**: 값을 쉼표(,)로 구분하는 매우 간결한 구조의 데이터 형식입니다. 고속으로 데이터를 처리할 수 있는 것이 특징입니다. 하지만 값을 쉼표로 나누는 것뿐이므로, 구조화된 데이터를 취급할 수는 없습니다. 단순하게 센서 디바이스의 값만을 전송하게 됩니다.
- **XML**: XML은 마크업 언어이며, 구조화된 데이터를 표현할 수 있어서 데이터를 유연하게 처리할 수 있습니다. 그러나 센서 디바이스의 값 데이터 이외에 구조화를 위한 태그 데이터가 필요하므로 파일 크기가 크다는 것이 단점이라면 단점입니다.
- **JSON**: CSV와 XML의 특징을 섞은 데이터 형식입니다. XML만큼 파일 크기가 크지 않으면서, 구조화된 데이터를 표현할 수 있습니다. 다만, 다른 데이터 유형과 비교하면 비교적 단순합니다. CSV처럼 파일크기가 작지는 않지만, 구조화가 가능하기 때문에 최근 IoT 시스템에서 채택되는 형식입니다.

CSV

```
28.87,989.73,40.70,81.37
28.89,989.68,40.54,81.39
```

- 간결한 데이터
- 처리속도가 빠르다.
- 구조화된 데이터를 가질 수 없다.

XML

```
<?xml version="1.0" encoding="utf-8"?>
<data name="seminar">
  <record>
    <t>28.87</t> <p>989.73</p>
    <h>40.70</h><l>81.37</l>
  </record>
  <record>
    <t>28.89</t> <p>989.68</p>
    <h>40.54</h><l>81.39</l>
  </record>
</data>
```

- 구조화 데이터에 대응
- 데이터 크기는 크다.

JSON

```
"{"t":28.87,"p":989.73,
"h":40.70,"l":81.37} ↵
"{"t":28.89,"p":989.68,
"h":40.54,"l":81.39 } ↵
```

- 구조화 데이터에 대응
- 데이터 크기는 XML보다 작다.

🔷 CSV, XML, JSON의 데이터 형식과 특징

🌐 데이터의 축적과 실시간 처리

일반적으로 데이터 처리는 데이터를 일단 축적한 후에 필요한 데이터를 꺼내어 실시합니다. 이러한 처리 방법을 **일괄 처리**라고 합니다.

IoT의 데이터는 자꾸만 증가하므로, 곧 시스템 확장이 요구됩니다. 그래서 사용되는 것이 하둡(Hadoop)이라는 빅데이터를 대표하는 기술입니다. 하둡은 데이터의 처리나 저장을 분산처리하는 기술로 데이터의 증가에 유연하게 대응할 수 있게 합니다.

하둡은 클라우드 데이터 센터에서도 표준으로 채택되고 있습니다. 다수의 컴퓨터에 처리를 분산시키고, 그 결과를 통합할 수 있습니다. 또한, 여러 서버의 파일 시스템을 하나의 거대한 가상 볼륨으로 취급할 수 있는 파일 시스템도 제공합니다.

이들은 다음의 2개의 구성 요소로 제공됩니다.

- MapReduce: 장시간 걸리는 처리를 여러 시스템에 분산시키는 프레임워크
- HDFS(Hadoop Distributed File System): 여러 서버의 스토리지를 하나의 거대한 볼륨으로 보여주는 분산파일 시스템

아마존의 AWS나 마이크로소프트의 Azure로 대표되는 클라우드 서비스도, 위 기술을 이용해 운용하고 있습니다. 하둡 이외에도 다양한 빅데이터를 위한 솔루션이 구현되어 있으며, 한동안 이 분산처리 흐름은 계속될 것입니다.

이러한 솔루션은 물론 IoT에도 유용합니다. 특히 IoT에서 중요한 기술에 **스트리밍 처리**가 있습니다. 스트리밍 처리는 데이터를 축적하는 것과 동시에 실시간으로 데이터를 처리합니다. 이것은 기술이 진전됨에 따라 가능해진 처리 방법입니다. 즉시 대응이 요구되는 현재의 IoT 시스템에서는 중요한 기술 요소입니다.

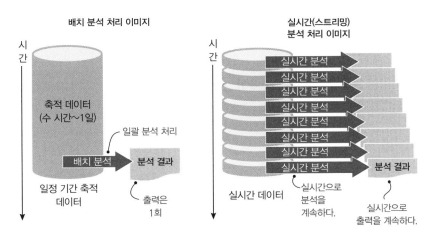

● 배치 분석 처리와 실시간 분석 처리 이미지

다음 시스템들에 특히 스트리밍 처리가 요구됩니다. 이들은 일각을 다투는 것으로 스트리밍 처리의 즉시성이 필요합니다.

- 공장 생산설비 중 중요도가 높은 기기의 고장 감지 시스템
- 생명 유지 의료 시스템

- 자율주행차량의 이상 검지 시스템
- 사이버 공격 등의 위협에 대한 긴급 조치 시스템

스트리밍 처리는 위와 같은 중대한 영역 이외에도 유용합니다. SNS 데이터나 기상 데이터의 분석을 통해서 실시간성이 높은 수요예측을 하거나 판매 활동을 책정하는 등 공격적인 비즈니스 작업에 활용할 수 있습니다.

🌐 축적하는 데이터베이스는 데이터에 맞추어 조합한다

IoT 시스템은 다양한 센서 디바이스로부터 데이터를 취득하며 새로운 디바이스가 추가되거나 변경되거나 하는 일도 잦을 수 있으므로 사전에 데이터를 정의하는 것이 어렵습니다.

이 말은 '관계형 데이터베이스 관리 시스템(RDBMS:Relational Database Management System)'에서 다루기 어려운 데이터가 생성된다는 것을 의미합니다. RDBMS에서는 어떤 데이터를 어떻게 축적할지를 사전에 정의해 둘 필요가 있기 때문입니다.

그 때문에 IoT 시스템에는 **NoSQL Database**가 적합하다고 말할 수 있습니다. NoSQL이란 'Not only SQL'의 약어로 '데이터 조작에 SQL 언어를 사용하는 RDBMS와는 다른 Database'를 의미합니다. 특정 데이터베이스 형식을 가리키는 것이 아니라, RDBMS 이외의 데이터베이스 전반을 가리키는 총칭입니다. NoSQL 에는 IoT 데이터의 간단한 데이터 처리를 잘하는 **키-값형(Key-Value)**이나, 문서에 ID를 붙여 취급하는 **문서형(Document)** 등이 있습니다.

다음 그림과 표에서 RDBMS와 NoSQL의 차이를 확인하세요.

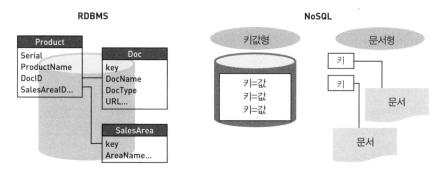

● RDBMS와 NoSQL의 구조

● RDBMS와 NoSQL의 특징, 장점, 단점

	RDBMS	NoSQL
특징	데이터 구조를 사전에 정의	데이터 구조가 유연
장점	현 단계에서는 기술자 및 기술이 다양하고 데이터의 일관성이 항상 유지된다.	대량 데이터/고속 처리에 강하다. 고성능 장비 도입이 쉽다.
단점	처리가 늘어나면 고성능 장비가 도입되고 대량 데이터의 처리에는 그때마다 튜닝 등 이 필요하다.	일시적이긴 하지만, 데이터의 일관성이 엄밀 하게는 유지되지 않는 때도 있다. 개발자 확 보가 비교적 쉽지 않다.

　데이터의 특성이나 활용의 목적, 요구사항이나 축적하는 데이터베이스의 형식 을 선택·검토하는 것이 중요합니다. 각각의 데이터베이스의 장점을 살려, 데이터별 로 구분하여 조합하는 시스템을 구축하기도 합니다.

🌐 데이터를 사는 시대

　최근에는 효과적인 분석을 돕는, 데이터 판매 서비스를 제공하는 기업이나, 데 이터를 유통하는 구조를 제공하는 기업도 등장하고 있습니다.

　장표 등의 소프트웨어 서비스를 제공하고 있는 윙 아크 1st는 인구 통계, 기상 관측, 소비 동향, 소셜 미디어 반응 등의 제삼자 데이터를 제공하는 **3rd Party**

Data Gallery라고 하는 데이터 서비스를 하고 있습니다. 웹브라우저에서 데이터의 확인 및 구매를 할 수 있습니다. 또 **3rd Party Data Gallery for Business Intelligence**에서는 데이터 분석을 위해서 클렌징 처리된 데이터를 CSV 형식으로 제공합니다. 데이터를 보기 쉬운 형태로 가공하여 제공하는 서비스입니다.

⊛ 휴대전화 단말기의 위치정보를 바탕으로 한 평일·휴일 인구분포 자료 예

　자사에서 수집한 데이터뿐만 아니라, 이러한 타사가 제공하고 있는 데이터도 활용하여 더욱 정밀한 분석이 요구되는 시대입니다. IoT는 지금까지 데이터화되어 있지 않았던 사물을 시각화하고 있습니다. 더 많은 다양한 데이터를 조합하는 것이 그만큼 중요하다는 것입니다.

CHAPTER

5

데이터의 활용을
고려한 분석의
필요성

데이터의 활용을 고려한 분석과
시각화의 필요성

🌐 데이터 활용의 중요성

제4장에서는 데이터 활용 과정 중 수집에서 축적까지 설명했습니다. 이 장에서는 그 앞의 데이터 활용 부분(분석, 시각화, 검증)에 초점을 맞추고 있습니다.

IoT 비즈니스는 데이터를 수집하고 축적하기만 하면 훌륭한 발견이나 비즈니스 아이디어를 얻을 수 있다는 기대가 있습니다. 저 또한 데이터 수집의 중요성을 자주 설명합니다. 그러나 당연하게도 센서에서 대량의 데이터를 무조건 축적하는 것만으로는 의미있는 결과를 도출할 수 없습니다.

축적한 데이터를 비즈니스에 활용하기 위해서는 데이터의 활용을 고려하여 적절한 방법으로 분석하고, 인간이 이해하기 쉬운 형태로 정리해, 과제를 파악하기 쉽게 할 필요가 있습니다. 게다가 얻은 결과로부터 새로운 가설을 세워, 그 가설을 검증해야 합니다. '가설을 세워 검증한다.'라는 행위를 몇 번이나 반복해야만 데이터 활용의 정확도가 높아지는 것입니다.

🌐 중요한 것은 분석과 시각화

4.2절에서는 데이터 활용 과정의 흐름을 소개했습니다. 거기서 본 것처럼 IoT 시스템 구축 전반의 프로세스로 보이지 않은 데이터를 수집·축적·정형·통합하는 것이 필요했습니다.

이후로는 통합된 데이터를 다른 데이터와 함께 다각적으로 분석해 목적에 맞는 활용을 할 수 있도록 시각화하는 것입니다. 시각화함으로써 시계열에서 일어나는 데이터의 지속적인 변화를 느낄 수 있습니다. 또는, 장래 일어날 수 있는 사건을 예측하거나 모니터링하고 있는 현재의 환경 문제를 찾아낼 수도 있습니다. 시각화란, 데이터를 유용한 정보로 승화시켜 정보 그 자체의 가치를 증대시키는 것입니다. 시각화를 통해 많은 데이터 활용법이 창출되어, IoT를 활용한 비즈니스 모델의 구축이 실현됩니다.

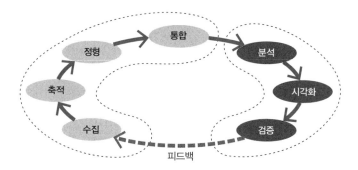

⬢ 데이터 활용 프로세스

⬢ 보이지 않는 데이터 시각화

실제로 분석을 할 때는 모든 데이터를 파악하고 있지도 못하고, 데이터가 시각화된 것도 아닙니다. 파악되어 있지 않거나, 보이지 않는 데이터가 많이 존재하는 것이 보통입니다. 따라서 아직 보이지 않은 데이터가 어떤 것이 있는지를 파악해야 합니다.

보이지 않는 데이터를 이해하기 위해서, 실내의 환경 센싱을 예로 들어 봅시다. 실내에 온도계나 습도계를 설치하면 실온이나 습도를 알 수 있습니다. 실온과 습도는 덥거나 추운 것을 감각으로써 실감할 수 있으므로, 비교적 알기 쉬운 지표입니다. 실제로 이 두 가지 지표에서 불쾌지수를 산출하고, 실내에 있는 사람의 쾌적 정도를 명시적으로 측정할 수 있습니다.

만일 실내가 회의실이었을 경우는 어떨까요? 실온이나 습도 이외에도 생산 효율을 올리는 중요한 환경 요인이 존재할지도 모릅니다. 그것은 일반적으로 파악되지 않은, 혹은 보이지 않는 것일지도 모릅니다.

예를 들면, 좀처럼 생각나지 않는 보이지 않는 요인의 일례로 이산화탄소 농도를 들 수 있습니다. 일반적인 실내 기준은 1000ppm이지만, 이산화탄소 농도가 그것보다 높은지 낮은지 사람의 감각으로는 알기 어렵습니다. 연구에 의하면, 이산화탄소의 농도가 높으면 생산성이 떨어지는 것을 알 수 있습니다.

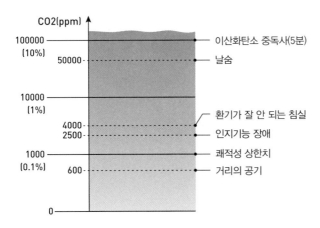

🌐 이산화탄소 농도에 따른 위험 게이지

그림에서 알 수 있듯이, 1000ppm이 쾌적함을 느끼는 상한값입니다. 2500ppm을 초과하면 인지기능 장애가 일어난다고 합니다. 실제로 CO2 센서로 이산화탄소 농도를 계측하면, 농도의 상승을 분명하게 확인할 수 있습니다. 환기가 어려운 비좁은 회의실에서 8명 정도가 1시간 이상 회의를 하고 있다면, 점점 이산화탄소 농도는 올라갑니다. 2시간을 초과할 경우 1500ppm을 넘을 수도 있습니다. 적극적으로 환기를 하지 않으면, 생산성이 떨어져 버리는 것입니다. 2500ppm의 환경에서는 제대로 의사 결정을 할 수 없다는 것을 나타낸 조사 보고[1]도 있습니다.

---

1 http://www.buildera.com/carbon-dioxide-co2-monitoring-service/

이산화탄소 농도를 모니터링하는 사무실은 좀처럼 없습니다. 분명한 영향이 있음에도 불구하고, 우리는 이산화탄소 농도에 무관심한 채, 그 공간에서 일하고 있는 것입니다.

사람의 감각으로는 알 수 없는 이산화탄소 농도야말로 모니터링할 필요가 있습니다. 생산성을 저하하는 농도가 되면, 환기한다든지, 휴식을 취하는 대응을 하는 것입니다.

이렇게 생각해 본다면 CO2 센서는 유효해 보입니다. 방이 넓은 경우는 센서를 여러 곳에 설치하게 될 것입니다. 시각화를 통해 측정값을 파악하면, 공조 강화에 의한 환류 촉진이나 환기 등의 행동을 취할 수 있습니다.

실제로 일어나고 있는 현상을 분석·시각화해 환경 개선까지 연결되었습니다. 그래서 시각화는 매우 중요한 의미를 가집니다.

🔍 분석: 현실에서 일어나는 일을 시각화로 연결

IoT 데이터의 특징을 토대로 한 데이터 분석의 포인트가 되는 것은, 분석 결과 중 '그런 것은 분석하지 않아도 알고 있다'라고 하는 경우에도 당연시하여 그대로 두지 않는 것입니다.

엣지에 센서를 설치해 데이터를 취득하여 분석한 결과가 다음과 같은 내용이었다고 합시다.

- 기온 X도와 습도 Y%를 넘는 날이 계속되면, 그 기간의 유지보수 서비스에 드는 비용이 상승하는 경향이 있다.
- 통합한 데이터에서 다른 요인을 살펴보면 같은 시기에 고객지원센터의 전화통화량이 증가하고 있었다.
- 같은 시기의 유지보수 서비스의 데이터를 분석하면, 유지보수 요원이 대응한 조사 내용 및 결과 대부분이 기기 본체의 온도가 상승한 데 따른 위기 경계 대응이었다.

기온 X와 습도 Y%를 넘는 날
이 계속된다.

유지보수 서비스에 드는
비용이 증가하는 추세

유지보수 요원이 대응안 조사 내용 및
결과 대부분이, 기기 본체의 온도가
상승함에 따른 위기 경보 대응이었다.

고객지원센터
전화통화가 증가

🔘 센서 데이터 분석과 기존 시스템 데이터의 활용 사례

- 온도나 습도가 어느 범위에 머물러 있어야 비정상적인 상황이 발생하지 않는지 검증할 수 있다.
- 설비에 설치된 센서의 데이터를 통해 유지보수 요원이 현지로 가서 조사하지 않고도 실시간으로 기기 상황을 파악할 수 있다.
- 고장이 나는 상태의 경향을 파악함으로써, 고장이 나기 전에 납품처에 가서 대응할 수 있다. 즉, 고장 대응이 아니라 더욱 부가가치가 높은 보수 대응 서비스로 전환할 수 있다.

이처럼 당연한 분석 결과에서도 알 수 있는 것이 있습니다. 그뿐만 아니라, 그 결과를 효율적으로 적용하여 좋은 서비스의 제공으로 이어갈 수도 있습니다.

게다가 대량 데이터의 분석 결과는 알 수 없던 새로운 결과를 이끌어낼 수도 있습니다. 다만, 예상치 못한 결과를 이끌려면 IoT의 데이터와 자사 데이터만으로는 부족합니다. 사람이 분석할 수 있는 한계를 넘은 대량의 데이터를 활용해야 합니다.

반복되는 얘기지만, IoT는 축적된 데이터의 분석을 구체적인 행동으로 연결하는 것이 가장 중요합니다. 예를 들어 다음과 같은 작업을 들 수 있습니다.

- 자사의 제품 · 서비스 개선 및 새로운 기능 구현
- 업체와의 제휴나 가치사슬의 쇄신
- 새로운 고객을 위한 서비스의 구축 · 제공

🌐 시각화: 데이터를 시각화하고 새로운 제안을 창출

유용한 데이터 분석이 가능하다면, 다음 단계는 시각화입니다. 분석한 결과의 데이터를 나열만 하는 것이 아니라, 사람이 시각적으로 보기 쉬운 형태로 변환합니다. 이것이 **시각화**(가시화, 비주얼화)입니다. 데이터를 시각화함으로써 새로운 시사점을 얻을 수 있습니다.

자동차의 운전석에는 다양한 정보가 미터 등으로 표시되고 있습니다. 그리고 주가 차트의 표시 도구는 복잡한 데이터를 다양한 각도에서 보여줍니다. 이처럼 데이터를 분석한 결과들을 가능한 한 알기 쉽게 중앙에서 **대시보드**(Dashboard)로 표시하여 시각화할 수 있습니다.

이때 중요한 것은 사용자 눈높이에서 시각화하는 것입니다. 사용자가 **명확하게, 알기 쉽게, 조작하기 쉽게** 시각화를 수행해야 합니다. 다양한 데이터를 수집하면서 그 활용 목적이 바뀌는 일도 적지 않습니다. 목적이 바뀌면 대시보드의 표시내용도 바뀌어야 합니다.

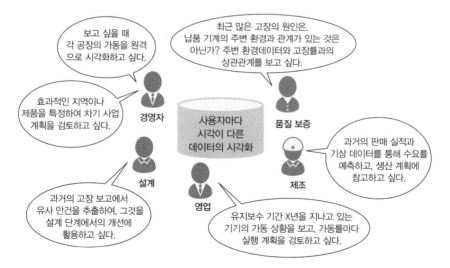

🔘 셀프서비스 BI 도구는 개별 사용자의 시각화에 대응

그래서 최근 **셀프서비스 BI**(Business Intelligence) **도구**가 주목받고 있습니다. 사용자 자신이 보고 싶은 종류의 데이터를 분석 및 시각화할 수 있는 도구입니다. 정보시스템 부문이나 업체에 의뢰하는 일 없이 바로 자신이 보고 싶은 대로 시각화할 수 있으므로 다양한 시점에서 데이터를 확인할 수 있습니다. 수집하는 데이터가 증가하여 목적이 바뀐 경우에도, 그에 맞춘 시각화를 할 수 있다는 것이 특징입니다.

🌐 고장이나 오류 패턴 추출에 의한 데이터 활용

제조업에는 설비나 기계에 각종 센서가 이미 장착되어 있어 데이터가 자동으로 검색됩니다. 그러나 그 데이터가 정리·분석되어 유효하게 활용되는 경우는 적을 것입니다. 모처럼 모은 데이터를 활용하지 않고 내버려 두고 있거나 사용하지 않는 채 버리고 있는 것입니다.

이러한 기존 데이터들을 활용할 방안을 생각해야 합니다. 현시점에서 어떠한 데이터를 검색할 수 있고, 축적되고 있는지를 명확히 한 다음, 앞으로 새롭게 수집하는 데이터와의 상관성 분석에 사용할 수 있을지를 검토해 두어야 합니다. 이렇게 데이터를 활용하면 기기나 설비의 고장을 예견할 가능성이 높아집니다.

기계실이나 공장의 설비 기기는, 장해나 고장이 발생하면 심대한 영향을 미치기 때문에 예견하는 것이 무척 중요합니다. 장해나 고장의 전조를 발견하여 미리 대책을 실시하는 것이 중요합니다.

고장이나 에러가 무엇인지를 다시 생각해 봅시다. 고장이나 에러는 특수한 조건에서 발생합니다. 반대로 말하면 대부분의 시간동안 설비나 시스템은 정상적으로 가동하고 있는 것입니다.

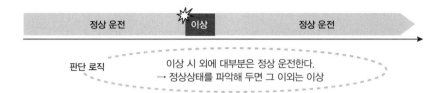

● '정상 이외는 비정상'이라는 논리

기존의 고장 대응은 에러나 고장이 일어난 후, 그 로그를 분석하는 대처 요법이었습니다. 하지만 최근에는 정상 시의 로그를 대량으로 취득·보유하고 분석도 끝내 두는 것이 대책의 첫걸음이 되고 있습니다. 이렇게 해두면 비정상인 상태를 신속하게 감지할 수 있습니다. **정상적이지 않은 상태 = 이상 = 고장의 전조**라고 생각할 수 있으므로, 이 시점에서 미리 대책을 세울 수 있습니다.

이처럼 전조를 발견하기 위해서는 데이터를 장기간 축적해 두지 않으면 안 됩니다. 과거부터 현재까지의 데이터를 시계열로 비교하여 다음과 같은 대응이 가능해집니다.

- 노후화를 예견한다.
- 평균값이나 표준값을 벗어나는 역치를 산출하여 이상을 감지한다.
- 고장이 난 경우를 다양하게 분석하여 고장의 전조가 되는 상태를 알아낸다.

🌐 데이터 활용 목적의 명확화

데이터의 분석이나 시각화를 효율적이고 효과적으로 실시하기 위해서는 데이터 활용의 목적을 명확히 해야 합니다. 데이터로부터 어떠한 의사 결정을 내리고 싶은지를 분명히 해 두는 것입니다. 그러기 위해서는 어떻게 시각화할 것인지 생각합니다.

그러나 현실적으로 데이터의 취득 단계에서 목적을 명확히 할 수 없습니다. 시스템을 단계적으로 변경, 확장해 나가는 IoT에서는 더욱 그렇습니다. 실제로는 다음과 같은 단계를 밟게 될 것입니다.

❶ 데이터를 분석 도구에서 시각화한다.

❷ 목적으로 하는 평가지표와 의사결정 요인이 되는 데이터를 '시도와 에러(Try & Error)'로 조합한다.

❸ 가장 효과적인 행동으로 연결할 수 있는 조합을 찾아 실시한다.

데이터 분석 도구의 활용

🌐 데이터 분석 BI 도구에 대해

데이터를 분석할 때 Excel과 같은 스프레드시트에 데이터를 넣고, 그래프 등으로 시각화하는 사람이 많습니다. 친숙한 스프레드시트가 가장 간편하고 사용하기 쉬운 것은 틀림없습니다. 그렇지만 IoT로 취급하는 데이터는 매우 크기 때문에 스프레드시트로 활용하기엔 버벅거릴지도 모릅니다. 또한, 데이터의 용도가 바뀌면, 분석 데이터의 조합을 변경해야 하는데 스프레드시트에서 이 작업은 매우 복잡합니다.

거기서 등장하는 것이 BI(Business Intelligence) 도구라는 그래픽 데이터 시각화 소프트웨어입니다. IoT 시스템에서 올라오는 데이터는 BI 도구를 사용하여 분석이나 시각화를 수행하는 것이 일반적입니다. 또한, 최근에는 데이터 분석가 등의 전문가가 아니어도 누구라도 분석할 수 있도록 조작을 쉽게 만든 셀프서비스 BI 도구도 많이 등장하고 있습니다. 그것들을 이용하면, 보기 좋고 직관적으로 이해할 수 있는 그래픽 대시보드와 포털 화면을 만들 수 있습니다.

BI 도구도 다양하므로 각각의 특징을 고려하여 도입 규모나 목적에 따라 선정할 필요가 있습니다. 실시간 데이터 연계 및 그리기에 뛰어난 것, 대량의 데이터를 배치처리하여 분석하는 것 등의 몇 가지 유형이 있습니다. 다만, 대부분의 BI 도구는 데이터 흐름(Data Flow) 등의 애플리케이션이 없습니다. 그 때문에 데이터의 흐름이 연계를 정의하는 도구와 함께 활용합니다.

2017년 2월에 공개된 Gartner의 조사 자료 'Magic Quadrant for Business Intelligence and Analytics Platforms(BI·애널리틱스 플랫폼의 위치 설정을 나타내는 네 사분면)'에 따르면, 이 제품 종류의 리더로 자리매김한 것은 Microsoft, Tableau, Qlik의 3개 제품입니다. SAP, IBM, Salesforce.com 등의 대기업도 포진해 있으므로, 향후 BI 도구 업계가 발전할 가능성이 높습니다.

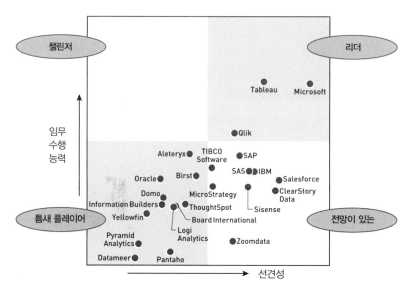

🌐 Gartner의 조사 자료 'Magic Quadrant for Business Intelligence and Analytics Platforms'에 의한 BI 도구 상황 (2017년 2월 시점)

🌐 Salesforce.com : Einstein Analytics

필자가 소속된 우후루에서 가장 활용 실적이 많은 것이 Salesforce.com의 분석 환경인 **Einstein Analytics**입니다. Analytics Cloud가 Einstein이라는 AI 툴의 통합 분석 솔루션입니다. Salesforce.com안에 축적된 고객과의 상호작용인 거래·대응 데이터를 아름다운 그래픽으로 표시하여 의사 결정을 도울 수 있습니다. 매년 새로운 기능이 통합되어, 강력한 통합 환경으로 손꼽히고 있습니다.

🌐 Einstein Analytics의 애플리케이션 예

🌐 윙 아크 1st : MotionBoard

방금 소개한 Gartner의 조사 자료에는 등장하지 않았지만, 일본의 BI 도구로 2.2절에서 소개한 IVI(Industrial Valuechain Initiative)에서도 많이 채용하고 있는 윙아크 1st 제공의 **MotionBoard**가 있습니다.

그래프를 중첩한 분석이 가능하고, 경영진의 요구사항을 충족할 수 있는, 깔끔하고 보기 쉬운 대시보드를 작성할 수 있습니다. 실시간 활용 가능한 API를 제공하고 있어, IoT 데이터를 즉시 시각화할 수 있으며 프로그래밍 없이도 고급 분석을 할 수 있습니다. iOS와 Android 전용의 스마트폰 앱도 준비되어 있어, 모바일 디바이스에서도 활용할 수 있습니다. 엑셀의 입출력에도 대응하고 있으므로, 엑셀 파일과의 병용이 가능합니다.

다른 제품에 없는 특징으로는 4.3절에서 소개한 **3rd PartyData Gallery**가 있습니다. 다양한 데이터를 갖춘 회사들이 데이터를 제공하는 서비스로, 여기서 얻은 데이터를 MotionBoard로 활용할 수 있습니다. 라이선스 형태는 지정된 사용자 라이선스와 서버 라이선스 2가지입니다.

● MotionBoard에 의한 시각화의 예

● MotionBoard의 모바일 앱의 예

🌐 Microsoft : Power BI

Microsoft의 **Power BI**는 Gartner에서 말하길, 가장 간단하게 사용할 수 있는 BI 도구라고 합니다. 코딩하는 일 없이 대시보드를 작성할 수 있습니다. 보고서는 모바일 기기에서도 참조할 수 있습니다.

Power BI Desktop은 무료로 제공되어 분석이나 시각화를 쉽게 시작할 수 있습니다. Power BI Pro는 대시보드 구축이나 협업을 할 수 있으며, 구매 전에 60일 평가판으로 경험해볼 수 있습니다. 그리고 Power BI Premium에서는 대규모 배포가 가능합니다.

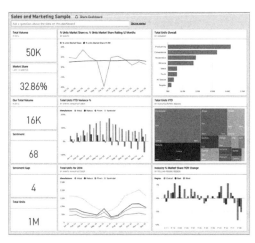

🏵 Power BI에 의한 시각화의 예

🌐 Tableau : Tableau

Tableau는 드래그 앤드 드롭(Drag & Drop) 등의 직관적인 조작으로 상호작용하는 시각화를 제공합니다. 시계열 데이터나 지리 데이터 등을 합친 대량 데이터의 처리를 할 수 있어, 특히 마케팅 분야의 분석가에게서 높은 평가를 얻고 있습니다. 분석 대상이 되는 대상 고객의 행동 특성에 따른 분류에 적합하기 때문입니다. 아름다운 비주얼을 가진 대시보드도 특징입니다.

Professional 버전에서는 Tableau Server 또는 Tableau Online을 사용할 수 있습니다. 개인이 사용하는 Personal 버전도 있습니다. 두 가지 모두 14일의 체험 기간을 제공하고 있습니다.

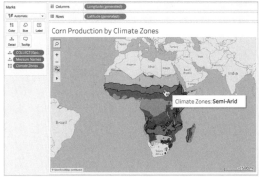

🌐 Tableau에 의한 시각화의 예

🌐 Qlik : Qlik Sense

Qlik의 **Qlik Sense**는 기업의 IT 부문이 아닌, 사용자 부문의 데이터를 시각화하는 도구로, 대시보드 생성 기능을 풍부하게 탑재하고 있습니다. 애플리케이션 개발도 가능합니다.

데이터 엔진이 강력하여 메모리 처리로 데이터 크기를 원본 데이터의 10%까지 압축합니다. 이렇게 하면, 여러 개의 대규모 데이터 소스를 고속으로 분석할 수 있습니다. 독자적인 연상 기술도 특징 중 하나입니다. 이것은 관련된 데이터를 자동으로 연결하는 기능으로, 분석 축을 미리 설정하지 않아도 데이터 분석을 쉽게 시작할 수 있습니다.

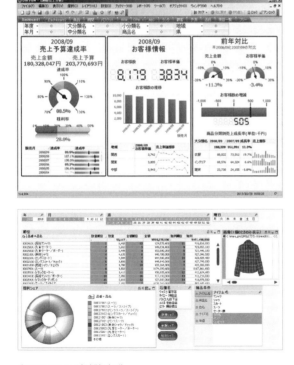

🌐 Qlik View 시각화의 예

Qlik에는 **Qlik View**라는 것도 있습니다. Qlik Sense가 분석가용 BI 도구라면, 이건 최종 사용자를 위한 BI 도구입니다. 애플리케이션 개발자에 의해 최적화된 분석 화면에 따라 데이터를 조작하는 것으로 의사 결정에 활용하는 가이드 분석 기능이 있습니다. Qlik View는 데스크톱용 Personal 버전도 있으며 무상으로 제공하고 있습니다. 상용버전은 중소기업과 대기업 2종류의 서버 라이선스가 준비되어 있습니다.

🌐 Pentaho : Pentaho

Pentaho는 상호 작용으로 처리를 정의하고, 대시보드나 보고서를 작성할 수 있는 OSS(Open Source Software) 기반의 제품입니다. OSS 커뮤니티에서 생겨났기 때문에, 최첨단 기술이나 기능이 구현되어 있습니다. 라이선스 비용이 들지 않는다는 장점도 있습니다. 단계적인 도입도 가능하며 처음으로 BI 도구를 이용하거나 테스트 환경을 구축할 때 간편하게 이용할 수 있습니다.

2015년에 히타치 제작소가 인수하여 화제가 됐었습니다. 무료인 Community 버전과 유상 버전으로 업체의 지원을 받을 수 있는 Enterprise 버전이 있으며, 구독 서비스를 제공하고 있습니다.

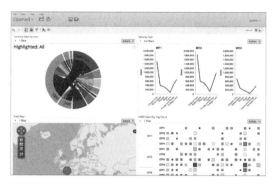

🏛 Pentaho에 의한 시각화의 예

데이터 활용을 위한 통계 지식

자주 사용되는 통계 기법

편리한 분석 도구가 많이 존재하지만, 간단한 분석이라면 도구를 도입할 것도 없이 Excel과 같은 스프레드시트로 할 수 있습니다. 다만 이때 필요한 것이 통계 기법의 지식입니다.

통계 지식은 고도의 데이터 모델링을 실시할 때, 모델을 구축하는 엔지니어와 논의하기 위해서도 필요합니다. 어떤 경우에 어떤 통계 처리 기법을 사용하는 것이 적절한지를 개념 레벨로 이해해 두면, 논의가 활성화되어 비즈니스에 직결한 정확한 분석이 가능합니다.

여기에서는 대표적인 데이터 분석 방법과 그 적용 예를 간단하게 소개합니다. 통계 기법에 대한 자세한 내용은 전문 서적 등을 참조해 주세요.

크로스 분석

크로스 분석(Cross Analysis, 교차 분석)은 특정 2개 혹은 3개의 정보를 곱하여 집계한 결과를 분석하는 방법입니다. 설문 조사 결과의 집계에 자주 사용됩니다.

예를 들면 성별, 나이, 직업, 거주 지역을 응답자의 특성과 응답 내용을 함께 분석함으로써, 사용자의 속성별 경향을 얻을 수 있습니다. 범용성이 높은 분석기법으로 Excel의 피벗 테이블 등 스프레드시트로 쉽게 할 수 있습니다.

합계/금액 행라벨 ▼	열라벨 ▼ A 마트	C 스토어	D 상사	B 슈퍼	총계
⊟ 딸기	12,600	55,850	148,000	31,800	248,250
2017/1/12			48,000		48,000
2017/1/30			100,000		100,000
2017/2/1		39,600			39,600
2017/2/3		16,250			16,250
2017/2/10	12,600				12,600
2017/2/27				31,800	31,800
⊟ 귤	165,000			19,500	184,500
2017/1/16				19,500	19,500
2017/1/20	70,000				70,000
2017/2/3	95,000				95,000
⊟ 사과		94,200		60,500	154,700
2017/1/24		60,000			60,000
2017/2/5				34,500	34,500
2017/2/9		34,200			34,200
2017/2/12				26,000	26,000
총계	177,600	150,050	148,000	111,800	587,450

🏵 스프레드시트에 의한 크로스 테이블의 예

🌐 선형 회귀 분석

선형 회귀 분석(Linear Regression Analysis)은 변수가 여러 개인 경우 그 상관 관계를 직선으로 나타내어 분석하는 기법입니다. 한 쪽 변수에 비례해 다른 변수 가 변화할 경우, 양자의 관계성은 직선으로 나타낼 수 있습니다. 또한 독립변수[2]가 1개인 경우는 단순 회귀 분석(Simple Regression Analysis)이라고 하며, 2개 이상인 경우는 다중 회귀 분석(Multiple Regression Analysis)이라고 합니다.

---

2   독립 변수는 인과관계를 생각할 경우의 원인에 해당하는 양을 나타내는 변수. 참고로 원인부터 예측되는 결과 를 나타내는 양을 종속 변수라고 합니다.

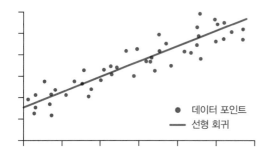

● 데이터 포인트
— 선형 회귀

⬢ 선형 회귀 분석의 예

🌐 로지스틱 회귀 분석

로지스틱 회귀 분석(Logistic Regression Analysis)은 발생 확률을 예측하기 위한 기법입니다. 'Yes'와 'No', '0'과 '1', '있음'과 '없음'처럼 두 가지 선택의 상황을 분석할 때 사용합니다. 분석 결과는 0 이상 1 이하의 실제 수치가 됩니다(이 제품은 0.7의 확률로 나옵니다).

🌐 상관 분석

상관 분석(Correlation Analysis)은 복수의 데이터가 어느 정도 연동하여 움직이는지를 분석하는 방법입니다. 데이터끼리의 상관관계를 나타내는 지표는 상관계수로 표시됩니다. 이 분석의 응용으로는 소매 점포의 제품별 매출데이터 분석을 들 수 있습니다. 매출데이터의 상관관계 분석을 하여 구매를 촉진하기 위한 선반 배치를 생각하는 데 사용합니다.

상관 분석은 Excel 함수에서도 비교적 쉽게 할 수 있습니다. 다만, 상관계수가 높고 상관성이 인정되는 경우에도 인과관계가 있는지는 별개이므로 주의해 주세요. 인과관계는 일반적인 상식에 비추어 판단해야 합니다.

🌐 연관 분석

연관 분석(Association Analytics)은 점포의 POS 데이터의 분석에 사용됩니다. 쇼핑 바구니에 담긴 상품을 분석해, 어떤 상품이 함께 자주 구매되는지를 분석합니다.

온라인 쇼핑몰을 이용하면 "이 상품 산 사람은 이런 상품도 사고 있습니다."라는 추천이 표시되는데, 이는 연관 분석 결과를 활용한 마케팅입니다. "A를 산 사람은 B도 산다."라고 하는 연관 규칙을 추출하여 지표로 평가해 현장에 적용하는 단계에 활용합니다.

🌐 클러스터 분석

클러스터 분석(Cluster analysis)은 다른 것이 섞인 집단(클러스터)을 몇 개의 그룹으로 분류하여 분석하는 기법입니다. 이 방법은 제품이나 서비스의 위치를 확인하고 고객을 세분화하는 등 마케팅 분야에서 자주 사용됩니다.

우선 분류의 대상들이 얼마나 비슷한지, 얼마나 가까운지를 상관계수와 거리 등을 이용해 수치로 정의합니다. 그룹화된 분석 결과에 따라, 데이터의 분류가 명확하게 됩니다. 다만, 그 그룹 안에 있는 상관관계나 인과관계를 확인하기 위해서는, 위에서 언급한 회귀 분석이나 상관 분석 등의 기법으로 보충할 필요가 있습니다. 이렇게 하면 분석의 정밀도를 높여 업무 개선 등의 작업에 활용할 수 있습니다.

🌐 결정 트리 분석

결정 트리 분석(Decision Tree Analysis)은 **의사 결정 트리**(Decision Tree)라고 불리는 데이터 분석 기법입니다.

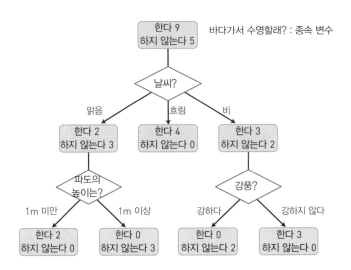

바다가서 수영할래? : 종속 변수

● 결정 트리 분석의 예

'만약 ~라면, 결과는 이렇게 될 것이다.' 라는 것처럼, 원인과 도출 결과의 예측을 반복해 나감으로써 작성되는 트리 형태를 이용해 데이터를 분류하는 기법입니다. 고객의 세분화에도 자주 이용됩니다. 또는, 기기의 운전 이력으로부터 고장에 관련된 지표를 찾는 방법에도 사용됩니다. 분류까지의 과정이 해석하기 쉽습니다.

결정 트리 분석에서는 분류를 잎(Node)으로 나타내며, 거기에 이르기까지의 특징을 가지(Branch)로 나타냅니다. 이미 설명한 클러스터 분석과 아주 비슷한 기법이지만, 학습 데이터의 차이가 있습니다. 클러스터 분석에서는 학습 데이터가 필요 없지만, 결정 트리 분석에는 필요합니다. 또한, 그림 안의 **종속 변수**는 원인에서 예측되는 결과를 나타내는 것으로, 원인으로 주어진 입력값과 연산 결과에 따라 달라질 수 있습니다.

🌐 불변 분석

불변 분석(Invariant Analysis)이란 평상시와는 다른 움직임을 감지하기 위한 분석입니다. 이 방법은 오류 메시지로 나타나지 않는 **사일런트 장애**(Silent Failure)라는 성능 노화 등 기계나 설비의 고장의 전조를 감지하는 것이 가능합니다. 우선 평상시의 여러 센서 간의 보편적인 관계성을 모델화해 두고, 그것을 실시간으로 취득한 센서 데이터와 비교합니다. 이렇게 하면 평상시와 다른 행동을 발견할 수 있습니다.

NEC는 자사 북미 연구소에서 연구 개발한 이 분석 기술을 응용해 플랜트의 고장 전조 감시 솔루션을 구축했습니다.

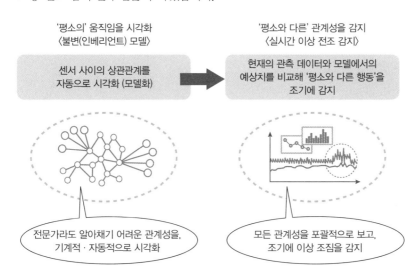

🏵 NEC의 불변 분석을 응용한 플랜트 모니터링 시스템

다른 데이터와의 결합 때문에 얻어지는 시사 가능성

🌐 다른 데이터와의 결합의 중요성

아래와 같은 IoT 이외의 데이터를 조합하여 얻을 수 있는 시사도 있습니다.

- 업무 데이터(POS)
- 웹로그(오류로그)
- SNS 데이터
- 오픈 데이터

예를 들면, 통상 업무 중에는 다루지 않는 날씨 데이터를 도입해 상관 분석을 시행했는데, 진행하고 있는 작업에 대해서 '기온에 의한 수율의 패턴화를 볼 수 있었다'라는 경우가 있을 수 있습니다.

이처럼 **자사가 보유하고 있지 않은 데이터, 통상 업무로 취급하지 않는 데이터**에 착안해 데이터 소스를 식별하고 활용하는 방안을 생각할 필요가 있습니다. 자사가 보유하고 있지 않은 외부 데이터 소스나 오픈 데이터의 활용도 고려해야만 합니다.

🌐 데이터 로깅 대상물 이외의 착안점

설비 등의 감시 대상물에서 생성되는 데이터만을 분석하는 것이 아니라, 대상물이 놓여있는 환경이나 공간에 눈을 돌리는 것도 중요합니다. 대상물이 지금까지 어떠한 상황에 놓여 왔는지에 대한 시계열의 경위를 고려하는 것도 필요합니다.

한때 어느 공장에서 생산 라인의 설비 온도를 모니터링하고 있었습니다. 그때 같은 구성의 생산 라인임에도 불구하고 한 개의 라인만 온도가 다른 현상이 관측되었습니다. 그 라인의 설비를 검사해도 특별한 이상은 발견되지 않습니다. 원인은 그 라인의 현장 담당자가 자신을 위해 작은 선풍기를 사용하고 있던 것이었습니다.

이처럼 약간의 환경 요인과 인적 요인 등으로, 로깅하는 데이터에 차이가 발생할 수 있습니다. 작업 환경에 따라, 감시 대상물 자체 데이터뿐만 아니라 환경데이터도 함께 기록해야 합니다.

🌐 보이지 않는 데이터의 활용

IoT는 많은 데이터를 클라우드에 저장하므로 많은 양의 데이터를 축적할 수 있지만, 그 전의 설비 기기 모니터링은 일정 기간만 저장하고, 그 외의 데이터는 버려지고 있었습니다. 게다가 많은 데이터를 조합해 분석하는 것이 중요하다고 해도, 모든 데이터를 계속해서 모은다면, 날마다 저장되는 데이터로 스토리지가 넘쳐서 관리하기가 어렵게 될 것입니다. 모인 데이터를 활용해 결과를 내놓으라는 상사의 요구도 있을 테니, IoT로 효율화를 도모하는 것은 커녕 불필요한 일이 증가할 뿐입니다. 많은 데이터가 버려지는 상황으로 업무가 진행되었었다는 것은, 그런 이유가 있는 것입니다.

그럼 무엇을 해야 할까요? 다음과 같이 묻는 것이 중요합니다.

버려오던 데이터에서,
무언가 보이게 된다면,
어떤 일을 할 수 있게 될까?

이 질문에 답변 가설을 세우고 검증하는 작업이 필요합니다. PoC(실증 실험)를 실시한 결과 가설이 부정되었다면 다른 가설을 세우고, 다시 검증합니다. 이러한 작업을 반복하여 새로운 비즈니스를 창출하는 것입니다.

🌐 데이터의 유통이 시작되다

정부의 공개 데이터와는 달리, 활용할 수 있는 외부 데이터는 무상으로 제공되지 않습니다. 디지털화에 의해 생성되는 대량의 데이터를 타사에 판매하는 데이터 유통 구조가 등장하고 있습니다.

풍부한 센서 디바이스나 센서를 넣은 건강기구 등의 제품군을 보유하고 있는 오므론은 그 제품들로부터 얻을 수 있는 센서 데이터를 거래하는 **센싱 데이터 유통 시장**을 제창하고 있습니다. 이것은 회사의 **센시크(Senseek)**라고 하는 기술을 활용한 것으로, 센싱 데이터의 이용자와 제공자의 속성을 매칭시킴으로써, 센싱 데이터를 안전하게 유통하는 구조입니다.

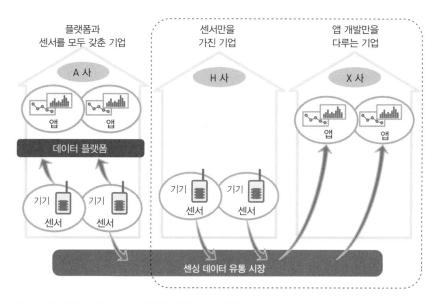

🌑 오므론의 센시크(Senseek)에 의한 센싱 데이터 유통 시장의 구조.

또, 에브리센스 재팬은 데이터 매매를 중개하는 **IoT 정보 유통 플랫폼 Every-Sence**를 개설했습니다. 특징은 거래 시장형 모델에서 데이터를 취급해 수급균형에 의해서 데이터의 거래 가격이 결정되는 점입니다.

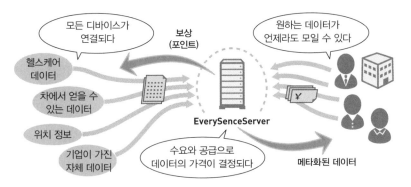

● 에브리센스 재팬의 'IoT 정보 유통 플랫폼 EverySence'의 구조

그리고 2017년 6월에 오므론, 에브리센스, 사쿠라 인터넷 일본 데이터 거래소, 히타치 제작소, NEC, 우후루 등이 내각관방, 총무성, 경제 산업성을 옵저버 (observer)로, 센서 데이터 시장과 AI 데이터 시장의 데이터 유통을 추진하는 업계 단체를 설립한다고 발표했습니다.

정부의 오픈 데이터에도 움직임이 있습니다. 2011년 동일본 대지진 이전, 전국의 방사선량은 정부의 가공을 거친 뒤 발표되고 있었습니다. 그러나 지진 재해 후 측정 기기로부터 얻을 수 있는 데이터를 그대로 공개하도록 바뀌었습니다. 실시간으로 측정 데이터를 보고 싶다는 국민의 요청에 응한 것입니다.

이러한 흐름을 계기로, 정부는 2012년 공공 데이터의 활용 촉진을 목표로 하는 '전자 행정 오픈 데이터 전략'을 수립했습니다. 또한, 산관학이 연계하여 오픈 데이터의 유통을 촉진하기 위한 환경 정비에 임하는 '오픈 데이터 유통 추진 컨소시엄'이 설립됐습니다.

이러한 오픈 데이터화의 대처 사례로, 총무성과 우후루 등이 실시한 포장 노면 상황파악의 정확도 향상에 대한 실증 실험이 있습니다. 도로포장 상태를 파악할 경우, 주요 도로에서는 노면 성상 측정차라는 전용 차량을 사용하여, 노면 성상 조사를 정기적으로 실시하는 것이 일반적입니다. 그러나 시읍면도의 상당수는 도로 관리자인 시읍면의 예산 제약으로, 이런 조사가 이루어지지 않습니다. 도로 관리자의 순회에 의한 상황파악이나 주민의 통보에 따른 상황파악을 하여 대응하고 있는 것이 현실입니다.

이 실증 실험에서는 ICT[3] 및 센서 정보 등의 빅데이터 분석 기술을 활용하여 포장 노면의 노화 및 손상 상태를 지속적이면서 간이적·저비용으로 파악하는 기술을 확립하고 도시·시군구 도로포장의 계획적인 유지 관리에 유용하게 쓰는 것을 목적으로 했습니다. 구체적으로는 동일 노면을 지속적이고 반복적으로 통행하는 대중교통 차량(노선버스, 우체국 차량, 택시 등)에 단순하고 저렴한 센서 또는 카메라를 설치합니다. 그것들로부터 데이터를 취득해, 포장 노면의 노화·손상 상태를 파악하여 포장 노면 상황 파악의 정확도 향상, 포장 노면의 유지 관리 업무의 저비용화 등의 가능성에 대해 검증했습니다. 그리고, 그 수집된 데이터를 오픈 데이터로 공개하여, 그 데이터를 활용한 신규 서비스의 경연을 하는 기획입니다.

이 사례는 수집 작업에 비용이 드는 대량의 데이터를 무료로 제공함으로써, 각 회사의 새로운 서비스의 정확도 향상에 도움되는 것이 목적입니다.

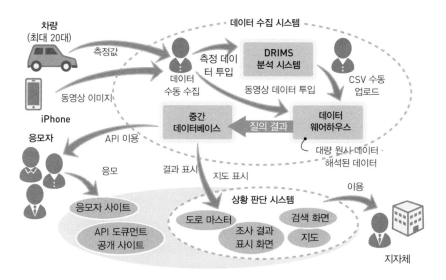

🔘 포장 노면 상황파악의 오픈 데이터화 실증 실험

---

3 Information and Communication Technology의 약어. 정보통신기술. IT(Information Technology: 정보기술)는 순수한 기술을 가리키지만, ICT에는 기술의 '이용'이라는 뜻이 포함됩니다.

다양한 센서 데이터의 가능성

🌐 영상 데이터와 음성 데이터의 분석과 가능성

센서 데이터는 온도, 진동, 위치 정보 등 다양한 것이 있습니다. 그중에서도 분석이라고 하는 관점에서 한층 더 진전시킬 수 있다고 생각되는 것이 음성, 이미지, 동영상 데이터입니다.

특히 이미지를 감지하는 카메라에 의한 센싱은 전용 센서를 불필요로 할 정도로 범용성이 뛰어납니다. 적외선 카메라로 온열을 감지하여 사람의 위치나 인원수를 파악할 수도 있습니다.

농업 분야에서는 스펙트럼을 측정하는 카메라를 드론에 탑재해 넓은 밭의 생육 상황이나 결실 상태를 분석하거나, 병충해를 진단하는 등의 용도를 생각할 수 있습니다. 새나 짐승의 피해 대책 모니터링 시스템은 함정에 동물이 걸렸을 때 사진을 찍어 메일을 전송하는 본래의 목적에만 국한되지 않습니다. 축적한 데이터와 관련이 있을 것 같은 기상 데이터 등을 곱하는 것으로 새나 짐승에 의한 피해 예측과 연결할 수도 있습니다.

음성 인식은 방범 대책에 이바지합니다. 고함이나 총성 같은 범죄와 관련된 소리를 설정해 두고, 어두운 도로에서 감지했을 때 동영상으로 전환하는 용도를 생각할 수 있습니다.

이러한 이미지, 동영상, 음성 데이터를 분석·활용해 나가는 노력은 앞으로 더욱 발전할 것입니다. 여기에서는 구체적인 방안을 몇 가지 소개합니다.

🌐 음성에 의한 센싱

음성 센싱은 주로 마이크를 이용합니다. 사람의 대화 음량, 음색 등을 감지하여 그 현장의 분위기를 예측하는 시도가 시작되었습니다. 그 예로 섹션 에이트(Section Eight)가 운영하는 점포의 합석 가게와 우후루가 공동으로 시행한 음식점 서비스의 향상을 목적으로 한 실증 실험을 소개하겠습니다.

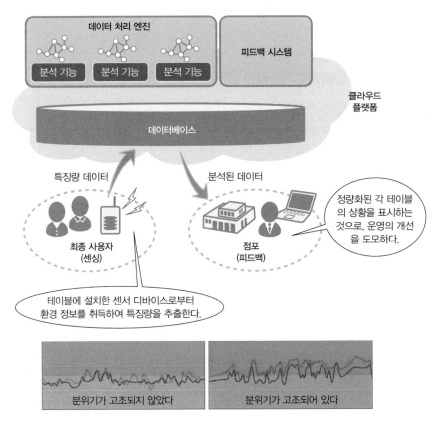

🔘 음성을 포함한 장소의 분위기 센싱의 예

마이크를 탑재한 센서를 좌석에 설치하고, 독자적인 알고리즘을 이용하여 주변의 상황을 분석합니다. 분위기가 고조되고 있는 경우에는 취득한 센서 데이터의 파형이 기준치를 웃도는 빈도로 오르내리고 있음을 알 수 있습니다. 반대로 분위기가 고조되지 않은 경우, 파형은 비교적 평평하고 억양이 없습니다. 이 차이는 명확합니다. 이 해석 결과를 모바일 단말 등에서 실시간으로 직원이 확인하여 각 좌석의 분위기를 파악할 수 있습니다. 그리고 좌석의 상황에 따라 접객하여 서비스의 향상을 목표로 합니다.

🌐 카메라 이미지에 의한 센싱

히타치 조선은 쓰레기 소각장의 소각로 불꽃을 카메라로 감지하여 그 이미지 분석에 따라 점화방법을 최적화하는 솔루션을 제공하고 있습니다. 쓰레기를 효율적으로 소각시키기 위해서는 공기의 양이나 투입하는 쓰레기의 양을 조절해야 합니다. 그래서 독자 개발한 카메라를 연소실 내부에 설치하여 그 화상으로부터 불꽃의 색, 형태, 위치, 추진력 등을 인식해, 점화방법의 패턴을 비교할 수 있도록 한 것입니다.

이것으로 적절한 점화방법을 사용하고 있는지, 이상이 없는지를 시스템으로 판단할 수 있습니다. 이 시스템에서는 점화방법을 8개의 패턴으로 분류하고 측정 데이터의 이력 등과 연결해 최적의 방법을 선택합니다. 1개월 정도의 데이터 축적으로 판정 정확도를 80% 가까이 향상할 수 있었습니다.

🌐 사람의 감지

카메라로 취득한 영상이나 이미지로 사람의 성별, 연대를 추정할 수 있습니다. 또, 특정 개인 얼굴을 미리 등록해 두면, 개인의 인식도 가능합니다. 이러한 기술을 이용해, 방범, 소매업에서 접객 서비스의 개선이나 매출 증가, 사무실 접수 대응 등에 활용하고 있는 사례가 많아지고 있습니다.

예를 들면, 아로바가 제공하는 '아로바 뷰코로'는 네트워크상에서 카메라의 영상을 해석해, 방문자의 수와 특성, 감정을 분석하는 서비스입니다. 다음과 같은 작업을 수행합니다.

❶ 아로바의 엣지 소프트웨어로 카메라 이미지를 정형해 경량화한다.

❷ 정형한 이미지 데이터를 마이크로소프트의 Azure Cognitive Services에 전송한다.

❸ 얼굴 인식을 하는 Face API와 감정 분석을 하는 Emotion API를 활용하여 나이, 성별, 표정 등을 판단한다.

❹ BI 도구인 Power BI로 보고서를 작성한다.

아로바 뷰코로의 응용 사례로 도쿄 서머랜드의 고객 분석을 들 수 있습니다. 도쿄 서머랜드는 고객층 파악과 만족도 조사가 오랜 과제였습니다. 창구나 시설 담당원의 감각으로 여성 그룹의 방문이 많을 것으로 예측하였는데, 입장 게이트에 설치한 네트워크 카메라의 영상으로 분석한 결과, 실제로는 남성 고객이 많은 것을 알 수 있었다고 합니다. 이렇게 올바른 정보를 얻는 것은 마케팅 정책을 전개해 나가는 데 있어서 큰 성과가 됩니다.

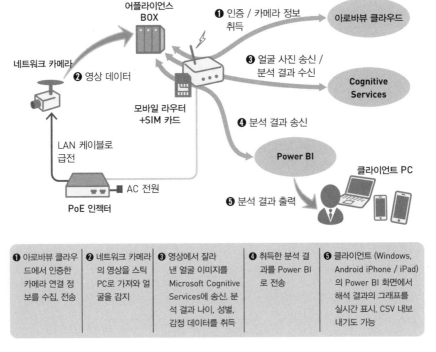

| ❶ 아로바뷰 클라우드에서 인증한 카메라 연결 정보를 수집, 전송 | ❷ 네트워크 카메라의 영상을 스틱 PC로 가져와 얼굴을 감지 | ❸ 영상에서 잘라낸 얼굴 이미지를 Microsoft Cognitive Services에 송신, 분석 결과 나이, 성별, 감정 데이터를 취득 | ❹ 취득한 분석 결과를 Power BI로 전송 | ❺ 클라이언트 (Windows, Android iPhone / iPad)의 Power BI 화면에서 해석 결과의 그래프를 실시간 표시, CSV 내보내기도 가능 |

🏵 아로바의 '아로바 뷰코로'의 도쿄 서머랜드에서의 활용 사례

AI에 의한 데이터의 활용

🌐 AI의 개요와 사용법

IoT와 함께 주목을 받는 것이 **인공지능**(AI:Artificial Intelligence)입니다. 인공지능 붐이라고도 하는데, 현재는 전례가 없는 만큼 실제 비즈니스에 활용되기 시작하고 있습니다.

한편으로는 문제도 발생하고 있습니다. 뭐든지 AI가 좋다며, 대량 데이터를 기계적으로 학습하거나 기존의 통계 기법, 이미지 인식 등도 모두 AI를 우선하게 되었습니다. 최근의 딥러닝(Deep Learning)으로 대표되는 진화 계산법이나 자기 학습형 신경망(Neural Network)의 진전에 따라, 앞으로는 AI가 많은 것을 자동으로 해석해 주는 세계가 실현될 거라고 합니다. 그러나 현재의 AI는 데이터를 투입해 학습시키는 것이 전제되고 있습니다. 대량의 데이터를 수집·투입해야만 능력을 끌어올릴 수 있다는 현상이 존재하는 것도 사실입니다.

흔히 있는 오해는 'AI만 도입하면 무엇이든 할 수 있다.'라는 것인데, 현시점에서 AI는 마법의 지팡이가 아닙니다. 이 점을 고려하여 IoT 데이터와 AI의 조합에 의해서 생겨날 가능성을 소개합니다.

🌐 AI의 오류

2016년 12월에 가트너(Gartner)는 '인공지능(AI)에 대한 10개의 흔한 오해'를 발표했습니다. 다음 10개 해석은 완전한 오해 또는 과도한 기대에서 오는 생각이며 현실과는 크게 다릅니다.

❶ 굉장히 영리한 AI가 이미 존재한다.

❷ IBM의 Watson 같은 것이나, 기계 학습, 딥러닝을 도입하면 누구라도 곧바로 '대단한 일'이 가능하다.

❸ AI라는 불리는 단일 기술이 존재한다.

❹ AI를 도입하면 즉시 효과를 볼 수 있다.

❺ '교사 없이 학습'은 가르치지 않아도 되기 때문에 '교사 학습'보다 뛰어나다.

❻ 딥러닝이 최강이다.

❼ 알고리즘을 컴퓨터 언어처럼 선택할 수 있다.

❽ 누구나 바로 사용할 수 있는 AI가 있다.

❾ AI란 소프트웨어 기술이다.

❿ 결국, AI는 쓸모가 없어서 의미가 없다.

이처럼 AI라고 하면 엄청나게 영리한 것만을 떠올려, 무엇이든 실현해주는 것처럼 생각하기 쉽지만, 아직 거기까지는 도달하지 않았습니다. 'AI가 자신의 직업을 빼앗는다'라고 말하는 사람도 있지만, 현시점에서 염려할 정도는 아닙니다.

공장에서 단순한 물건을 상대하는 라인 작업은 대체될 수 있습니다. 흘러오는 라인의 옆에 도착해 단일 작업을 반복하는 패턴이라면, AI로도 해낼 수 있을 것입니다. 그러나 공사현장처럼 다양한 작업단계가 그 현장에서 판단하여 변화하는 상황에는 아직 대응할 수 없다고 생각됩니다.

즉, 새로운 물건을 만들어내고, 사물을 판단하고, 실수에 대처하는 등 예상치 못한 처리는 AI에게 아직 힘들다는 것입니다.

🌐 원칙적으로는 학습을 위해 대량의 데이터가 필요

AI는 구매하면 곧바로 사용할 수 있는 가전제품과는 다릅니다. 정확성과 능력을 향상하기 위해서 대량의 데이터를 이용해 학습할 필요가 있습니다. 이것은 동종업계의 경쟁사가 있으면, 더 빨리 학습을 시작한 기업에 우위가 있다는 것을 의

미합니다. 그러면, 이제 학습을 위해서 대량의 데이터를 장기간에 걸쳐서 투입되는 기업, 즉 투자를 계속할 수 있는 대자본의 기업 밖에 결과를 얻을 수 없게 됩니다.

더구나 대부분은 하나의 기업과 하나의 업계 데이터만으로 새로운 발상에 의한 비즈니스는 나오지 않습니다. 다양한 기업의 보유 데이터나 오픈 데이터, SNS상의 데이터도 취득해야 의미 있는 결과를 얻을 수 있습니다.

이 문제를 해결하려면 4장과 5.4절에서 언급한 것처럼, 데이터를 가지고 있는 다양한 기업과 연계하여 데이터를 공유하는 것이 필요합니다. 혹은, 데이터를 유통하는 구조가 필요합니다.

다만, 학습의 방향을 인간이 제어하기 쉬운 머신러닝과 달리, 학습하는 일도 스스로 판단하는 타입의 AI인 딥러닝은 예기하지 않은 방향으로 학습이 진행될 가능성이 있습니다. 그 때문에 어떤 데이터를 선별하여 줄지를 잘 생각해야 합니다.

🌐 메가 플랫포머의 대표적인 AI

구글, IBM, 마이크로소프트, 그리고 아마존 같은 클라우드의 메가 플랫포머(Mega Platformer)는 모두 AI를 발표했습니다. 각각 조금씩 구현 모델과 기능이 다르므로, 특징을 간단히 살펴 둡시다.

🔘 메가 플랫포머의 AI 서비스 개요

	Google DeepMind/ Deep Dream	Google Cloud Platform	IBM Watson	Microsoft Cortana	Amazon Lex/Rekogni- tion/Polly
제공 되는 주요 기능	• 화상 인식 • 자율 학습 • 이미지	• 화상 인식 • 음성 인식 • 학습 라이브러리	• 화상 인식 • 자연 언어 인식 • 정확도 판정 • 의사 결정 지원	• 자연 언어 인식 • 화상 인식 • 자율 학습	• 음성 인식 • 음성 합성 • 화상 인식

※ 각 회사의 대표적인 서비스 발췌

IBM은 **왓슨(Watson)**이라는 AI 서비스를 제공하고 있습니다. IBM 자체는 왓슨을 AI라고 하지 않지만, 이 책에서는 넓은 의미의 AI로 소개합니다. 왓슨은 Cognitive Service라고 불리는 복수의 인지 판단 솔루션의 집합체로 다양한 서비스에 이용할 수 있는 풍부한 API를 제공하고 있습니다.

구글의 AI로는 바둑의 세계적 톱 플레이어인 이세돌을 쓰러뜨린 **알파고(Alpha GO)**가 유명합니다. Google Cloud Platform에서 TensorFlow, Speech API, Vision API 같은 API들을 제공하고 있습니다. 이들은 딥러닝을 마친 라이브러리로, 화상 인식과 음성 인식 등이 학습된 API를 제공합니다.

마이크로소프트의 **Cognitive Service**는 IBM의 왓슨과 마찬가지로 음성 인식과 화상 인식을 위한 통합적인 환경입니다. 앞의 아로바 뷰코로는 이 학습된 서비스를 사용하여 성별·나이를 판별하고 있습니다.

아마존의 AI는 아마존이 출시하고 있는 음성 인식 스피커 Echo에도 탑재된 음성 인식 엔진 **Amazon Lex**, 음성 합성 엔진 **Amazon Polly**, 그리고 화상 인식 엔진 **Amazon Rekognition**입니다.

🌐 적은 데이터로도 AI 학습을 할 수 있는 서비스

IoT의 데이터를 AI에 활용한다면, 학습에 들이는 시간과 비용이 중요한 의사 결정 과제가 됩니다. 그래서 2016년경부터 '학습 시간을 얼마나 줄일 수 있는지(얼마나 적은 데이터로 학습할 수 있는지)'를 강점으로 사업을 전개하는 기업이 등장하였습니다.

예를 들어 FRONTEO가 제공하는 'KITBIT'이 있습니다. KITBIT 자체는 대량 데이터의 분석도 잘하지만, 대량의 데이터가 존재하지 않고도 효율적으로 학습할 수 있도록 개발되고 있습니다. 회사 홈페이지에서는 다음과 같이 설명하고 있습니다.

인공지능의 학습과 관련하여, 적당한 학습량의 정도를 아는 것은 어렵습니다. 일반적으로 인공지능이 필요로 하는 학습량의 많고 적음은 목적·데이터의 성질·기대 퍼포먼스 등에 따라 복잡하게 변화하기 때문입니다. KIBIT은 학습량이 부족한 경우에 그 성능을 개선하여, 다시 학습할 수 있어 최소한의 학습으로 최대의 성능을 발휘할 수 있습니다.

데이터의 학습 상황에 따라 가중치를 최적화함으로써 판단할 결과의 재현율을 자동으로 끌어올리는 방법입니다. 앞으로는 이러한 논 빅데이터(Non-Big Data)로 학습시키는 방법도 많이 등장할 것입니다. 그렇게 되면 데이터에 의한 학습 시간을 비약적으로 단축할 수 있습니다.

🌐 FRONTEO의 웹 페이지 (http://www.fronteo.com/)

데이터 활용으로 통지 및 제어(피드백)

🌐 분석 결과 통지의 중요성

축적한 데이터를 분석해 새로운 이슈나 비즈니스 가능성을 검토하는 한편, 데이터를 수집하면서 실시간으로 작업을 수행하는 것이 IoT다운 데이터 활용이라고 말할 수 있습니다. 비교적 간단하게 할 수 있는 작업은 다음과 같은 것이 있습니다.

- 수집하고 있는 데이터가 임계값을 초과했을 때 통지한다.
- 데이터 전송이 발생했을 때 통지한다.
- 일정 시간 동안 데이터 전송이 중단되었을 때 통지한다.

통지 방법으로는 메시지 전송, 램프 점등, 부저음 등이 있습니다. 이러한 액션을 더욱 발전시키면, 트리거를 설정하여 기기를 제어하는 활용도 생각할 수 있습니다.

실시간으로 통지나 제어를 하는 것으로 스마트 공장이나 원격 유지보수를 실현하는 것이지만, 실시간 통지 제어의 정밀도를 추구하는 것은 비용과의 트레이드오프(Trade-off)가 됩니다. 그 때문에 IoT 데이터의 활용에서는 일반 시스템 개발과 같이 무엇을 실현하고 싶은지를 현실적으로 고려한 검토가 필요합니다. '할 수 있는 것'과 '필요한 것'이 반드시 일치하지는 않는다는 점에 주의해 주세요.

🌐 스마트 디바이스에 통지

구현하기 쉬운 통지 방법은 스마트폰 등의 모바일 장치로 통지하는 것입니다.

클라우드에 데이터를 올려서 분석·시각화한 결과를, 메시지 등의 형태로 스마트폰 애플리케이션에 통지하는 방법입니다.

예를 들면, Strobo가 제공하고 있는 홈 시큐리티 서비스 leafee는 Bluetooth로 스마트폰과 연동하는 개폐 센서 leafee mag를 사용한 것으로, 간편하게 도입 설치할 수 있다는 장점이 인기를 끌고 있습니다. 현관문이나 창문, 에어콘 플랩 등에 설치해, 센서의 개폐 상태를 모니터링 할 수 있습니다. 외출중에도 스마트폰으로 leafee mag의 센서 정보를 실시간으로 확인할 수 있습니다.

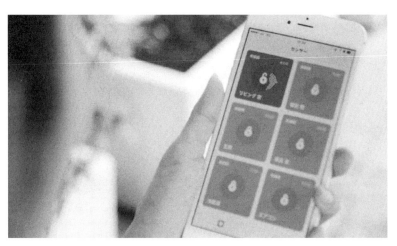

🌐 Strobo의 홈 시큐리티 서비스 leafee의 앱 화면

🌐 많은 사람에게 알리기 위한, 전자 표지판에 통지

상업 시설에서 고객의 동선 유도를 할 때는 많은 사람에게 보이는 위치에 개시되는 표지판에 통지할 필요가 있습니다. 이때 중요한 것은 BI 도구와 같이 분석 결과를 그대로 표시하는 것이 아니라, 즉시 판단할 수 있는 표현법으로 시각화하는 것입니다.

기존 실시간 데이터를 반영할 때는 곡선 그래프나 막대 그래프와 같이 간단한 표현이었습니다. 조금만 더 시각화를 하면 효율을 높일 수 있습니다. 우후루가 제공하는 'INFOMOTION(인포모션)'이 그런 기능을 합니다.

물건의 움직임이나 사람의 이동을 실시간 데이터와 연계하여 직관적으로 이해할 수 있는 비주얼 표현을 한 화면에 그려냅니다. 이 시각적인 표현을 통해 다음 행동은 어떻게 하는지, 판단할 수 있는 디자인을 중시하고 있습니다.

표지판은 한 번에 알아볼 수 있도록 하는 것이 중요합니다. 그뿐만 아니라, 어떤 행동을 촉구하는지를 한눈에 알 수 있는 가시성도 중요합니다.

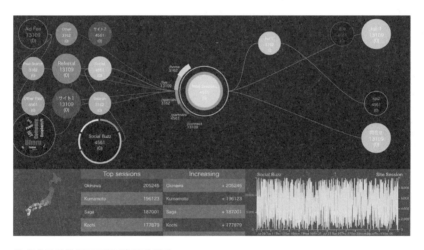

● 우후루의 'INFOMOTION' 통지 화면

📧 메일로 통지

IoT 시스템은 예산문제로 인해 모든 것을 실시간으로 처리할 수는 없습니다. 경고 표시, 확인 의뢰 등은 이메일로 통지하는 것으로 충분한 때가 많습니다. 현장 작업자와 관리자가 시스템의 이상이나 상태를 파악하기 위해 메일 알림 정도로 충분할 때를 구분해야 한다는 것입니다.

메일 통지를 채용하고 있는 예로는 우후루가 개발한 풍차 터빈의 원격 감시 시스템이 있습니다. 풍차 터빈에 설치한 발전량, 풍속 등의 센서 데이터는 SCADA(=Supervisory Control And Data Acquisition: 감시제어 시스템)으로 관리합니다. 그 시스템으로 클라우드에 데이터를 전송하여 데이터웨어 하우스 'Treasure Data Service'에 일단 집계합니다. 그리고 거기에서 Salesforce App Cloud로 구축한 작업 목록 관리, 고객 정보 관리, 계약 관리 등의 업무 애플리케이션에 분석 데이터를 보냅니다. 풍차의 운전 상황을 이렇게 시각화함으로써, 작업자는 유지보수를 할 것인지를 결정합니다.

이러한 클라우드 서비스 간 데이터 연계를 돕는 것이 우후루가 제공하는 IoT 오케스트레이션(Orchestration) 서비스인 'enebular(에네부라)'입니다. 'IoT 오케스트레이션 서비스'라는 것은 다양한 디바이스, 데이터 소스, 클라우드 애플리케이션 등의 사이에서 데이터 수집, 보관, 표시까지를 최적으로 연계시키는 서비스입니다.

풍차의 사례는 Salesforce.com 서비스로 시각화 및 유지보수 업무 애플리케이션이 구현되어 있습니다. 작업원에게 이상을 전하는 부분 등은 작업자가 애플리케이션 화면을 보지 않아도 간단하고 긴급하게 알릴 필요가 있으므로 메일로 통지하는 수단이 구현되어 있습니다.

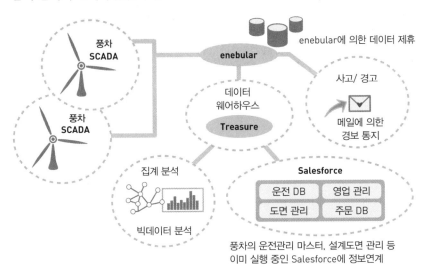

🎯 풍차 관리 시스템의 사례

🌐 사용자와의 제휴를 의식한 LINE과 Slack에 통지

최근에는 더욱 질 높은 커뮤니케이션 수단이 필요하게 되었습니다. IoT에서도 마치 사람과 대화하듯이 의인화한 접근 통지 방법을 선호하는 경향이 생기고 있습니다. 또, 기존 서비스에 LINE과 Slack 알림 기능을 옵션으로 추가하는 기업이 증가하고 있습니다.

조금 전 소개한 홈시큐리티 서비스 leafee는 LINE과 제휴하고 있어서 LINE 앱에서도 서비스를 이용할 수 있습니다. 통지는 물론, 이동 중에도 LINE으로 '문단속'이라고 이야기하면, 곧바로 상태를 확인하여 알려줍니다.

공장의 설비 기기가 고장이 우려될 때 기계가 말을 걸어오는 방법으로 통지를 한다면, 경고등이 켜지는 통지 방법보다 대응해야겠다는 생각을 보다 강하게 얻을 것입니다.

🔘 LINE에서 사용할 수 있는 leafee

🌐 전화나 SMS를 이용한 통지

스마트폰의 앱이나 메일, 메신저로의 통지뿐만이 아니라 전화를 걸거나 문자 메시지로 통지할 수 있는 서비스도 등장하고 있습니다.

Twilio는 전화나 문자 메시지 및 웹 서비스를 연결할 수 있는 서비스도 사용할수 있습니다. 온실 온도가 임계값을 초과하여 이상치가 된 것을 센서가 감지하여, 클라우드에 경고를 올리면 Twilio의 API를 통해 담당자에게 전화가 가도록 프로그램을 할 수 있는 서비스입니다.

🌐 실시간 제어가 요구되고 있다

취득한 데이터를 통해 실시간으로 제어하는 스트리밍 데이터 분석이 최근 늘고있습니다. 예를 들어 자율주행차량은 주행 중 실시간 제어가 필요합니다. 그 밖에도 카메라로 감시하면서 그 데이터를 분석하여 사람의 이동 경로 안내 표시를 실시간으로 업데이트하는 시스템도 등장했습니다.

실시간 데이터 처리와 그 결과에 따라 실시간 제어를 하는 용도는 앞으로 더욱늘어날 것입니다. 그리고 실현되는 기술 환경도 점점 갖춰지고 있습니다. 특히 통지나 표시는 기존의 도구로 비교적 쉽게 구현할 수 있습니다.

아직까지 본격적인 제어를 구현하고 있지는 않습니다. 센서 데이터 등의 결과만으로 원격제어하는 것에는 아직 신중론이 있기 때문입니다. 게다가 실시간 제어만으로 운영하려면 한층 더 난이도가 높아집니다.

기술자가 조심해야 할 것은 분석이나 시각화까지는 비교적 간단하게 할 수 있지만, 그 앞은 미지수라는 것입니다. 현장·사물·사람에게 피드백하여 제어·행동을재촉하는 것이 중요한 가치를 만들어냅니다. 이 점을 의식하고, 앞으로의 시스템구축에 힘써야 합니다. 구체적으로는 더욱 다양한 분석·시각화·통지·제어 방법을이해하는 것입니다. 그리고 PoC 같은 작은 환경에서 시작하여 '시도와 에러(Try & Error)'로 구현 및 최적화를 실시해 나갑니다.

앞으로 중요한
IoT 시스템 운영

SECTION
6-1

IoT 시스템 운영의
우려 사항

🌐 확장으로 인해 발생하는 운영 우려 사항

IoT 시스템은 처음에는 PoC(실증실험)의 형태로 작게 시작할 수 있지만, 점차 크게 확장하는 것을 전제로 운영하게 되는데, 이때 크게 다음의 3가지를 우려해야 합니다.

❶ 연결되는 디바이스 수가 점점 늘어간다.

❷ 다양한 부서와 사용자를 위한 애플리케이션의 수도 증가한다.

❸ 데이터양이 급격히 증가한다.

이러한 증가는 IoT 시스템이 가진 본질적인 문제입니다. 당연하지만 무시할 수 없습니다. 시스템을 운영함에 따라서 나타나는 위의 3가지 우려 사항에 대한 대응 방안을 미리 고려하는 것이 필요합니다.

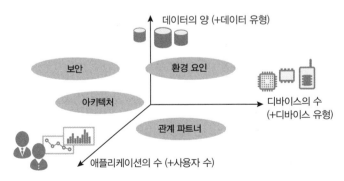

🏵 운영관리의 복잡성이 점차 증가하는 요인

또한, 상기 3가지 이외에도 우려할 점은 있습니다. 어느 정도 규모의 시스템이 되면 참여하는 파트너의 수가 증가하는 것입니다. 그렇게 되면, 권리관계나 책임 분담이 복잡해지고, 운영이 어려워져 가는 것을 예상할 수 있습니다. 채용하는 아키텍처에 따라 관리 포인트가 많아지므로, 운영이 비약적으로 복잡해질 가능성도 있습니다. 여기서는 구체적인 우려 사항에 관해 설명하겠습니다.

🌐 디바이스 증가 시 우려 사항

디바이스가 점점 네트워크에 추가로 연결될 겁니다. 확장하는 비즈니스 모델에서 디바이스 수가 증가하는 것은 하나의 성공 모델이라 말할 수 있기 때문입니다. 그러나 운영 면에서 보면, 디바이스의 증가에는 다양한 우려가 존재합니다.

단순하게 늘어난 대수의 관리가 어려워지는 것만이 아닙니다. 때때로 단일 디바이스의 수가 증가할 뿐만 아니라, 다양한 종류의 디바이스가 폭발적으로 증가해 네트워크로 연결됩니다. IoT 게이트웨이, 엣지 디바이스, 센서 탑재 디바이스, 단체 센서, 마이크로 컨트롤러를 쌓은 설비 기기, 감시 카메라 기기 등 다양합니다.

이러한 다양한 디바이스의 유형을 구분하여, 중앙 집중식으로 운영관리하는 것이 요구됩니다. 대수와 종류가 증가해 감에 따라, 어디에서, 어떤 디바이스가, 어떤 상태로 움직이고 있는지를 파악하는 것은 점점 더 어려워지고, 관리 감시하는 것도 점차 어려워져 갑니다.

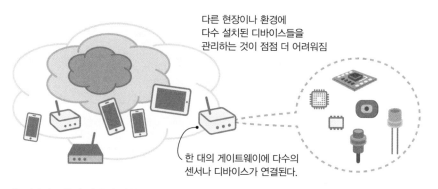

다른 현장이나 환경에
다수 설치된 디바이스들을
관리하는 것이 점점 더 어려워짐

한 대의 게이트웨이에 다수의
센서나 디바이스가 연결된다.

🌐 디바이스 증가 시 우려 사항

🌐 애플리케이션 증가 시 우려 사항

IoT 시스템을 계속해서 발전시켜 가면, 제공하는 서비스의 폭이 넓어집니다. 즉, 사용자에게 제공하는 애플리케이션도 다양한 업무 범위에 걸쳐서 증가합니다. 각각의 애플리케이션에 대해서도 기능을 확충해 나가는 개발 투자를 계속해서 실시할 필요가 있습니다.

애플리케이션의 종류를 늘리거나, 애플리케이션의 기능을 확충해 나갈 때는, 애플리케이션 간에 기능이 중복되지 않도록 주의해야 합니다.

게다가 애플리케이션을 이용하는 사용자 수가 폭발적으로 증가하는 경우에는 사용자 관리를 포함한 운영관리 방식이 요구됩니다. 당연하지만 개인 정보 보호의 관점도 포함하여야 합니다.

이용 혜택을 최대화하려고 계속해서 서비스나 애플리케이션의 수를 늘리면, 기존의 운영 및 유지 보수 자원으로는 모두 대응할 수 없는, 시스템 부하가 발생할 가능성도 있습니다. 이 또한 우려 사항 중 하나입니다. 서비스나 애플리케이션의 배포 시점에 주의가 필요합니다.

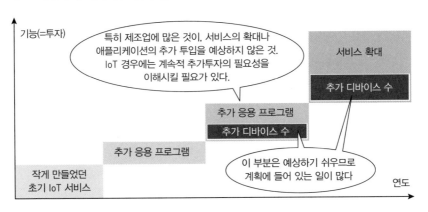

🌐 추가 서비스/애플리케이션에 대한 지속적인 투자가 필요

🌐 데이터 볼륨 증가 시 우려 사항

다양한 애플리케이션을 운영하면, 그것들을 통해 교환되는 트랜잭션의 양에 따라서, 데이터의 볼륨이 폭발적으로 늘어날 것입니다. 애초 예상하던 데이터양 증가 로드맵을 훨씬 넘어, 통신 환경과 데이터 스토리지를 압박할 우려가 있습니다.

스토리지에 관해서는 축적하는 데이터 용량을 줄이기 위해, 압축하여 아카이브 (archive)하는 운영도 생각할 수 있습니다. 단지, 축적할 때 즉시 아카이브화 할 경우, 사용자가 전년 대비의 분석을 빈번히 한다면, 데이터의 처리가 복잡해질 수 있습니다. 어떠한 데이터를 언제까지 아카이브 하지 않고 그대로 둘지, 또는 파기하지 않고 놓아둘지를 충분히 고려해서 운영해야 할 것입니다.

IoT 데이터는 당분간 축적, 저장해 두는 것이 활용의 실마리가 되기 때문에 기본적으로는 데이터를 버리는 것이 허용되지 않습니다. 그 때문에 스토리지 비용 증가시 대처 방법이나, 보관 장소의 확보에 대해서는 운영 단계에서 확장을 예상하면서 신중하게 생각하고 대응해야 합니다.

🌐 파트너 기업 증가 시 우려 사항

IoT 시스템을 성공으로 이끄는 열쇠 중 하나는 다양한 기업과 협력하여 시스템을 구축하는 것입니다. 시스템의 운영이 시작되고 점점 발전함에 따라 참가하는 협력 기업도 늘어나는 것이 하나의 성공 조건이라고 할 수 있습니다.

단지, 관련 기업이 증가하면, 각각 반입하는 솔루션도 증가합니다. 운영 방법이나 관리 포인트도 달라집니다. 각사의 아키텍처도 다른 것이 많을 것입니다. 다음과 같은 우려와 문제를 생각해 볼 수 있습니다.

- 제품 및 서비스 기술 사양의 비통일
- 제품 및 서비스의 운영 및 유지 보수주기의 차이
- 운영 및 유지 보수에 관한 계약 사항의 비통일
- 보안 요구 조건과 사양의 비통일

- 운영 품질 수준의 차이
- 운영 정책, 관리주기, 관리 도구의 차이
- 연결점을 비롯한 보안 관리 포인트의 증가
- 책임 분계점의 증가에 따른 운영 역할 분담의 번잡화

솔루션마다 연결 포인트나 인터페이스가 다릅니다. 아키텍처도 다르므로, 운영 방침이나 관리 기법도 솔루션마다(혹은 업체마다) 다른 것일 확률이 높습니다. 따라서 다양한 기술을 결합하면 운영관리의 번잡함은 현실적이지 않은 수준에 이를 것입니다. 솔루션/업체/파트너마다 다른 운영관리방침이 아니라 공통규범을 정할 필요가 있습니다. 그 규칙은 지켜야 할 보안 포인트나 관리 사이클을 정의합니다. 이러한 규칙에 입각한 통합 모니터링 환경이 필요하게 됩니다.

다음 절에서는 이 절에서 설명한 바와 운영 과제를 해결하기 위한 포인트를 순서대로 설명합니다.

SECTION
6-2

IoT 시스템을 운영하는
포인트

🌐 시스템 운영을 생각할 때의 구분 정리

　앞 절에서는 IoT 시스템 운영의 우려 사항을 살펴보았습니다. 이러한 우려 사항에 대한 대책도 포함하여 운영관리를 해나가려면, 몇 가지로 영역을 나누어, 포인트를 고려하는 것이 중요합니다.

　그 영역은 **디바이스 운영관리, 네트워크 운영관리, 보안 운영관리, 데이터 운영관리, 애플리케이션 운영관리, 사용자 운영관리**입니다.

🔘 아키텍처를 통일하여 관리 영역을 구분한다.

　제일 핵심이 되는 것은 아키텍처를 통일하고, 운영 대상이 되는 시스템을 통합 또는 패턴화해 두는 것입니다. 시스템이 확대되어 관련된 기업이 늘어날수록 제각각의 아키텍처도 증가하게 되는데, 그것을 통합 아키텍처가 되도록 조정하는 것이 파편화되지 않는 가장 핵심입니다. 또한, 관리 모니터링해야 할 부분을 파악하고, 가능한 공통의 모니터링 도구에서 일원적으로 운영관리할 수 있도록 하는 것도 중요합니다.

　그럼, 각각의 운영관리 구분에 대해서 그 포인트를 정리해 보겠습니다.

🌐 디바이스와 네트워크 운영관리

계속 증가하는 디바이스에 대해서는 시스템 설계 초기 단계에서 로드맵을 그려 두는 것이 중요합니다. 예상 이상으로 확장하면 변경을 피할 수 없게 되지만, 어느 타이밍에, 어떤 디바이스를, 어느 정도의 대수를 도입하는지 나타내는 계획을 우선 세웁시다. 그리고 운영 초기에는 어느 정도 계획에 앞서 자원을 확보하거나 운영 부하를 준비합시다.

디바이스가 접속할 때의 인증을 지속해서 모니터링할 필요가 있습니다. 제7장에서도 언급하겠지만, 연결 승인되지 않은 디바이스도 쉽게 연결되는 네트워크 환경은, 악성 코드를 비롯한 다양한 보안 위협에 노출됩니다. 연결된 디바이스의 인증상태는 항상 모니터링해야 합니다.

또, 네트워크에 다수의 디바이스가 연결된다는 것은, 네트워크에 항상 연결되어 있을 필요가 있다는 것입니다. IoT 시스템은 다수의 디바이스가 비동기로 통신하는 경우가 많으므로 정점 시의 네트워크 부하를 예상한 자원 설계를 해야 합니다.

예를 들면, 디바이스를 아침에는 정상 가동하고, 저녁에는 절전모드로 바꾸는 운영 설계를 생각해 봅시다. 아침의 정해진 시간에 디바이스가 일제히 기동하기 때문에 네트워크나 접속 인증 서버로의 액세스가 단시간에 집중됩니다. 이때에도 정상 가동이 가능한 확장성을 확보해야 합니다.

또, 네트워크나 통신비용도 의식해야 합니다. 특히 3G나 LTE 등의 모바일 무선 네트워크를 활용하고 있는 경우에는, 사용 리소스나 통신량이 직접 통신비용으로 되돌아옵니다. 그 때문에 비용을 의식하고, 통신량에 대해 실시간으로 모니터링을 할 필요가 있습니다. 데이터가 집중되는 정점을 커트하는 프로그래머블한 운영도 효과적이라고 생각됩니다.

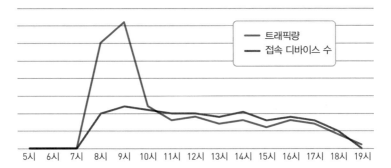

5시 6시 7시 8시 9시 10시 11시 12시 13시 14시 15시 16시 17시 18시 19시

트래픽량
접속 디바이스 수

🌐 디바이스가 일제히 시작할 때 통신량 데이터가 급증하는 예

🔍 보안 운영관리

디바이스가 네트워크를 통해 클라우드 환경으로 이어지는 IoT 시스템은 보안 관리 포인트가 여러 군데 존재합니다. 디바이스는 물론, 클라우드에도 관리 포인트가 존재합니다. 보안에 관한 자세한 내용은 제7장에서 설명하고 있습니다. 최근의 보안 사고의 원인으로는 다음과 같은 문제가 있습니다.

- IoT 게이트웨이나 관리용 http 서버에 기본적으로 설정된 관리자 권한 암호가 기본 값에서 변경되어 있지 않았다.
- 최신 보안 패치가 적용되지 않았다.
- 디바이스 펌웨어가 업데이트되지 않았다.

이 문제들은 오로지 사람의 실수이며, 일반적으로 있어서는 안 되는 것입니다. 기본 암호를 변경하는 것은 당연하며, 다음과 같은 보안 대책을 계획하는 것이 중요합니다. 이들은 이제 시스템 운영관리 필수 요구사항이라고 할 수 있습니다.

- 암호를 단순하지 않게 변경한다.
- 보안 패치를 주기적으로 갱신한다.
- 디바이스의 펌웨어를 정기적으로 갱신한다.

이를 시행해도 여전히 보안상의 위협에서 안전하지 않습니다. 위협이 발견되었을 때에 곧바로 대책을 실시할 수 있는 조직 체제나 규칙도 정비해 두어야 합니다.

🌐 데이터 운영관리

연결된 디바이스가 늘어날수록 수집할 수 있는 데이터양이 기하급수적으로 증가하기 때문에 쉽게 보관할 수 없습니다. 그렇다고 해도 수집한 데이터는 사용자가 활용하는데 최적인 형태로 축적·운영하지 않으면 안 됩니다. 데이터의 유형에 따라 실시간 활용이 요구되기도 합니다.

실시간 분석이나 스트리밍 분석 등을 하려면, 그 요구에 맞추어 보관이나 수집 방식도 크게 달리해야 합니다. 분석 전의 원시 데이터의 관리와 분석 후 2차 데이터의 운영관리를 엄밀한 규칙으로 관리해야 합니다. 그렇지 않으면 그 데이터에 연결된 저작권이나 소유권을 정리하지 못한 채 데이터를 취급해 버릴 수도 있습니다.

거래처 기업의 설비 기기에서 수집한 데이터의 경우, 분석 이전의 원시 데이터는 거래처 기업도 소유권을 주장할 가능성이 있습니다. 한편 가공·편집·분석 등을 갖춘 2차 데이터의 이용권은 가공·편집·분석한 기업이 주장할 수 있습니다. 이러한 권리를 명확히 하고 운영관리를 해야 합니다.

🌐 애플리케이션 운영관리

애플리케이션 수는 점점 증가해 갈 것입니다. 애플리케이션의 운영관리에 대한 자세한 것은 다음 절에서 설명합니다. 아무런 규칙도 없이 계속 증가시키는 것만은 피해야 합니다.

운영 시점에서 말할 수 있는 것은 가장 효율적으로 애플리케이션을 운영할 수 있도록 성능 관리와 모니터링을 해야 한다는 점입니다. 그런 의미에서 개별 애플리케이션에 고유의 요인을 최대한 배제하고 공통의 프레임워크에서 동작시키는 고민이 필요합니다. 그리고 관리 콘솔 등의 도구도 가능한 통일·공통화하는 것이 바람직할 것입니다.

또, 애플리케이션을 사용하는 사용자의 관점에서 생각하는 것도 중요합니다. 사용자가 각각의 애플리케이션에 로그인하기 위해 별도의 계정이나 비밀번호를 사용하는 것은 불편합니다. 통합 인증(Single Sign On) 등의 수단을 최대한 사용하여 공통으로 사용 가능한 환경을 운영 측면에서 정비하는 것이 필요합니다.

🌐 사용자 운영관리

IoT는 디바이스 운영관리에만 눈을 돌리기 쉽습니다. 그러나 다양한 애플리케이션이 증가하면 증가할수록, 그것을 사용하는 사용자의 수도 증가합니다. 또, 사용자 계정의 종류도 다양한 권한 설정으로 분류되는 등 늘어만 갑니다.

사용자 계정 부여나 액세스 제한 설정 등은 PC나 모바일 디바이스의 운영과 같이 복잡한 작업입니다. 관리의 관점에서 중요한 것은 어느 사용자가 어느 디바이스, 어느 데이터 소스, 어느 레이어의 센서 디바이스에 액세스 가능한지를 멀티 레이어로 봐야 한다는 것입니다.

사용자가 어느 영역까지 접근 가능한지에 대한 설정은 모든 사용자 관리 항목 중에서도 액세스 권한의 설정 등과 대등하게 중요한 것입니다. 영역의 설정으로는 예를 들면 다음과 같은 구분을 생각할 수 있습니다.

- IoT 게이트웨이 리소스에 액세스 가능
- IoT 게이트웨이 아래의 센서 디바이스 리소스까지 액세스 가능
- 상기 클라우드에 축적된 데이터 소스까지 액세스 가능

이러한 관리를 가능한 간단하게 부여·변경할 수 있는 체제를 구축하고 운영해야 합니다.

🌐 공통기반화하여 운용 부하를 경감

여기까지 설명한 바와 같이 IoT 시스템에는 다양한 운영 포인트가 있습니다. 그것들 모두를 제각각인 상태에서 운영관리하는 것은 매우 어려울 뿐만 아니라 불필요한 시간과 비용이 들 수 있습니다. 그래서 대책으로 유효한 것이 가능한 한 공통화해 나가는 것입니다. 디바이스 관리, 네트워크 관리, 보안 관리, 인증 관리, 권한 관리, 애플리케이션 플랫폼 관리 등을 가능한 공통기반 형태로 구현하는 것이 바람직합니다. 공통 기반화할 때에 채택한 기본적인 아키텍처는 나중에 구현되는 애플리케이션 등에도 그대로 따라 행합니다.

게다가 다른 업체 자원이나 솔루션을 통합한 환경에서 운영·모니터링할 수 있게 되기 때문에 이론적으로는 자원이나 공급업체를 넘은 일원적인 분석이 가능해집니다. 이것은 운영 개선을 의미하므로 여러 가지로 증가하기 쉬운 운영 부담을 중장기적으로 감소해 나갈 것으로 기대됩니다.

공통 기반화를 가속하는 것은 시스템 전체 운영관리의 관점에서 볼 때 매우 중요한 사항이 될 것입니다.

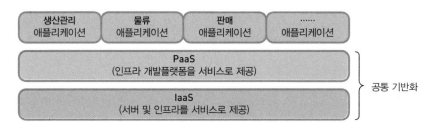

🏮 공통 기반의 이미지

증식하는 애플리케이션의
통폐합

🌐 이용에 따라 증가하는 애플리케이션

IoT 시스템은 수집·축적된 데이터를 시계열 통계 처리하거나, 외부 데이터와 조합하여 분석합니다. 그리고 그 결과를 현장에 피드백합니다. 혹은 그 결과를 사업의 미래 예측에 유용하게 사용합니다.

데이터 활용의 장소가 현장 등의 한정된 영역이었다 하더라도, 데이터를 시각화하여 효과가 명확해지면, 다양한 부서가 데이터를 활용하고 싶다고 생각하게 될 것입니다. 활용하는 부서가 많아지면, 사용자의 이용 용도는 다양해집니다. 이에 부응하기 위해서 애플리케이션을 충실하게 만들고 싶다고 생각하는 것은 자연스러운 흐름입니다.

실제로 설비 관리의 IoT 시스템을 운영하면, 활용의 장소가 넓어지는 것을 확인할 수 있습니다. 처음에는 설비의 가동 상황을 나타내는 센싱 데이터를 중심으로 한 운영 모니터링으로 충분합니다. 그러나 가동 상황이 시각화가 되면, 다음은 센서가 반응했을 때의 현장 상태를 감시 카메라로 확인하고 싶다는 요구가 나옵니다. 그러면 새롭게 영상 데이터가 추가되므로, 애초보다 애플리케이션은 복잡해지고 네트워크의 대역도 더 많이 필요하게 됩니다. 그러나 데이터의 응용범위가 넓어지고 있는 것은 틀림없는 사실입니다.

처음에는
인체 감지 센서에 의한
판정만

인체 감지 센서의 결과를
앱이 판정하고
어떤 상태인지 예측

인체 감지 센서가 반응했을 때
그 자리의 상황을 카메라에
촬영하고 관리자에게 송부

🎯 추가적인 인증 데이터도 응용 프로그램으로 추가

아시아권에서 볼 수 있는 반대 흐름

Column

이번 절에서는 센싱 데이터 중심의 IoT 시스템에 영상 데이터가 추가되어 간다는 흐름에 관해 설명했습니다. 그러나 중국이나 동남아시아 등 아시아권에서는 반대의 흐름을 볼 수 있습니다.

아시아권에서는 저렴한 감시 카메라가 많이 출시되어 있어서 Web 카메라 등의 감시 카메라를 이용한 모니터링부터 IoT를 시작할 수 있습니다. 이 경우 모니터링의 정밀도를 높이기 위해 센서 디바이스를 새롭게 설치해 나갈 수 있습니다.

🌐 애플리케이션의 공통부분을 APaaS화하는 연구

엔지니어는 애플리케이션 수가 늘어나면서, 공통으로 사용할 수 있는 애플리케이션 기능이 생각 외로 많다는 것을 깨닫게 될 것입니다. 공통으로 이용할 수 있는 기능을 정리한 것이 2.2절에서 소개한 'IoT 플랫폼'입니다. 여기서 주의해야 할 것은 IoT 플랫폼을 사용할 뿐만 아니라, 공통화하는 연구를 하는 것이 중요하다는 것입니다.

기반이나 인프라를 공통화하는 것에 대해서는 이미 언급했지만, 애플리케이션도 마찬가지입니다. 애플리케이션의 개발·구축을 위해서 공통화할 수 있는 기능은 가능한 한 라이브러리나 SDK에 정리합니다. 또한 APaaS(Application Platform as a

Service), 즉 공통 이용 가능한 백엔드 플랫폼으로 사내외에 공개합니다. 이렇게 함으로써 개발 효율이나 운영 효율이 향상됩니다.

SaaS
(소프트웨어를 서비스로 제공)

APaaS
(애플리케이션 개발플랫폼을 서비스로 제공)

PaaS
(인프라 개발플랫폼을 서비스로 제공)

IaaS
(서버와 인프라를 서비스로 제공)

APaaS의 이미지

기능의 공통화는 애플리케이션의 개발이나 운영관리를 하는 엔지니어에게만 혜택을 주는 것이 아닙니다. 애플리케이션을 이용하는 사용자에게도 장점이 있습니다. 인증이나 로그인 구조를 공통화하면 사용자는 몇 번이나 로그인하는 것에서 해방됩니다. 로그인용 포털 사이트를 만들어 두면, 거기에서 각각의 애플리케이션이나 서비스에 공통 ID로 로그인할 수 있게 될 것입니다. 데이터의 저장 영역도 공통화할 수 있습니다. 그렇게 하면, 공통의 항목을 애플리케이션마다 여러 번 입력하는 수고를 줄일 수 있습니다.

이처럼 다양한 기능을 IoT 시스템 전체적으로 공통화할 수 있는 설계를 하는 것이 중요합니다. 또 APaaS화하여 서비스를 제공하기 쉽게 하려는 고민도 필요합니다.

🌐 DevOps 운영의 요구사항 정의

시스템을 운영해 가면, 엔지니어나 사용자로부터 개선 요구나 추가 개발 요구사항이 올라오는 것이 많이 있습니다. 실제 제품의 경우에는 즉시 변경하기 어렵지만, 인터넷 서비스로 제공하고 있다면 신속하게 개선하여 반영할 수 있습니다.

이때 엔지니어에게 요구되는 것이 시스템을 운영하면서 동시에 개발을 계속하는 DevOps의 생각과 방법입니다. 운영을 통해 고객 만족도를 유지·향상하면서 동시에 서비스 개선이나 새로운 기능 출시를 하는 방법입니다. 나아가서는 애플리케이션의 통폐합이나 APaaS화도 실시할 수 있을 것으로 기대되고 있습니다.

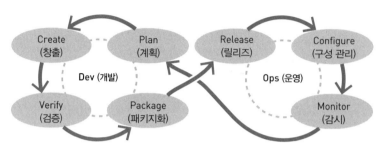

📁 DevOps의 개념도

일찍이 운영이란 안정적인 가동을 목표로 하는 것으로 여겨졌지만 그러한 시대는 종말을 고했습니다. 현재는 서비스의 개선을 통해서 얼마나 **사업이 되는 구조, 도움이 되는 시스템**이 되는지가 중요시되고 있습니다. 엔지니어에게도 비즈니스에 공헌하는 발상이 필요하게 되었으며, 이는 곧 엔지니어의 실력이 시험대에 오른다는 것을 의미합니다.

🌐 데이터 검증에 의한 데이터 경량화 연구

DevOps의 접근법은 애플리케이션이나 시스템의 공통화뿐만 아니라 데이터의 경량화로 시스템 최적화에도 이바지합니다.

대량 데이터의 분석 보고서를 지속해서 살펴보면, 효율성이 높은 데이터와 낮은 데이터가 있는 것을 알게 됩니다. 효율성이 높은 데이터란, 운영의 개선이나 피드백의 반영 등과의 강한 상관관계가 나타나는 데이터입니다. 이러한 데이터 소스를 특정할 수 있으면, 쓸데없이 대량의 데이터를 수집할 필요성이 없어집니다.

GE의 항공기 엔진이 지닌 센서 수는 300개가 넘는데, 모든 센서의 데이터를 대상으로 다양한 분석을 하고 있었다고 합니다. 하지만 현재는 각 데이터의 유효성이 검증되어, 10분의 1 이하의 센서 데이터를 주로 활용하고 있다고 합니다. 다만, 다른 센서가 전혀 불필요한 것은 아닙니다. 목적마다 유효한 센서 데이터가 다르기 마련입니다. 유효한 데이터를 특정하면, 특정 센서 데이터의 인과관계·상관관계의 데이터 모니터링과 분석만으로도 예측 정도를 충분히 높일 수 있습니다.

센서 데이터의 선별뿐만 아니라, 데이터 로깅 주기도 검증할 만한 과제입니다. 처음에는 실시간으로 로깅하고, 모든 데이터를 검증할 것입니다. 데이터가 안정적으로 수집되기 시작했을 때, 로깅의 사이클을 10초에 1회, 1분에 1회 주기로 감소시키는 것이 좋습니다. 데이터 볼륨이 부담되면 로깅 사이클의 절감으로 데이터 경량화할 수 있습니다. 실제로 모든 데이터를 실시간으로 계속 감시해야 하는 영역은 매우 고도의 실시간 제어 감시 등에 한정되어 있습니다.

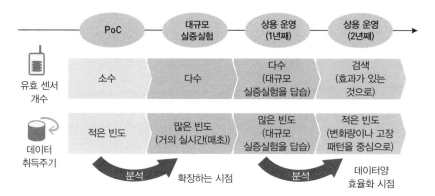

● 운영 단계에서의 데이터 경량화 사례

PoC 이후 'IoT 어둠의 터널'

많은 기업에서 IoT에 뛰어들 때, 우선은 PoC를 통해 적은 예산으로 시작하고 있습니다. 그 후, 본격적인 운영을 하기 위해서 기술적인 추가 검증을 합니다.

IoT의 목적을 명확히 하지 못한 기업은 이 본격적인 운영의 단계에서 사업 계획을 적절히 시행하지 못하여, 예산화가 진행되지 않는 경우가 많습니다. 사업 계획을 만들지 못한 채 6개월 이상의 검토 지연이 발생하는 일도 자주 일어납니다. 그래서 필자는 이 단계를 IoT 어둠의 터널이라고 부릅니다.

이 문제를 해결하려면 조기부터 다른 부문을 끌어들여, 주된 목적이나 대략적인 비즈니스 모델과 사업의 효과 추정을 시행해, 사업화를 겨냥한 PoC를 실시해야 합니다.

PoC(실증실험)의 실시
(예산: 수백~수천만 원)

평가 및 사업 계획 수립
(예산: 제로)

전사 프로젝트화
(예산: 수천만~수억 원)

PoC

PoC 이후의
IoT 어둠의 터널

🎖 PoC와 본격 운영 사이에 있는 'IoT 어둠의 터널'

전지나 센서 기기의
교체에 관한 문제

🌐 현장에 설치한 디바이스의 운영 관리

　현장에 설치한 디바이스의 수가 많아질수록, 설치장소의 확보나 가동상태의 파악이 어려워집니다. 디바이스의 운영 관리는 다음 사항에 주의해야 합니다.

- 전지로 가동하는 비컨 디바이스 등은 정기적으로 전지 교체가 필요하다.
- 모니터링 대상의 설비 기기에 비해 센서 디바이스의 내구성이 낮다.
- 데이터가 끊긴 원인이 통신의 두절인지, 디바이스의 고장인지를 파악하기 위한 정기적인 관리가 필요하다.
- 거리가 먼 현장에 설치한 디바이스를 누가 유지 보수 관리할 것인가를 정하는 업무 분담 규칙이 필요하다.
- 설치한 디바이스의 위치를 지속 파악하기 위해 위치 관리가 필요하다.

🌐 전지 교체의 필요성

　현장에 설치된 디바이스의 상당수는 전원에 접속된 상태로 가동합니다. 하지만 미약 전파를 발신하는 비컨 디바이스 등 전지 구동의 센서 디바이스도 많이 설치하는 추세입니다.

　전지 구동의 디바이스는 당연하게도 전지 교환이 필요합니다. 그러나 다양한 장소에 설치된 디바이스의 전지 교환은 디바이스의 수가 증가하면 증가할수록 어려위집니다. 따라서 다음과 같은 대책이 필요하게 됩니다.

- GPS와 연결된 액세스 포인트를 이용하여 위치 정보를 파악한다.
- 전지 제한 시간을 파악하여, 여유를 가진 교환 시기를 판단한다.

빌딩의 건설 현장에서는 건설 도중 데이터 취득에 활용한 비컨을 그대로 기둥의 콘크리트 안에 넣어 버리는 일도 있다고 합니다. 전지가 다 된 비컨은 그대로 두고 새로운 비컨을 설치하겠다는 생각입니다. 건설 현장에서는 어디에 설치했는지 알 수 없게 될 가능성이 커서 설치한 모든 비컨의 전지를 교환하는 것이 어려워지는 경우가 있기 때문입니다. 자산으로 계산할 필요가 없는 저렴한 디바이스라면, 운영 비용으로 문제없는 범위에서 일회용으로 사용할 수 있습니다. 새로운 디바이스를 투입 설치하는 것도 운영관리의 복잡성을 회피하는 방법이 됩니다.

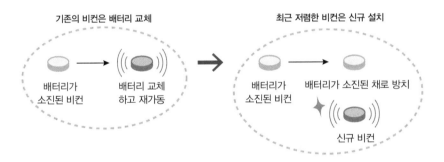

● 최근 저렴한 비컨 제품은 전지 교환 없이 신규 설치하는 방법도 있습니다.

🌐 장비의 수명주기가 다른 번잡함

설비 기기에 집어넣은 센서 디바이스는 설비 기기와 비교하면 수명주기가 짧아 설비 기기의 교체 시기보다 빠른 타이밍에 교환이 필요합니다. 즉, 설비 기기의 유지 보수주기와 더불어 디바이스의 유지 보수가 발생한다는 것입니다. 설비 기기의 유지 보수 시기를 감지하기 위해서 설치한 디바이스에, 다시금 새로운 유지 보수가 발생한다는 것은 일의 처음과 나중이 바뀌는 것과 같습니다.

예를 들면, 진동을 감지하는 센서는 항상 모터의 진동에 노출되기 때문에 교환 시기가 모터보다 빨라지기 쉽습니다. 온습도를 감지하는 센서도 설치 환경에 따라서는 감지 정밀도가 떨어질 수 있습니다.

최근 센서의 정확도가 높아지고는 있지만, 10년 이상 가동하는 설비 기기의 수명주기에 알맞은 내구성을 갖추진 못했습니다. 이것이 문제입니다. 현시점에서 이 문제를 해결하는 것은 어려우므로 우선은 감시하는 설비 기기의 성능에 적합한 센서 기기를 내구성이나 보증기간까지 고려하여 선정하는 것입니다.

🌐 디바이스의 원격 관리 필요성

시스템을 장기간 운영하다 보면 데이터 취득에 어려움이 생기거나, 센서가 반응해야 할 때 반응하지 않는 문제가 발생합니다. 이러한 문제를 명시적으로 감지할 수 있는 시스템을 구축해야 하지만, 완전한 구조를 만드는 것은 매우 어렵습니다.

실제의 IoT 시스템은 많은 경우 아무것도 일어나지 않았을 때는 어떠한 반응도 반복하지 않도록 합니다. 전지의 소모를 억제하거나 데이터를 경량화하려는 조치입니다. 하지만 아무 일도 일어나지 않아 반응이 없는 건지, 아니면 디바이스의 문제 때문에 반응이 없는 건지 판단할 수 없습니다.

이때 요구되는 것이 **디바이스의 원격 관리**입니다. 원격 관리는 디바이스 상태를 정기적으로 조사하는 원격 감시 방법입니다. 디바이스가 잘 가동하는가, 문제가 있는가를 정기적으로 점검하는 것입니다. 네트워크 관리에서 말하는 'ping 보내기'와 같은 방법입니다.

원격 관리는 다음의 순서로 조사를 진행합니다.

❶ 네트워크가 연결되어 있는가?
❷ IoT 게이트웨이가 가동되고 있는가?
❸ IoT 게이트웨이에 연결된 디바이스가 가동되고 있는가?

통신에 어떠한 문제가 생겼을 때는 이 순서로 차례차례 확인하여 문제가 발생한 위치가 어디인지를 파악합니다. 이러한 문제 해결 방법은 인터넷의 서비스나 서버를 운영해 오신 분에게는 친숙할 것입니다. 그러나 디바이스 개발을 중심으로 작업해 온 분에게는 다소 생소할 수 있습니다.

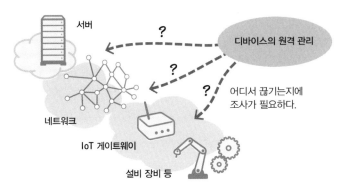

● 디바이스의 원격 관리

🌐 누가 유지 보수를 할 것인가?

현장 운영자의 IT 활용 능력이 부족하면, 문제에 대한 대응 방법을 모를 수 있습니다. 이에 설치 통합 시 문의가 들어오는 경우도 종종 있습니다. 통합의 위치가 현장에서 멀리 떨어져 있는 경우, 수리나 조정의 유지 보수를 위해서 큰 이동 비용이 소요됩니다.

디바이스의 원격 관리를 원격 감시로 시행하는 것은 당연하지만, 현장에 가서 대처해야 할 상황도 있을 수 있습니다. 그 때문에 실제의 보수 운영은 현장 가까이 있는 현지 기업에 맡기는 것이 일반적입니다. 그러면 저렴한 비용으로 신속히 보수 작업을 할 수 있습니다.

보수는 시스템 설계 단계에서 비즈니스 모델도 포함해 검토하는 것이 중요합니다. 디바이스의 육안 조정이나 부품 교환은 현지 기업에 맡기는 운영 규칙이나 역할 분담을, 설계 단계로부터 결정해 두는 것입니다. 외부용역 등의 수단도 포함해, 종합적으로 운영 업무를 검토하도록 유의하십시오.

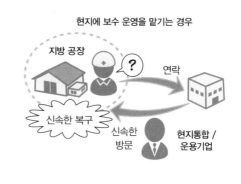

현지에 보수 운영 숙지자가 없는 경우

지방 공장

?

연락

현장 달려감

도쿄의 통합

현지에 보수 운영을 맡기는 경우

지방 공장

?

연락

신속한 복구

신속한
방문

현지통합 /
운용기업

🌐 현지에서의 유지 보수 체제의 필요성

설치 환경을 배려한 운영

IoT 시스템은 설치 환경에도 배려가 필요합니다. 설치 환경에 대해 구체적으로 살펴보겠습니다.

🌐 방적·방진 대책이 있어야 하는 야외 운영

물방울이 떨어지는 고습도의 환경이나, 나뭇조각이나 모래 등의 분진이 흩날리는 환경에 있는 설비 기기의 모니터링을 위해 IoT 시스템을 구축하려는 경우가 있습니다. 이럴 때는 IoT 게이트웨이 등의 중계기기는 방적·방진 사양의 케이스에 넣어 설치해야 합니다.

🔘 방적형 케이스로 운영하는 세라쿠 '미도리 클라우드'의 '미도리 박스 2'

농업 분야 IoT에서는 논에 직접 센서를 배치해 농지의 건조 상태, 습도, 수온 등을 측정할 수 있습니다. 이 경우 게이트웨이나 센서의 전처리 모듈은 방적형 케이스에 넣어야 합니다. 게다가 한밤중에는 기온이 내려가고, 낮에는 오르기 때문에, 케이스 내부에서 결로가 생길 수도 있습니다. 추가로 결로를 방지하는 대책도 필요합니다. 때에 따라서는 게이트웨이나 센서를 연결하는 보드 컴퓨터 자체도 방적형으로 가공해야 합니다. 현재 방적형이나 분진대응형 케이스도 시판되고 있습니다.

야외에 설치된 디바이스는 실내 환경으로 설치한 경우보다 열화가 심하므로 정기적인 유지 보수가 더 빈번히 요구됩니다. 시스템을 설계할 때 순찰 등의 점검주기를 규정해 두는 것이 중요합니다.

🌐 고온 다습 환경에 설치하는 디바이스의 사양 선정

방적이나 분진 외에 자주 있는 요구는 고온 다습한 환경에서의 설치입니다. 예를 들어 농업 IoT에서 비닐하우스 내의 온습도 관리를 하는 경우가 있습니다. 비닐하우스 안은 다습하므로 당연히 방적형 케이스를 채용합니다. 그리고 온도 내구성이 있는 센서나 게이트웨이를 이용해야 합니다. 열로 폭주해 버리는 등의 문제가 발생하기 때문입니다.

설치 후에도 실제의 온도·습도가 애초 예상한 규정의 범위에 들어가 있는지를 정기적으로 검증해야 합니다. 환경 조건이 예상을 벗어났을 때는 보온재로 완화하는 등의 대책이 필요합니다. 옥외 설치와 마찬가지로 고온 다습 환경도 기기의 부품 등에 대한 요구 사양이 엄격해집니다. 환경 조건을 잘 평가한 다음, 적절한 디바이스를 선택하세요.

참고로 완벽을 추구하는 것이 반드시 최선이 아닐 때가 있습니다. 그렇게까지 할 필요가 없는 때도 있기 때문입니다. 그런데도 자동차 부품에 이용하는 중장비 사양의 부품이나 모듈을 사용해 디바이스를 조립하면, 필요 이상으로 비용이 많이 들어 가격 경쟁력이 떨어져 비즈니스가 성립되지 않습니다.

📡 통신이 안정되지 않은 환경에서의 운영

통신이 안정되지 않아 노이즈가 많은 현장도 상당히 고민스러운 설치 환경입니다. 필자가 관여한 프로젝트에도 노이즈에 시달렸던 사례가 있습니다. 공장 내 모바일 통신이 목적이었는데, 전자 노이즈 때문에 게이트웨이가 오동작을 일으켜 통신이 자주 끊어졌습니다.

와이파이(무선 LAN)는 편리성이 높아 자주 사용되지만, 복사 노이즈가 빈번히 발생하는 공장에서는 실질적으로 사용할 수 없는 때가 많습니다. 이럴 때는 유선 네트워크를 사용합니다. 또는 2.4절에서 소개한 Dust Networks 같은 잡음에 강하고 중복을 보장하는 그물형 네트워크를 사용합니다.

와이파이는 다수의 신호와 2.4GHz 대역의 전파를 사용하는 기기와 함께 사용하면, 간섭을 일으켜 혼신이 발생하기도 합니다. 우후루에서도 수백 개의 비컨이 와이파이 통신 품질을 저해하는 현상으로 문제를 겪었습니다. 와이파이를 5GHz 대역으로 이동하는 것으로 해소했지만, 와이파이와 다수의 신호를 함께 사용하는 경우에는 주의가 필요합니다.

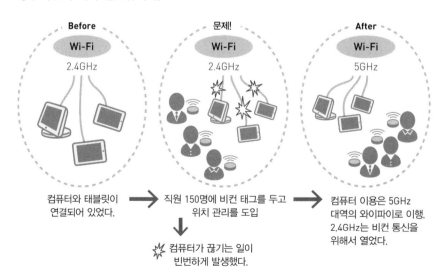

🌐 Wi-Fi와 비컨의 간섭 대책

처음에 문제가 없다고 안심할 수 없습니다. 디바이스의 수가 증가하면 혼선 등의 문제가 발생할 수 있기 때문입니다. 환경 요인, 다른 통신 규격의 디바이스, 전파 상황 등을 충분히 감시할 필요가 있습니다. 네트워크 연결방법, IoT 게이트웨이의 설치장소 등을 고려하여 아키텍처를 설계하고, 운영할 때에도 변경할 수 있도록 해두는 것이 중요합니다.

🌐 전원을 구하기 어려운 환경에서의 운영

IoT 시스템은 광대한 야외 현장에서 운영되기도 합니다. 이때 문제가 되는 것은 게이트웨이나 센서 디바이스에 전원을 공급하기 어렵다는 점입니다.

최근에는 태양열 발전 설비를 준비해 전력을 조달하는 방법을 채택하고 있습니다. 예를 들면, 동작에 어느 정도 전력이 필요한 보드 컴퓨터인 라즈베리 파이를 태양광 발전으로 야외 가동하는 키트가 있습니다.

🌐 태양광 발전으로 동작시키는 메카트럭스의 라즈베리 파이 야외 가동 키트(Pi-field)

또한, 독일의 EnOcean GmbH가 개발한 EnOcean(엔오션)이라고 하는 무선통신 규격이 있습니다. 이것은 빛, 온도, 진동 등에서 미약한 에너지를 모아 전력으로 변환해 동작시키는 것입니다. 이 기술을 사용하면 전원이 실질적으로 불필요한 센서 디바이스(혹은 스위치)를 설치하는 것이 가능합니다. 다만, 전파는 비교적 근거리밖에 도달하지 않습니다. 혹은 전용의 리시버를 사용해야 합니다. 만족할 만큼은 아니지만, 어쩔 수 없이 전원이 꺼지지 않는 환경을 구현하기 위해서는 이러한 규격의 디바이스를 사용하는 것도 대안이 될 것입니다.

⚙ EnOcean 표준을 이용한 옵텍스의 스위치 디바이스(와이어리스·로커스위치)

🌐 라즈베리 파이 등 간단한 솔루션의 강화 필요성

라즈베리 파이는 저렴한데도 높은 성능을 발휘합니다. 게다가 인터페이스, 서드파티 장비, 개발 보드, 대응 센서 등이 풍부하여 이것만으로도 충분한 소형 서버가 되는 뛰어난 제품입니다. 실내에 한정된 소규모 운영이라면, 라즈베리 파이 기반 시스템으로 본 가동을 할 수도 있습니다.

그러나 대규모 시스템의 확장이 예상되는 경우나 옥외 등 환경 변화가 심한 장소에서의 운영이 예상되는 경우에는 라즈베리 파이에도 역시 변화를 주어야 합니다. 방적 케이스가 필요하게 되거나 고온 다습한 환경에서의 동작 보증이 필요하게 되는 등 설치 단계에서의 준비 작업이 복잡합니다. 이런 상황이라면 라즈베리 파이의 경제적인 장점이 사라져 버립니다.

라즈베리 파이에는 방적 케이스는 물론, 태양광 발전 키트까지 판매되고 있습니다. 그 때문에, 다양한 환경에 설치하는 데는 지장이 없을 것입니다. 그렇지만 초기의 구현 비용 및 운영 단계의 유지 보수비용을 충분히 고려하여 전용의 게이트웨이 등을 검토할 필요성이 있습니다.

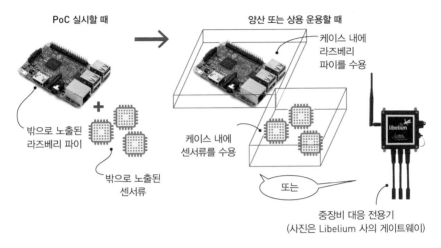

PoC 실시할 때 → **양산 또는 상용 운용할 때**

케이스 내에 라즈베리 파이를 수용

밖으로 노출된 라즈베리 파이

케이스 내에 센서류를 수용

밖으로 노출된 센서류

또는

중장비 대응 전용기
(사진은 Libelium 사의 게이트웨이)

🔘 보드컴퓨터 라즈베리 파이를 프로덕션에 맞추어 확장

🌐 IoT 시스템 운영의 정리

　IoT 시스템은 다양한 현장에 많은 디바이스를 설치합니다. 그리고 그 환경의 대부분은 고온, 다습, 분진, 전자파 등의 가혹한 장소입니다. 디바이스의 수, 애플리케이션의 수, 관리 포인트, 모든 것들이 점차 많아지는데, 추가적인 비용은 크게 들일 수 없습니다. 이때는 애플리케이션 플랫폼을 구축하거나 아키텍처를 공통화하는 것으로 효율적인 운영관리를 할 수 있는 환경을 조성해야 합니다.

　배터리 관리, 설치 디바이스의 물리적인 유지관리, 전원의 확보, 노이즈 환경에 대한 대책 등 걱정스러운 문제들이 존재합니다. 운영 단계에서는 이러한 과제를 착실하게 해결해 가면서 노하우를 축적해, 센서 수나 데이터 취득 빈도를 최적화해 나갈 필요가 있습니다. 시도와 에러(Try & Error)를 반복하는 충실한 작업은 IoT 시스템 운영관리에 필수 과정입니다.

CHAPTER

7

종합적인 대응이
요구되는
IoT 안전성

급증하는 IoT 디바이스의 보안 사고

🌐 IoT 보안 대책의 어려움

인터넷에서는 다양한 보안 사건·사고가 발생하고 있습니다. 스마트폰이나 PC를 향한 바이러스나, 서버 부정 액세스 등 인터넷에 연결된 기기는 항상 위험에 노출되어 있습니다. IoT 시스템 디바이스도 예외는 아닙니다. 접속하는 디바이스 수가 많아 섬세한 관리가 어려운 IoT에서 무척 성가신 문제입니다.

🌐 Mirai 봇넷에 의한 DDoS 공격

2016년 악성 코드 Mirai에 의해 **DDoS 공격**(Distributed Denial of Service attack)이 발생했습니다. DDoS 공격은 제삼자의 디바이스에 공격용 프로그램을 설치하고, 자신이 표적으로 하는 디바이스(서버)에 대량의 패킷 데이터(요청)를 계속 보내는 것입니다. 표적으로 하는 서버에 큰 부하를 걸어 기능을 마비시킵니다.

다수의 디바이스가 감염되어, 1초에 3.5~5만 번의 공격을 계속하는 Mirai가 기승을 부릴 수 있던 것은 네트워크 접속 기능을 갖춘 라우터와 25,000대 이상의 방범 카메라 때문이었습니다. 즉, 네트워크 연결 기능을 갖추고 있는 IoT 디바이스의 취약성을 악용한 사건이었습니다.

Mirai를 설명해 보겠습니다. 임의의 IP 주소에 액세스하여 감염할 수 있는 디바이스를 찾아낸 후 악성 프로그램을 설치합니다. 이때 디바이스에 악성 프로그램을 다운로드 시키려면, 디바이스에 로그인을 해야만 합니다. 로그인은 '사전 공격'을 통해 해결합니다. 일반적인 ID와 암호 조합을 시도함으로써 계정 정보를 알아내는 것입니다. 독자분들도 디바이스의 초기 설정 시에 ID나 패스워드를 'admin'이라고 설정된 기기를 사용한 적은 없나요? 그밖에도 'root', 'guest' 같은 ID나 'pass', '12345'라는 비밀번호로 초기 설정된 기기들이 많습니다. 사전 공격은 이러한 예상하기 쉬운 ID와 패스워드의 조합을 노립니다.

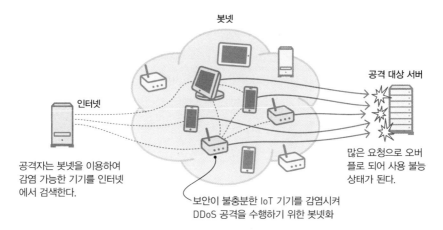

봇넷

공격 대상 서버

인터넷

공격자는 봇넷을 이용하여 감염 가능한 기기를 인터넷에서 검색한다.

많은 요청으로 오버플로 되어 사용 불능 상태가 된다.

보안이 불충분한 IoT 기기를 감염시켜 DDoS 공격을 수행하기 위한 봇넷화

● Mirai의 IoT 디바이스를 이용한 공격

🌐 병원시스템 랜섬웨어 감염을 통한 몸값 요구

2016년의 미국 로스앤젤레스에 있는 병원 'Hollywood Presbyterian Medical Center(HPMC)이 바이러스 감염을 당했습니다. 원내의 PC가 바이러스에 감염되어, 전자 진료기록 카드 등의 시스템이 정지되어 진찰에 영향을 미쳤습니다. 시스템을 정상으로 되돌리기 위해 바이러스 배포자에게 값을 지급하여 시스템을 복구한 사건입니다.

병원 측은 실제 진료에 영향은 없다고 하지만, 이러한 사태는 어디든 바이러스가 침투할 수 있다는 경각심을 불러 일으킵니다. 또, 병원이 공격받았다는 것은 네트워크에 접속된 IoT 의료 기기가 점령될지도 모른다는 것을 의미하므로, 이 사건은 인명과 관련된 중대한 사건이었다고 말할 수 있습니다.

🌐 자율주행차량이 납치되는 위험

다른 관점에서도 보안 피해에 대해 생각해 봅시다. 3.3절에서 설명한 것처럼 자율주행차량은 앞으로가 기대되는 분야입니다. 차량의 인터넷 접속은 이미 실용화되고 있습니다. 위치 정보 등 여러 가지 데이터를 서버에 송신하기 위해서 인터넷 연결은 필수이기 때문입니다.

그러나 자동차라는 쇳덩어리가 인터넷을 통해 공격자에게 납치될 경우의 인명과 관련된 위험성이 우려되고 있습니다. 더구나 현재의 차에 탑재된 차내 네트워크 표준인 'CAN(Controller Area Network)'은 나온지 30년도 넘은 것으로 IoT 시대를 고려해서 만들어진 것이 아닙니다. 그 때문에 외부로부터의 공격에 대해서 취약점이 있는 것으로 알려져 있습니다.

현 단계에서는 자율주행차량을 포함한 차량의 바이러스 감염이나 해킹은 보고되지 않았습니다. 그러나 네트워크를 횡단하는 IoT의 특성뿐만 아니라 자율주행과 같이 무엇인가를 자동으로 제어하는 IoT 구조에서는 제어 시스템을 점령당할 조그만 가능성도 경계해야 합니다. 인터넷에 연결하는 한 완전한 보안 대책은 어렵지만, 안전하게 운용해 나가는 노력을 계속해야 합니다.

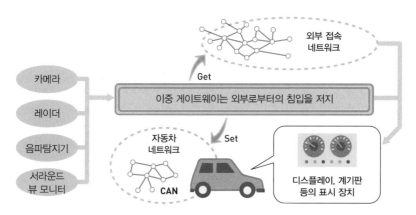

🌐 자동차 보안 대책의 예

출처: 인텔 정책·사업 개발 디렉터 겸 나고야대학 객원 준교수 노베 츠구오 '자동차 IoT(Vehicle IoT) 커넥티드 카, 인공 지능, 자동운전의 관계와 보안' (https://digitalforensic.jp/wp-content/uploads/2017/02/community-13-2016-07nobe-1.pdf)를 수정 인용

🌐 폐쇄적인 환경에서도 표적이 될 가능성이 있다

엣지 컴퓨팅은 디바이스 개별로 인터넷에 연결하는 것이 아니라 IoT 게이트웨이를 통해 통신하는 방법도 있습니다. 단, 인터넷에 접속하지 않아도 보안은 항상 염두에 둬야 합니다. 로컬에서 보안 사고가 발생할 가능성도 있기 때문입니다.

극단적인 예는 2009년부터 2010년까지 이란 국내의 핵연료 시설에서 벌어진 사고가 있습니다. PC에 감염된 바이러스가 우라늄 농축용 원심분리기를 파괴하는 물리적 손해를 일으킨 사건입니다. 이 바이러스의 이름은 'Stuxnet'입니다.

Stuxnet은 엔지니어나 유지보수 사업자가 사용하는 USB 메모리를 통해 취약성·취약점이 해결되지 않은 윈도 컴퓨터를 감염시킵니다. 이후 'SCADA(Supervisory Control And Data Acquisition)' 시스템을 감염시킵니다. SCADA는 IoT 시스템에서 자주 이용되고 있는 시스템 모니터링 및 프로세스 제어를 하는 시스템입니다. 감염된 SCADA가 주파수 변환장치를 제어하고 있던 PLC(Programmable Logic Controller)를 부정 조작하여, 원심분리기를 이상 회전시켜, 과부하 상태로 만들어 파괴했습니다.

이 사례의 원인은 운영체제의 취약점이 방치되어 있었고, USB 메모리 등의 검사가 불충분했기 때문입니다. 이처럼 외부의 인터넷에 접속되지 않은, 내부 네트워크만으로 가동하는 디바이스여도 다양한 기기가 연결되는 시대에는 운용 관리를 게을리하면 사고로 연결됩니다.

병원 시스템이나 자율주행차량에 대해서는 아직 실제 피해가 나타나지 않았지만, 핵연료 시설이라는 매우 위험성이 높은 시설의 제어가 실제로 불가능해진 Stuxnet 사건을 통해 보안 대책이 시급하다는 것은 명백해졌습니다. 특히 자동제어를 담당하는 IoT 기기의 경우는 인명에 관련된 것이 많으므로 보안 대책의 중요성은 더욱 높아집니다.

요구되는 종합적인 보안

🌐 IoT의 정보보안이란

보안 사고를 소개하면서 보안 대책의 중요성을 설명했습니다. 이번에는 특히 IoT 환경에서 지켜야 할 보안이 무엇인가에 대해 살펴보겠습니다.

일반적으로 정보보안이란 기밀성(Confidentiality), 무결성(Integrity), 가용성 (Availability)의 3가지를 말합니다. IoT에서는 이 세 가지 이외에 안전성(Safety)과 개인 정보 보호(Privacy)라는 두 가지가 더 필요합니다.

기본적인 보안 요소

기밀성	무결성	가용성
그 정보에 접근할 수 있는 사람만이 접근할 수 있는 것	적절한 권한을 부여받은 사람 이외의 정보가 수정·삭제되지 않는 것	필요할 때 적절한 사람이 정보를 확실히 이용할 수 있는 것

IoT에서 더 필요한 보안 요소

안전성	개인정보 보호
연결된 사물에 적절한 동작을 확보하는 것	적절한 사람과 목적에만 데이터 참조가 제한된 것

🌐 IoT에서 정보보안이란

앞 절에서 소개한 핵연료 시설의 우라늄 농축용 원심분리기를 파괴한 Stuxnet의 사례나, 병원 시스템의 바이러스 감염의 사례로부터 알 수 있듯이 IoT 환경에서는 자동제어나 원격 제어가 올바르게 행해지고 있어야 합니다. 적절한 안전성을 확보하는 것이 요구됩니다.

다양한 데이터를 취득하는 IoT 시스템은 개인정보와 밀접하게 관련이 있습니다. 예를 들어 다음과 같은 데이터는 개인정보가 될 수 있습니다.

- 스마트폰과 내비게이션의 GPS 위치 정보와 이동 정보
- 감시 카메라에 의한 영상
- 감시 카메라에 설치된 마이크를 통한 음성 정보

우리는 일상생활 중에 데이터를 공급하고 있다고 생각하지 못합니다. 그런데도 다양한 데이터가 생성되어 축적되고 있습니다. 그러한 데이터는 해석이나 의미를 부여하는 것에 따라서 보호해야 할 개인정보가 될 수 있습니다.

🌐 개인정보 데이터에 대한 대처

웹의 액세스 로그(Access Log) 데이터처럼 지켜야 할 데이터라고 알고 있으면, 데이터가 발생하는 포인트와 유출되는 포인트를 인지해 두는 것만으로도 기본적인 정보는 지킬 수 있습니다. 그러나 IoT에서는 데이터 자체가 어떠한 의미를 지녔는지 알기 어렵다는 점이 보안을 복잡하게 하고 있습니다.

가정에서 사용하는 에너지를 관리하는 시스템 'HEMS(Home Energy Management System)'는 주택의 전기설비나 가스 등의 사용량을 시각화할 수 있습니다. 이 시스템에서는 아마도 일반 정보보안의 관점에서 데이터의 암호화나 접근통제 등의 대책이 실시되고 있을 것입니다. 구체적인 예로는 '거실의 전기 기구가 사용되었다.', '침실의 조명이 꺼졌다.'와 같은 무선 통지를 전송하는 **고령자 지킴 모니터링 시스템**을 들 수 있습니다. 이 시스템에서도 역시 일반적인 정보보안의 관점에서 송신 데이터의 암호화 등이 이루어지고 있을 것입니다.

그러나 관점을 바꾸면, 그 데이터가 발생하는 것 자체에 의미가 있습니다. 데이터의 내용이 보이지 않아도, 취침 시간, 기상 시간, 거실에서 텔레비전을 보고 있는 시간 등 생활 방식이 보이는 것입니다. 이러한 문제가 염려되는 시스템에서는 이벤트가 발생한 시점 이외에도 더미 데이터의 전송 이벤트를 일부러 발생시키는 등 시스템상의 연구가 필요하게 됩니다.

이처럼 IoT 시스템의 데이터에 대해서는 다양한 시점에서 개인정보의 보호가 이루어져야 합니다.

🔍 표적이 되기 쉬운 IoT 기기 및 다양한 보안 포인트

IoT 시스템 보안 대책의 특징은 미래의 확장을 대비해 어떠한 대책을 취하면 좋을지 알기 어렵다는 것입니다. 시스템이 점점 확장하면서 관리 범위가 변동하는 것도 어려움의 한 요인입니다.

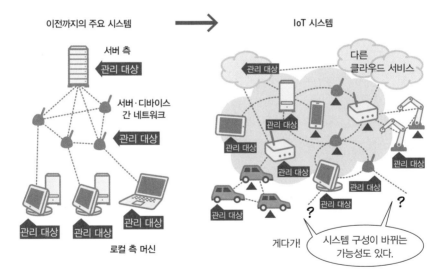

● 기존 시스템과 IoT 시스템의 보안 포인트 차이
IoT 시스템은 디바이스의 규격이나 관리자가 제각각이다. 야외나 원격지에 많은 디바이스가 설치되어 있다.

또, IoT는 다양한 기기가 서로 연결되어 있으므로 Mirai와 같이 자기 증식하는 바이러스의 감염이 퍼지기 쉽습니다. 디바이스의 증가를 역이용하여 감염이 급속히 퍼질 위험성이 있습니다.

기존의 시스템에서는 그 위험성이 미치는 범위는 서버와 로컬에 각각의 특정 기기와 그것들을 묶는 통신뿐이었습니다. 즉, 제어하는 범위를 명확하게 해 관리할 수 있었습니다. 그러나 IoT는 서버와 로컬에 있는 불특정 기기와 그것들을 연결하는 통신 부분 이외의 로컬 디바이스 간의 통신에도 배려가 필요합니다.

이 그림에서 알 수 있듯이 IoT의 보안은 클라우드의 애플리케이션, 클라우드와 디바이스를 연결하는 통신, 디바이스 간의 통신, 말단의 기기 등 다방면에 이릅니다. 각각의 디바이스가 연결되어 있으므로 시스템 하나가 감염되면 그 기기에 접속되고 있는 서버, 게이트웨이, 디바이스가 순식간에 감염될 가능성이 있습니다. 또한, 디바이스가 서로 연결된 것은 보안 사고가 일어났을 때, 원인 규명이나 그 영향 범위의 특정이 지연되는 원인이 되기도 합니다.

🌐 원격에 의한 디바이스의 보안 대책

디바이스의 소프트웨어에서 취약성이 발견되는 일은 드물지 않습니다. 디바이스의 수가 방대한 경우, 설치 현장에 실제로 발을 옮겨가면서 하나씩 보안을 패치하는 것은 너무 어렵습니다. 시간이 너무 오래 걸리고, 현실적이지 않기 때문입니다. 거기서 필요한 것이 OTA(Over The Air update)라고 불리는 기술입니다. 디바이스 내장 프로그램의 업데이트를 무선으로 원격 조작하는 기능으로, 현재의 IoT에서는 표준적인 장비입니다.

또한, 기기의 도난, 바꿔치기, 복제와 같은 위험에도 대처할 필요가 있습니다. 도난 대책으로서는 디바이스의 상태나 로그를 리모트로 확인해, 정상적으로 동작하고 있는지를 점검합니다. 교체나 복제의 대책으로서는 인증 정보의 보호가 중요합니다.

IoT 디바이스를 중심으로 파악했을 때의 보안 대책

🌐 로그인 인증의 적절한 운용

IoT 보안의 중요성과 시스템 특징을 고려하여 어떤 대책을 실시하면 좋을까요? 엣지의 센서를 연결하는 디바이스, 라우터, 게이트웨이 등의 대책을 살펴봅시다.

IoT 시스템에서도 ID와 패스워드 인증 구현이 쉬우므로, 기존 시스템과 마찬가지로 많이 사용되고 있습니다. 그러나 디바이스를 설치한 현장 이용자의 IT 능력이 능숙하지 않은 경우나, 시스템 구성이 복잡해져 운용이 허술해져 있는 경우, 기본적인 대책조차 소홀히 시행될 가능성이 있습니다. ID나 패스워드의 내용이 초기 설정 그대로인 경우가 그 예입니다.

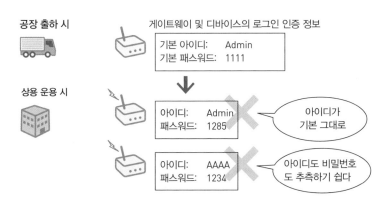

공장 출하 시

게이트웨이 및 디바이스의 로그인 인증 정보

기본 아이디:　Admin
기본 패스워드:　1111

상용 운용 시

아이디:　Admin
패스워드:　1285

아이디가 기본 그대로

아이디:　AAAA
패스워드:　1234

아이디도 비밀번호도 추측하기 쉽다

🛡 기본 로그인 인증 정보는 위험

7.1절에서 소개한 Mirai의 사례는 인터넷에 접속된 방범 카메라의 ID와 패스워드의 조합(로그인 인증 정보, 계정 정보)이 쉽게 예상되거나, 출하 상태 그대로였던 것을 노린 위협이었습니다. 기본 중의 기본이지만, 각 디바이스의 로그인 인증 정보는 적절하게 설정해야 합니다.

🌐 시스템의 경계선이 되는 통신 프로토콜의 중요성

다양한 디바이스가 네트워크로 연결되는 IoT 시스템에서는 그 통신 네트워크 부분, 즉 기기끼리 연결되는 시스템의 경계선이 표적이 되기 쉽습니다.

디바이스로 서버에 접속할 때, 데이터를 송수신하는 통신 프로토콜을 이용합니다. 예를 들면 인터넷의 웹 등의 교환에서는 'HTTP(Hypertext Transfer Protocol)'가 이용됩니다. IoT에서는 M2M 시절부터 사용되고 있는 간단하고 가벼운 프로토콜인 MQTT(Message Queuing Telemetry Transport)가 자주 이용됩니다.

이 통신 프로토콜도 암호화된 것을 이용하는 것이 권장됩니다. HTTP는 'HTTPS', MQTT는 'MQTTS'를 이용하는 것이 좋습니다. 모두 TLS(SSL)[1]로 암호화한 통신 프로토콜입니다. 단지, IoT 시스템의 특징이라고도 말할 수 있는 단말 측의 디바이스 간 통신에서는, 특히 유선 연결인 경우, 암호화되지 않는 때도 있습니다.

디바이스와 IoT 게이트웨이 통신은 그 거리가 짧으므로 BLE(Bluetooth Low Energy)가 자주 사용됩니다. 일반적으로 블루투스 통신에서는 기기 간의 인증이나 통신이 암호화됩니다. 그러나, BLE를 이용한 비컨이나 간이적인 센서에서는 디바이스 간 연결의 번거로움을 줄이기 위해서 'Advertising Packet'이라고 불리는 암호화를 시행하지 않은 통신 방식이 채용되는 경우도 종종 있습니다.

기존 시스템의 통신 프로토콜은 어디가 암호화되어 있지 않은지를 확인해, 위험

---

1 TLS(Transport Layer Security)/SSL(Secure Sockets Layer)은 통신상의 데이터를 암호화하는 전송 계층 프로토콜. Web 서버·클라이언트 간의 HTTP를 TLS로 암호화한 HTTPS가 자주 이용되고 있다.

성을 파악하는 것이 중요합니다. 앞으로 디바이스를 추가할 때에는 데이터를 취득하는 기능 요구사항뿐만 아니라 보안 시점에서의 선정도 중요합니다.

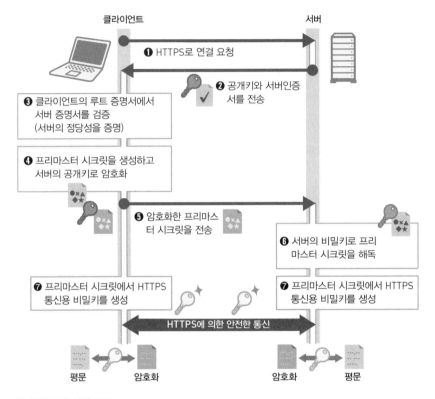

● HTTPS로 연결 요청
❷ 공개키와 서버인증서를 전송
❸ 클라이언트의 루트 증명서에서 서버 증명서를 검증 (서버의 정당성을 증명)
❹ 프리마스터 시크릿을 생성하고 서버의 공개키로 암호화
❺ 암호화한 프리마스터 시크릿을 전송
❻ 서버의 비밀키로 프리마스터 시크릿을 해독
❼ 프리마스터 시크릿에서 HTTPS 통신용 비밀키를 생성
❼ 프리마스터 시크릿에서 HTTPS 통신용 비밀키를 생성

클라이언트 / 서버

HTTPS에 의한 안전한 통신

평문 / 암호화 / 암호화 / 평문

● HTTPS 통신의 구조

프리마스터 시크릿(Premaster Secret)이란, HTTPS 통신에 사용하는 공통키를 생성하는 기본수가 되는 난수를 말합니다.

🌐 폐쇄 네트워크 접근과 오픈 인터넷 접근

디바이스의 로컬 측과 서버나 애플리케이션의 클라우드를 연결하는 네트워크로는 폐쇄 네트워크 접근과 오픈 인터넷 접근이라는 두 가지 개념이 있습니다.

폐쇄 네트워크(Closed Network) **접근**이란 디바이스와 연결하고 있는 네트워크를 외부에 공개하지 않는, 이른바 폐역망으로 연결하는 개념입니다. 폐역망으로 네트워크를 구성함으로써 외부로부터의 침입을 막을 수 있습니다.

오픈 인터넷(Open Internet) **접근**은 일반적인 인터넷을 활용해 시스템을 구축하는 개념입니다. PC나 스마트폰으로 일반적으로 이용되고 있는 인터넷상의 프로토콜 자산을 활용하는 것으로, 네트워크에 드는 비용의 절감을 기대할 수 있습니다.

폐쇄 네트워크를 구축하려면, 전용선이나 L2 VPN(Virtual Private Network)을 이용하는 방법 등이 있습니다. 그러나 비용과 위치의 관점에서, 모든 시스템을 폐쇄 네트워크로 운용하기 어렵습니다. 일반적인 인터넷을 이용할 때는 데이터의 암호화나 인터넷 VPN 이용 등의 조치를 취할 필요가 있습니다.

VPN이란

VPN(Virtual Private Network)이란, 인터넷과 같은 공중망을 사용하면서도 안전한 폐쇄 네트워크인 것처럼 사용할 수 있는 네트워크를 말합니다. 마치 사내 LAN처럼 안전하게 사용할 수 있는 네트워크라고 생각해도 좋습니다.

VPN은 무엇을 거쳐 실현되느냐에 따라 두 가지로 분류됩니다. 하나는 인터넷을 통해서 구성되는 **인터넷 VPN**입니다. 다른 하나는 인터넷 서비스 제공자가 제공하는 IP망을 통해서 구성되는 **IP-VPN**입니다.

OSI 참조 모델의 모든 계층에서 프라이빗 네트워크 구성을 구현하는 방법으로 나눌 수도 있습니다. Layer 2인 데이터 링크 층에서 구현하는 것을 L2 VPN이라고 부릅니다. Layer 3인 네트워크층에서 구현하는 것을 L3 VPN이라 부르며, 이는 IP-VPN을 말합니다.

제7계층: 애플리케이션 계층

제6계층: 프레젠테이션 계층

제5계층: 세션 계층

제4계층: 전송 계층

제3계층: 네트워크 계층

제2계층: 데이터 링크 계층

제1계층: 물리 계층

🍩 OSI 참조 모델

🌐 IoT에 암호화를 적용한 사례

통신 경로를 보호하는 것이 폐쇄 네트워크 접근의 목적이지만, 어떤 이유이든 데이터가 제삼자에게 알려지는 것을 고려하여 통신 경로를 흐르는 데이터 자체를 보호하는 방안도 검토해야 합니다.

대표적인 대책은 데이터 암호화입니다. 데이터를 암호화해 놓음으로써 공격자가 데이터를 입수했다 하더라도, 제대로 복호화할 수 있는 수단을 갖고 있지 않은 한 내용을 볼 수 없게 만드는 것입니다. 따라서 정보보안의 세 가지 요건 중 하나인 기밀성을 담보할 수 있습니다.

암호기술은 나날이 발전하고 있는데, 다음 용도로도 이용하고 있습니다.

- 디지털 서명
- PKI (Public Key Infrastructure : 공개키 암호기반)에 의한 서버 인증
- 비트코인 등으로 주목받는 암호화 화폐

이러한 기술은 일반 인터넷이나 클라우드 서비스 등에서 사용하고 있지만, IoT 시스템에도 적용할 수 있습니다. 예를 들면, 키보드 등의 입력장치가 없는 디바이스는 ID와 패스워드로 로그인 인증을 할 수 없습니다. 이런 경우 디바이스와 서버 간에 암호키를 교환하고, 그것을 이용해 데이터의 암호화나 디지털 서명을 하는 방식을 사용합니다. 이렇게 하면 도청이나 스푸핑, 변조 등에 대항할 수 있습니다. 위의 TLS/SSL 통신이 이러한 대처법에 해당합니다.

🌐 디바이스에 대한 보안 대책

IoT 특유의 보안 대책도 있습니다. 디바이스 그 자체를 보호하는 것입니다. 장치를 분해하여 부정한 장치를 삽입하는 등의 보안 피해를 받지 않도록, 기기가 부정하게 열린 것을 감지하여 자동으로 데이터를 삭제하는 회로를 탑재한 디바이스가 존재합니다.

디바이스의 기본동작을 제어하는 내장 프로그램을 **펌웨어**(Firmware)라고 부르는데, 이 펌웨어를 마음대로 고쳐 쓸 수 없게 만든 것도 있습니다. 디바이스에 탑재된 CPU에는 보안 부팅에 대응하는 것이 있습니다. 보안 부팅은 보안 영역에 보관한 펌웨어의 전자서명과 일치하여 인증된 경우에만 작동하는 구조입니다. 따라서 부정한 펌웨어로 고치려는 시도에는 작동하지 않습니다.

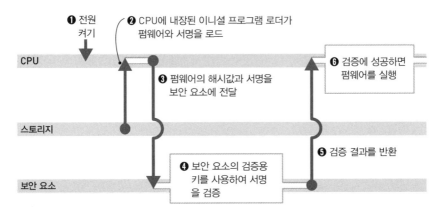

🛡 보안 부팅의 구조

순서 ❸에 있는 해시값은 어떤(복잡한) 값을 간단하게 요약한 값입니다. 원래 데이터끼리 비교하는 것보다는 해시값들을 비교하는 것이 처리가 빨라서 데이터의 조작을 검증할 때 사용합니다.

지금까지 보안에 관한 다양한 기술과 솔루션을 소개했습니다. 사이버보안 기술은 기존 시스템에 한정된 것이 아닙니다. 일반적으로 이용되고 있는 기존 기술을 IoT에 적용할 수 있습니다. 기존의 지식을 충분히 활용해주세요.

SECTION

7-4

보안에 관한 IoT 솔루션

🌐 인터넷에 연결된 기기를 검색하는 솔루션

IoT 시스템에 요구되는 보안 대책은 지금까지 설명한 바와 같이 다양합니다. 현재는 IoT 시스템 전용의 보안 솔루션도 등장하고 있으므로 몇 가지 살펴보도록 합시다.

IoT를 비롯해 네트워크에 연결된 디바이스나 라우터, 서버 등을 검색할 수 있는 엔진 **SHODAN**이 등장했습니다. SHODAN은 인터넷에 연결된 기기의 운영체제와 그 버전을 데이터베이스화합니다. 이것을 이용하여 관리하는 기기가 어떤 상태인지 알기 쉽습니다. 다만 관점을 바꾸면, SHODAN의 정보를 기초로 운영체제의 취약점을 파악하는 등 악용될 가능성도 염려되고 있습니다.

2015년에는 SHODAN과 비슷한 censys라는 검색 엔진이 새로 공개됐었습니다. 이는 IPv4 주소 공간[2]을 항상 검사하여 호스트나 웹사이트의 정보를 수집하는 검색 엔진입니다. 이 정보를 사용하여, 네트워크에 접속된 기기의 취약성을 찾아내 보안이 원인이 되는 사고를 방지할 수 있습니다.

---

2 인터넷에 연결하는 각 기기에 IP주소를 할당할 필요가 있습니다. IPv4(Internet Protocol version 4)는 32비트의 IP 주소로 약 43억 개. 앞으로 IoT가 진행되면 장치 수가 비약적으로 증가하고 주소가 고갈되어, 128비트의 IPv6(IP version 6)로 이행하기 시작했습니다.

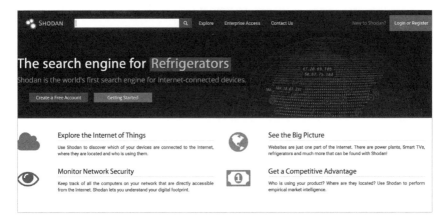

◉ 인터넷에 연결된 디바이스 정보 검색 엔진 SHODAN (https://www.shodan.io)

◉ IPv4 주소의 호스트 정보 검색 엔진 censys (https://censys.io/)

SHODAN이나 censys에서는 일정한 형식으로 쓰인 검색 문자열을 지정하여, 호스트나 디바이스를 검색할 수 있습니다. 다음 표에서 censys의 예를 봅시다.

디바이스	검색 문자열
프린터	metadata.device_type: printer
NAS	metadata.device_type: NAS metadata.product: NAS
라우터	metadata.device_type: router
카메라	metadata.device_type: camera

이들 중 하나를 입력해 보면, 네트워크에 연결된 해당 장치가 검색되어 표시됩니다.

🌐 네트워크 보안 대책

IoT에 국한하지 않고, 통신 네트워크 부분의 안전을 확보하는 것은 중요하지만, 완전하고 안전한 통신 환경을 구축하는 것은 간단하지 않습니다.

소라콤에서 제공하는 IoT 전용의 서비스에는 IoT 특유의 보안 기능이 포함되어 있습니다.

예를 들면 SORACOM Air의 'IMEI 잠금'이라는 기능은 SIM 카드가 가진 IMSI(International Mobile Subscriber Identity)라는 고유 번호와 휴대전화 디바이스가 가진 IMEI(International Mobile Equipment Identity)라는 고유 번호를 조합하여 디바이스 인증을 하는 것으로 SIM의 교체를 포함한 디바이스의 사칭을 방지하고 있습니다. 이 기술은 다양한 솔루션에서도 인증 수단으로써 사용되고 있습니다.

또, SORACOM Beam이나 SORACOM Funnel이라는 서비스는 통신 사업자의 네트워크와 소라콤의 코어 네트워크를 폐역망으로 안전하게 접속시킵니다. 외부 클라우드 서비스에 대해 데이터를 전송할 때는 암호화 및 인증 정보를 부여함으로써 보안을 보장하고 있습니다.

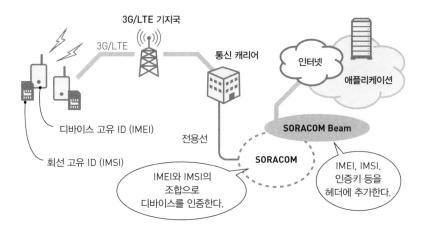

🔘 「SORACOM Air」의 IMEI 잠금 기능

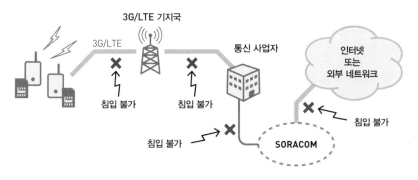

🔘 보안 대책을 수립한 소라콤 통신 방법

🌐 디바이스와 네트워크를 통합한 보안 대책

사쿠라 인터넷이나 미국의 Electric Imp, Afero의 솔루션은 각각의 업체가 안전한 통신 모듈을 준비하고, 그 모듈을 개입시키는 것으로 자사 서버와의 접속 환경 안전을 확보하고 있습니다.

예를 들면 'sakura.io'는 사쿠라 인터넷의 데이터 센터에 직접 연결되는 통신 모듈 '사쿠라 통신 모듈'과 데이터 통신료 등을 하나의 패키지로 정리한 것으로, 디바이스와 클라우드 사이 안전한 통신이 가능한 솔루션입니다. 이 통신 모듈을 디바이스에 통합함으로써 디바이스·통신 모듈 간, 디바이스·데이터 센터 간의 통신을 간단한 명령으로 실행할 수 있습니다.

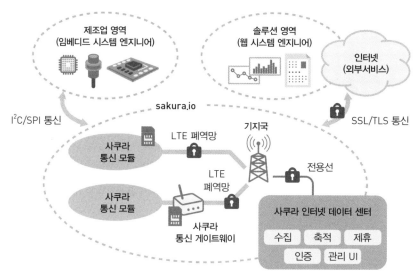

● sakura.io의 통신 모듈을 사용한 솔루션

🌐 디바이스의 보안 기능과 연계한 디바이스 관리 서비스

영국 Arm은 IoT 디바이스의 보안 기능으로 자사의 마이크로프로세서 아키텍처와 조합하는 방식의 독자적인 운영체제를 제공하고 있습니다. 이 방법은 시스템의 시작, 초기화, 통신, 암호화 등의 처리를 운영체제에서 실시할 수 있으므로, 디바이스 제조업체의 소프트웨어 개발 부담이 가벼워집니다.

Arm이 제공하는 'mbed OS', 운영체제와 연계한 'mbed 클라우드'에 대해서는 2.5절에서 설명하고 있습니다. mbed OS와 Arm 아키텍처의 프로세서가 갖는 TrustZone을 사용하여 안전한 디바이스 관리와 업데이트를 하는 서비스입니다.

이 솔루션은 미국 Zebra Technologies, 대만 Advantech, 우후루가 파트너로 참가하고 있습니다.

IoT에 요구되는
정보보안

🌐 보안 대책으로 운용 체제를 정비

IoT 디바이스는 그 기능이 단순할수록, 수명주기가 5년에서 10년으로 길어지는 경향이 있습니다. 즉, 그 디바이스가 개발된 시점에서 최신이었던 보안 대책을 실시했다고 해도, 나중에는 구식의 보안 대책일 수 있다는 것입니다. 공격 방법의 고도화나 새로운 취약성 발견 등이 예상되므로 10년 후의 보안을 보증하는 것은 불가능합니다. 그 때문에 가능한 한 보안 대책을 계속해 나갈 필요가 있습니다.

이런 때 중요한 것이 시스템 보안 대책의 운용 체제입니다. 제6장과 이번 장에서 설명한 바와 같이 말단 디바이스에서 클라우드까지 넓은 범위의 시스템인 IoT는 관리가 허술해질 가능성이 큽니다. IoT 시스템에 관련된 사람들의 정보 활용 능력이 낮은 경우나 IoT 시스템의 구축 담당자와 운용 담당자가 다른 경우 운용상의 문제가 발생합니다.

이에 IPA(정보처리 추진 기구)는 **연결되는 세계의 개발 지침**을 발표하고 있습니다. IoT 제품을 개발하는 기업이나 담당자가 고려해야 할 지침서입니다. 체크리스트로 활용하기 좋습니다. 또는 경영자가 IoT 제품에 예상되는 위험이나 대책을 인식해, 이해를 깊게 하는 가이드로서도 유효합니다.

⚙ IPA '연결되는 세계의 개발 지침'

대항목		지침
방침	연결되는 세계의 안전은 기업이 대처한다.	지침 1: 안전·안심의 기본 방침을 책정한다.
		지침 2: 안전·안심을 위한 체제·인재를 재검토한다.
		지침 3: 내부 비리와 사고에 대비한다.
분석	연결되는 세계의 위험 요소를 인식한다.	지침 4: 지킬 것을 식별한다.
		지침 5: 연결함으로써 위험을 예상한다.
		지침 6: 연결에서 파급되는 위험을 예상한다.
		지침 7: 물리적인 위험을 인식한다.
설계	지켜야 할 것을 지킬 수 있는 설계를 구상한다.	지침 8: 개개인과 전체가 지킬 수 있는 설계를 한다.
		지침 9: 연결되는 상대에게 폐를 끼치지 않는 설계를 한다.
		지침 10: 안전·안심을 실현하는 설계의 일관성을 취한다.
		지침 11: 불특정 상대와 연결되더라도 안전성을 확보할 수 있는 설계를 한다.
		지침 12: 안전·안심을 실현하는 설계의 검증·평가를 실시한다.
유지보수	시장에 나온 뒤에도 보호할 수 있도록 설계한다.	지침 13: 자신이 어떤 상태인지를 파악하고 기록하는 기능을 설치한다.
		지침 14: 시간이 지나도 안전·안심을 유지하는 기능을 설치한다.
운용	관계자와 함께 보호한다.	지침 15: 출하 후에도 IoT 위험을 파악하고 정보를 발신한다.
		지침 16: 출하 후의 관계 사업자에게 지킬 사항을 전한다.
		지침 17: 연결됨으로써 발생하는 위험을 일반 이용자에게 알린다.

출처: IPA 웹 페이지 '연결되는 세계의 개발 지침'
(http://www.ipa.go.jp/sec/reports/20160324.html)

IoT 추진을 위해 산학관이 참가·제휴하는 IoT 추진 컨소시엄도 61페이지로 구성된 **IoT 보안 지침**을 발표하고 있습니다.

다음 페이지에 나타난 바와 같이, 다각적인 관점에서 충실하게 쓰인 지침입니다. 향후 고려 사항으로 다음과 같은 점 등이 더 논의돼야 할 과제입니다.

- 다양한 활용 형태를 예상한 분야별 대책
- IoT 서비스 형태 및 분야의 법적 책임 관계의 정비
- IoT 시대의 데이터 관리의 구체적인 방법
- IoT에 대한 산학관 전체의 종합적인 보안 대책

● IoT 추진 컨소시엄 "IoT 보안 지침"

지침		주된 요점
방침	IoT의 특성을 고려해 기본 방침을 정한다.	• 경영자가 IoT 보안에 관여한다. • 내부부정이나 실수에 대비한다.
분석	IoT의 위험을 인식한다.	• 지켜야 할 것을 식별한다. • 연결되는 것에 의한 위험을 예상한다.
설계	지킬 것을 지키는 설계를 생각한다.	• 연결되는 상대에게 폐를 끼치지 않는 설계를 한다. • 불특정 상대와 연결되어도 안전·안심을 확보할 수 있는 설계를 한다. • 안전 안심을 실현하는 설계의 평가·검증을 실행한다.
구축·접속	네트워크상에서의 대책을 생각한다.	• 기능 및 용도에 따라 적절히 네트워크 연결한다. • 초기 설정에 유의한다. • 인증기능을 도입한다.
운용·보수	안전·안심할 수 있는 상태를 유지하고, 정보를 발신·공유한다.	• 출하·출시 후에도 안전하고 안심할 수 있는 상태를 유지한다. • 출하·출시 후에도 IoT 위험을 파악하고 관계자에게 지켜주었으면 하는 것을 전달한다. • IoT 시스템 서비스의 관계자 역할을 인식한다. • 취약한 장비를 파악하고 적절하게 주의 환기시킨다.
일반 이용자를 위한 규칙		• 문의 창구나 지원이 없는 기기나 서비스의 구매·이용을 자제한다. • 초기 설정에 주의한다. • 사용하지 않게 된 기기에 대해서는 전원을 끈다. • 기기를 떼어 놓을 때는 데이터를 지운다.

출처: 경제산업성 웹 페이지 IoT 보안 지침

(http://www.meti.go.jp/press/2016/07/20160705002/20160705002-2.pdf)

이러한 지표나 지침을 의식하는 것은, 시스템의 보안 대책 운용 체제를 정비하는 나가는 데 도움이 됩니다.

🌐 보안 대책의 비용을 생각하면서 활용을 추진한다

작게 시작할 수 있는 IoT 시스템이지만, 저렴한 IoT 디바이스나 네트워크 기기로 구축했을 때의 시스템 구성 비용과 그 시스템의 안전성과의 사이는, 역시 트레이드 오프의 관계가 있습니다. 보안 대책이 시행된 기기는 그만큼 비싸기 마련입니다.

자기 증식 바이러스에 의한 공격과 비용의 관계는 어떨까요? 공격자 측에서 보면, 공격 비용은 시간이 지남에 따라 적어집니다. 한편, 보안 대책을 실시하는 쪽의 방어 비용은 시간의 경과와 함께 많아집니다. 더 많은 컴퓨터 자원, 네트워크 자원, 애플리케이션에 대책을 세워야 하기 때문입니다.

그러나 과도한 보안 비용을 우려하여 IoT를 활용하지 않는다는 것은 시대에 뒤처지는 일이 됩니다. 보안 비용을 어느 정도 나누면 좋은지에 대한 정답은 없습니다만, 대책을 실시하면서, 효과적인 활용을 지속하는 것이 중요합니다.

IoT는 많은 디바이스를 연결하기 때문에 정보보안의 피해자가 될 수도 있고, 의도치 않게 가해자가 될 수도 있습니다. 자기 자신만 대처해서는 해결되지 않는 일입니다. 이런 이유로 다양한 솔루션과의 제휴를 고려할 필요가 있습니다.

자칫하여 치명적인 사고가 일어나면 피해액이 엄청난 규모가 될 수 있기에, 총무성은 네트워크에 연결된 몇 억대의 IoT 디바이스를 전수 검사하여 조치가 충분하지 않은 업체와 기기에 대해서는 보안 대응 상황의 개선을 촉구하는 방침을 발표했습니다. 상당한 비용이 들겠지만, 사실 검사하는 것 자체는 그리 수고스럽지 않습니다. 동시에 발표한 IoT 기기의 안전 인증 제도와 함께 보안 강화를 추진할 것으로 보입니다. 일정한 보안 요구사항을 만족하는 기기에 인증 마크를 주어, 제조업체는 인증 기준을 충족하도록 요구할 방침입니다. 사고를 미리 방지하기 위한 좋은 대책 방법입니다.

CHAPTER

8

서비스를 전개하는
시스템의 개념

IoT 비즈니스 서비스의
필요성과 검토 관점

🌐 스마트폰 비즈니스 모델의 시대

이제 제조업에서도 단순하게 물건을 만들어 파는 것만으로는 그 가치를 온전히 드러낼 수 없습니다. 하드웨어 제품은 시간이 지남에 따라 가치가 떨어지기 때문입니다. 최근 하드웨어의 편리성을 높이기 위한 디지털화가 진행되고 있으며, 소프트웨어의 업데이트로 가치의 저하를 억제하고 있습니다. 게다가 '하드웨어 + 소프트웨어' 구성뿐만 아니라 인터넷을 통한 서비스도 제공함으로써 가치를 유지하거나 혹은 끌어올리는 것을 목표로 하고 있습니다.

디바이스 상품을 취급하는 비즈니스를 성공으로 이끌기 위해서는 서비스까지 포함하여 수익을 내는 모델을 만들어 내야 합니다. 물건을 제공할 뿐만 아니라, 서비스를 통해 최종 사용자와 계속해서 연결될 필요가 있습니다.

- 사용자는 무엇을 필요로 하나?
- 사용자는 어떻게 사용을 하나?
- 제품이 손상되거나 기능이 저하되지 않았는가?
- 제품의 교체나 새로 사들일 수요는 없는가?

이미 확립된 비즈니스 모델로는 스마트폰이 있습니다. 스마트폰은 다양한 앱이 들어가 있는 단순한 하드웨어가 아닙니다. 정보·권리·서비스 등과 일체화한 것입니다. 그 때문에 단순한 물건에 비해 긴 기간에 걸쳐 사용자에게 그 가치를 느끼게 할 수 있습니다.

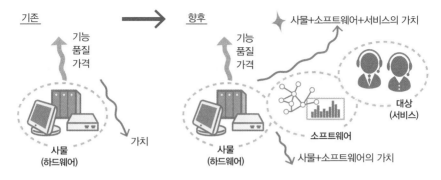

기존 → 향후

기능
품질
가격

기능
품질
가격

사물+소프트웨어+서비스의 가치

대상
(서비스)

사물
(하드웨어)

가치

사물
(하드웨어)

소프트웨어

사물+소프트웨어의 가치

🌐 하드웨어 + 소프트웨어 + 서비스에 의한 가치 향상 모델

🌐 업계의 경계선을 넘어선 서비스 모델의 진입

지금까지는 자사의 사업 도메인의 범위 내에서 사업 모델을 생각해도 좋았지만, 현재는 제품·서비스의 생명 주기를 더욱 넓은 시야로 파악해야 합니다. 사업 모델이나 비즈니스의 가능성을 넓은 시야로 고려한다면, 업계나 업종의 정의가 확산할 뿐만 아니라, 과금 가능한 포인트도 증가할 것이고 자사에도, 협력 기업에도 이익을 가져올 것입니다. 그 이익을 창출하는 원천으로는 하드웨어, 소프트웨어, 서비스, 데이터, 그리고 노하우나 기술과 같은, 그때까지 자사가 취급해 오지 않았던 상품도 포함됩니다.

연결되는 시대에는 지금까지 제공하지 않았던, 즉 기회 손실이었던 지속적인 고객가치 향상의 가능성을 비즈니스의 가능성으로서 다시 파악할 필요가 있습니다.

예를 들면, 제조업의 경우를 생각해 봅시다. 기존의 전형적인 제조업은 먼저 제품 판매 시 고객가치를 충족시켜 청구합니다. 다음으로 수리보증의 범위에서 고객가치를 충족하여 다시 한번 청구합니다. 즉, 2회의 과금 포인트밖에 존재하지 않았습니다.

그러면 새로운 제조업 모델은 어떨까요? 제품에 소프트웨어를 탑재하여 서비스도 제공하는 모델입니다. 이 경우 고객이 구매하고 나서 폐기할 때까지의 기간동안 다양한 과금 포인트를 만들 수 있습니다. 제품을 만드는 공장의 **스마트 팩토리화**도 포함해 생각하면, 다음과 같은 과금 포인트를 들 수 있습니다.

- 스마트 팩토리를 실현하여 공장의 여유 가동을 외부에 판매한다.
- 소량생산 요구에 대응하는 매칭 플랫폼을 구축하여 플랫폼 이용료를 부과한다.
- 일부 생산 장비의 가동 데이터를 유지보수 관리 파트너에게 판매한다.
- 탑재되는 응용 소프트웨어 업데이트로 금액을 청구한다.
- 장비와 서비스 가동 보증, 서비스 레벨 보증으로 과금한다.
- 장비는 저렴하게 제공하고, 기기·소프트웨어의 이용량·가동률에 따라 금액을 청구한다.
- 이용량·가동률 파악을 위해 구축한 온라인 감시 IoT 시스템으로 인해 축적된 데이터를 판매한다.
- 데이터 축적 플랫폼을 타사에 공개하여 데이터 소스 이용량으로 금액을 청구한다.

제조업자는 지금까지 **이러한 시스템 통합은 자신들의 비즈니스가 아니다**라고 생각했을 겁니다. 그러나 이러한 대처가 전략적으로 중요해지고 있습니다.

다만, 실현을 위해서는

- **설계 → 조달 → 제조 → 판매 → 물류 → 서비스 → 최적화 → 노하우화 → 데이터 판매 → 폐기 → 재사용**

이라는 일련의 생명 주기의 모든 것을 **디지털로 연결**하는 것이 필요합니다.

물론 제조업 한 회사만으로 실현할 수는 없기에 시스템 통합 업체와 협력해 나갈 것입니다. 때에 따라서는 협력 기업이나 업체에 맡기고 있던 영역을 자체적으로 충당할 수도 있으므로 사업상의 마찰과 기존 채널과의 자기잠식효과(cannibalization)[1]가 발생할 수도 있습니다. 그러나 이러한 문제는 IoT 시스템에서 얻을 수 있는 데이터를 각 채널 간에 공유하는 장점이라는 이해를 기반으로 점차 해소해 나갈 것입니다.

---

1 자기잠식효과는 자사 제품(또는 브랜드)이, 유사한 기존의 자사 제품(또는 브랜드)의 매출을 압박하는 현상을 가리키는 마케팅 용어.

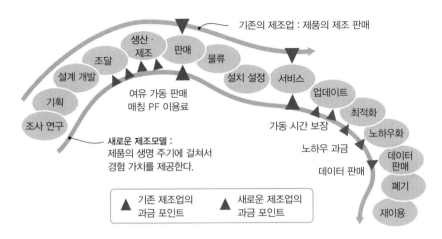

기존의 제조업 : 제품의 제조 판매

생산 · 제조
조달
설계 개발
기획
조사 연구

판매
물류
설치 설정
서비스
업데이트
최적화
노하우화
데이터 판매
폐기
재이용

가동 시간 보장
노하우 과금
데이터 판매

여유 가동 판매
매칭 PF 이용료

새로운 제조모델 :
제품의 생명 주기에 걸쳐서
경험 가치를 제공한다.

▲ 기존 제조업의
과금 포인트

▲ 새로운 제조업의
과금 포인트

🌐 제조업에서 과금 포인트의 확장

🌐 서비스는 복합도가 높은 비즈니스 모델에 필수

기업의 자신만의 **생산성 개혁**은 어느 정도 순조롭게 성장하고 있는 기업이 시간을 들여 계속해서 실시할 때는 매우 긍정적인 결과를 만들어 낼 수 있습니다. 그러나 제조 비용이 제로가 되는 일은 없으므로, 다른 차원의 새로운 수익원을 신속히, 비용을 들이지 않고 창출하는 혁신이 우선되어야 합니다.

다음 그림은 GE의 제트 엔진 부문의 사업 도메인을 나타내고 있습니다.

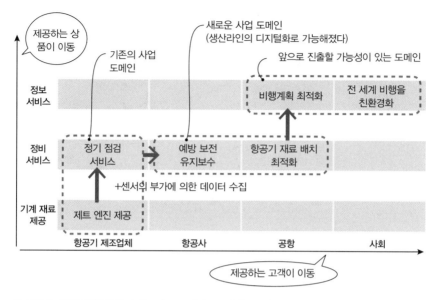

● 사업 도메인을 복합화해 나가는 것으로 서비스 모델을 수익원으로 대체한다.

GE는 엔진이라는 물건에만 고집하지 않는 자세가 보입니다. 유지보수를 위해 탑재한 다수의 센서에서 수집한 데이터를 이용하여 다음과 같은 서비스를 제공하고 있습니다.

- 예방 보전 정비를 항공기를 구매한 항공사에 제공
- 기자재 배치의 최적화 및 비행계획의 최적화를 공항에 제공
- 연료 소비 최소화에 따른 친환경적인 항공산업의 실현을 통한 사회 문제의 해결 제공

사물로부터 데이터를 취득하고, 그것을 활용한 서비스를 창출하는 것으로 상품이 확충되고 있어 제공하는 대상 고객도 넓어지고 있습니다. 이처럼 사업 도메인을 확장해, 단일의 제조업만이 아닌 복합도가 높은 비즈니스 모델의 구축을 통해서, 지금까지 임한 적이 없는 혁신(innovation)을 목표로 하는 것, 나아가서는 새로운 수익원을 확보하는 것이 IoT 비즈니스에서는 중요합니다. 비용 절감이나 생산성 개혁만이 목적이라면 많은 기업들이 IoT 구축에 임할 필요성은 그다지 크지 않을 것입니다.

🌐 서비스 생태계의 저변을 넓혀 나가기 위한 사고방식

수집한 데이터로 다양한 서비스를 자사에서 만드는 것의 중요성을 이해하셨나요? 그렇다면 이제 맞닥뜨릴 문제는 모든 서비스를 자체적으로 창출할 수 있는지와 그 '모든'이란 것이 무엇인지를 이해하는 것입니다.

아이디어나 자원에는 한계가 있으므로 필연적으로 협력 기업이나 제삼자의 기업에 새로운 서비스를 구축해야 할 것입니다. 더욱 많은 이해관계자를 자사의 비즈니스 모델에 연루되게 할 수 있습니다. 이를 통해 생태계를 더욱 견고히 할 수 있습니다.

그러기 위해서 우선 가치 사슬(Value Chain)의 모든 것을 IoT 시스템으로 연결하고, 거기서 생성되는 IoT 데이터를 축적하는 플랫폼을 구축합니다. 그리고 이 플랫폼을 타사에도 오픈하는 겁니다. 최대한 다양한 사람들을 끌어들여야 합니다. 업계와는 관계가 없는 사람들(세미프로나 아마추어)에게 부업이나 취미로 앱 제공·서비스 구축을 할 기회를 제공하는 것도 가능해집니다.

그동안 거래하던 협력 기업에만 한정된 닫힌 서비스 전개라면, 지금까지와 같은 성장에 머물 수 있습니다. 여기서 말하는 접근법은 기존의 거래처 외로 한층 더 저변을 넓히는 노력입니다. 일반적으로 돈을 벌고 있지 않았던 사람들에게 수익을 낼 수 있는 수단이나 장소를 제공하는 것입니다. 세미프로가 활약할 장소를 제공하거나, 아마추어가 만든 서비스나 콘텐츠도 판매할 수 있게 합니다. 이는 곧 참여하는 기업이나 개인을 폭발적으로 늘리는 것으로, 시장 그 자체와 기회 손실에 대한 서비스의 다양성을 보장합니다. 이러한 접근법으로 서비스를 계속해서 창출해 나가는 것입니다.

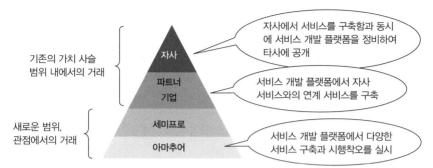

기존의 가치 사슬
범위 내에서의 거래

자사

파트너
기업

새로운 범위,
관점에서의 거래

세미프로

아마추어

자사에서 서비스를 구축함과 동시
에 서비스 개발 플랫폼을 정비하여
타사에 공개

서비스 개발 플랫폼에서 자사
서비스와의 연계 서비스를 구축

서비스 개발 플랫폼에서 다양한
서비스 구축과 시행착오를 실시

세미프로나 아마추어가 수익을 낼 수 있는 구조의 제공으로 서비스의 저변을 확대

● 서비스의 친환경 시스템을 확산시키는 사고방식

　여기에서 말한 접근법 이외에도 서비스 창출을 위한 관점은 여러 가지 있습니다. 다음 절에서는 서비스를 검토할 때 관점의 기반이 되는, 공통 플랫폼화에 의한 구현의 중요성에 관해 설명합니다.

공통 플랫폼에서
구현의 중요성

🌐 공통 플랫폼화를 통한 서비스 모델의 실현

제2장에서 설명한 대로 IoT 시스템은 여러 레이어로 구성된 아키텍처로 실현하는 것인데, 시스템 구축은 제6장에서 설명한 것처럼 작은 시스템을 만들어 크게 확장해 나가는 작업이 필요합니다. 확장을 전제로 한 경우에는 공통화 가능한 부분을 최대한 플랫폼으로 구현하는 것이 중요합니다.

서비스 관점에서 보면, 이 공통 플랫폼화가 과금 모델의 기본 중 기본이 됩니다. 왜냐하면 다양한 사업자가 사양이 서로 다른 여러 플랫폼, 디바이스, 통신 네트워크를 반입한다면, 과금의 구조가 매우 복잡하여 현실적이지 않기 때문입니다.

공통 플랫폼 서비스 구축에 대한 구체적인 예를 살펴보겠습니다.

🌐 스마트 시티의 공통 플랫폼

가장 큰 IoT라면, 도시 규모로 거리 전체의 스마트화를 목표로 하는 **스마트 시티**(Smart City)입니다. 스마트 시티는 인프라부터 애플리케이션 개발 레이어까지를 공통의 아키텍처로 정리합니다. 그리고 '그것을 준수하는 업체와 기술만 허용한다'라는 것을 기반으로 개발합니다.

암스테르담(네덜란드), 바르셀로나(스페인), 니스(프랑스), 함부르크(독일), 스톡홀름(스웨덴), 송도(한국)와 같은 거리는 공통 기반을 도시가 보유하고 운용하는 방식이 채

용된 사례입니다. 또한, 호찌민(베트남)에서는 복합 시설 **타임스퀘어** 등의 주력 빌딩
이 주변의 여러 빌딩과 공통 플랫폼으로 정비·운용되고 있습니다.

스마트 시티에 필요한 오픈소스(Open Source)를 정리한 CityOS라는 것도 있습니
다. 지금까지 다양한 도시에서 활용해 온 공통 기반화 소프트웨어군을 오픈소스
화해 정리한 것입니다. 스마트 시티에 관련된 다양한 노하우를 공유하는 이벤트를
개최하거나, 오픈소스 프레임워크, 라이브러리, 템플릿을 제공합니다. 모인 데이터
도 공개하고 있어, 도시에 참여하는 사업자가 가능한 한 자유롭게 활용할 수 있는
구조를 제공합니다.

공통 플랫폼화된 것을 이용하므로 각각의 사업자가 개별로 모든 것을 구축하지
않아도 됩니다. 공개된 라이브러리나 플랫폼을 이용해 구축한 서비스나 애플리케
이션의 이용은 이용자가 수익자에게 이용료를 지급하는 형태로 할 수 있습니다.

● CityOS의 웹 사이트 (http://cityos.io/)

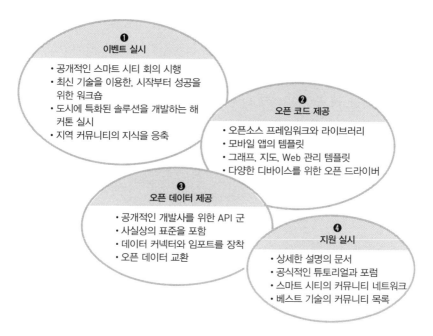

❶
이벤트 실시

- 공개적인 스마트 시티 회의 시행
- 최신 기술을 이용한, 시작부터 성공을 위한 워크숍
- 도시에 특화된 솔루션을 개발하는 해 커톤 실시
- 지역 커뮤니티의 지식을 응축

❷
오픈 코드 제공

- 오픈소스 프레임워크와 라이브러리
- 모바일 앱의 템플릿
- 그래프, 지도, Web 관리 템플릿
- 다양한 디바이스를 위한 오픈 드라이버

❸
오픈 데이터 제공

- 공개적인 개발사를 위한 API 군
- 사실상의 표준을 포함
- 데이터 커넥터와 임포트를 장착
- 오픈 데이터 교환

❹
지원 실시

- 상세한 설명의 문서
- 공식적인 튜토리얼과 포럼
- 스마트 시티의 커뮤니티 네트워크
- 베스트 기술의 커뮤니티 목록

🌐 CityOS가 제공하는 기능

🌐 경기장의 공통 플랫폼화

최근 쇼핑몰이나 경기장 등의 스타디움에서는 시설 내에 다양한 센서나 카메라를 설치할 뿐만 아니라, 와이파이를 이용해 고객의 디바이스까지 연결하는 시스템을 구축하고 있습니다.

산타클라라(미국)에 위치한 제50회 슈퍼볼이 열린 경기장, 세계 최첨단의 **연결된 경기장**을 자칭하는 **Levi's Stadium**입니다. 이 경기장에는 1,200대의 와이파이 액세스 포인트(Access Point, AP)가 설치되어 있어서 장내 어디서나 인터넷에 연결할 수 있습니다. 슈퍼볼 때에는 전용 앱 **슈퍼볼 경기장 앱**(Super Bowl Stadium App)이 제공되어 선수 리플레이 영상을 보거나 스타디움 내의 음식점에 주문을 하는 등 **고객을 팬으로 만드는 경험**의 실현을 위해 극진한 서비스를 시행했습니다.

또 BLE 비컨도 1,200여 대 설치되어 고객의 동선을 파악하는 데 한몫하고 있습니다. 전자 간판도 설치하여, 관객들이 장내 어느 간판이든 간단한 게임을 할 수 있도록 하고 있습니다.

Levi's Stadium 장내 와이파이의 활성화 사용자 비율은 전 관객의 40%에 가까웠다고 보고되었습니다.

음식 주문
- 음식이나 음료를 좌석에서 주문하는 서비스.
- 주문한 음식물은 좌석으로 배달된다.

리플레이 재생
- 고해상도의 동영상을 손쉽게 재생하는 서비스.
- 다양한 카메라 앵글의 영상을 제공.
- 느린 동작 재생 가능.

길 안내
- 주차 위치, 자기 좌석, 친구 좌석, 인근 매점, 바로 쓸 수 있는 화장실로 가는 경로를 안내하는 서비스.
- 화장실의 혼잡 상태는 빨강, 초록, 노랑의 3단계로 나누어 표시.

티켓
입장권 구매·교환, 주차권 구매, 주차 위치의 이동 등을 가능하게 하는 서비스.

● 경기장 전용 모바일 앱에서 제공하는 서비스

이러한 통신이나 애플리케이션 서비스는 여러 사업자가 제공하고 있는데, 중요한 것은 모든 기술 요소를 하나의 공통 플랫폼 인프라에서 구현한 **인프라를 공유**하는 개념입니다. 공유 인프라에 서비스를 중첩하면, 그것을 이용하는 사용자의 프로필이나 행동 이력 데이터 등을 그 인프라 위에 축적할 수 있습니다. 축적한 데이터는 그 공통 기반의 구축 운영에 참여하는 구성원 공통 데이터로서 분석에 활용할 수 있습니다.

🌐 공장의 공통 플랫폼화

공장에서도 공통 플랫폼화가 시작되고 있습니다. 다양한 가공 설비가 뒤섞여 구축된 공장의 생산라인에서는, 그러한 설비 기기의 가동 상황을 모니터링하기 시작했습니다. 다음과 같은 의도에서입니다.

- 모니터링으로 고장을 미연에 방지한다.
- 가동을 최적화함으로써 리드 타임을 획기적으로 단축한다.
- 생산성 향상에 따라 매스 커스터마이제이션(Mass Customization: 특별주문 대응 가능한 다품종 소량생산)을 실현한다.

각각의 설비 기기 업체가 원격 모니터링 방식을 구축하기는 어렵습니다. 공장 내의 네트워크를 사용하여 외부 업체 기기로 데이터를 보내는 것은 보안 문제도 있어 환영받지 못합니다. 그래서 공장 측이 연결되어있는 각 설비 기기를 통해 데이터를 수집할 수 있는 기반을 구축합니다. 각각의 기기 공급 업체에 API를 통해서 데이터를 사용하는 API 접속 환경이나 개발 환경을 제공합니다. 현재는 이런 모델이 주로 사용됩니다. 때에 따라서는 데이터 이용권의 매매 서비스를 제공하는 비즈니스 모델도 검토되고 있습니다.

일례로 파낙이 진행하고 있는 'FIELD System'이 있습니다. 공장 내에는 다양한 규격이 뒤섞여 있어, 각각의 기기나 설비를 연결하는 것만으로도 매우 어려운 작업입니다. 연결할 때 프로토콜의 차이 때문에 곤란을 겪거나, 업체의 독자 사양에 곤란을 겪는 것이 일상다반사였습니다. 거기서 파낙은 공장의 설비 제어에서 요구되는 실시간 성과 보안을 담보해, 'ZDT(Zero Down Time)'를 실현하기 위한 엣지 컴퓨팅 구조를 시스코 시스템즈, Rockwell Automation과 공동으로 개발했습니다. 게다가 Preferred Networks와 공동으로 개발하는 딥러닝 구조를 도입함으로써, AI를 활용한 고도의 자율 판단의 구조를 제공하고 있습니다.

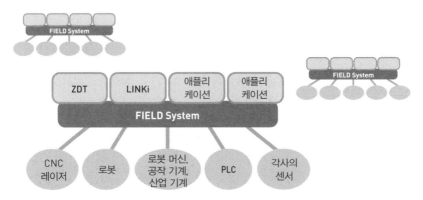

● 파낙의 FIELD system의 개요

파낙의 포인트는 뭐니 뭐니 해도 엣지의 실시간 대량 정보 처리를 중시하는 엣지 헤비 아키텍처(Edge Heavy Architecture)입니다. 다양한 기기를 연결해도, 현장 데이터의 안전을 보장한 다음 시각화를 할 수 있는 것이 특징입니다. 물론 대규모 컴퓨팅 처리를 할 필요가 있는 경우에는 클라우드와 연계하게 됩니다.

지금까지와 같은 단순한 시각화만을 의식하는 것이 아니라, 각 기기의 실시간 제어나 자동제어 등도 고려한 대처이기 때문에 실현의 난이도는 매우 높지만, 많은 기업이 기대하고 있습니다. FA 영역의 장비 업체뿐만 아니라, IT 기업이나 통합 등도 파트너로서 가입하고 있어, 다양한 애플리케이션의 확대를 기대할 수 있습니다.

다른 예로 독일의 **Trumpf 그룹**은 Apps for Industries라는 개념을 바탕으로 'AXOOM'이라는 제조업 전용 IoT 플랫폼 서비스를 시작했습니다. AXOOM은 다른 업체가 개발한 앱을, AppStore를 통해 월정액 과금의 SaaS 애플리케이션으로 제공하고 있습니다. 제조업의 다양한 현장 요구를 개선하는 애플리케이션 제품군입니다.

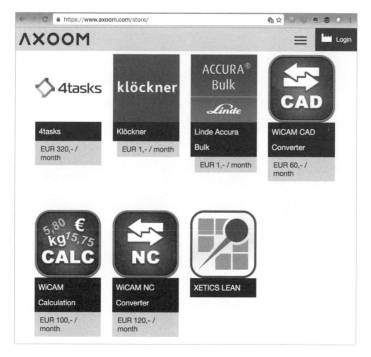

🏭 독일의 제조업용 플랫폼 AXOOM의 AppStore (https://www.axoom.com/store/)

　중요한 것은 스마트폰과 같은 비즈니스 모델이 산업 영역에서도 실현될 수 있을까 하는 점입니다. 실현하려 한다면, 개방적인 앱 개발 환경을 정비해 외부에 제공하여 각 업계 전용의 앱을 협력 파트너들에게 만들어 달라고 요청해야 합니다. 그리고 AXOOM의 AppStore에서 판매할 수 있는 간단하고 쉬운 모듈로 정리하여, 사용자 기업의 공장 현장을 자유롭게 선택할 수 있도록 하는 것입니다. AXOOM은 이것을 실현하는 것으로, 이용에 따라 요금을 징수하는 구조를 서비스로 제공하고 있습니다.

　이런 서비스로 인해 추가로 소프트웨어를 개발·도입하기 곤란한 경직화된 라인의 제약을 받지 않고, 새로운 애플리케이션을 필요에 따라서 수시로 추가할 수 있는 것입니다.

🌐 건설 업계를 위한 개방형 플랫폼

토목 건설현장도 IT화가 진행되고 있는 영역입니다. 선진적인 건설업용 IoT 비즈니스에 힘써 온 코마츠라는 회사가 보유하고 있던 'KomConnect'라는 자사 거래 고객 전용의 폐쇄 플랫폼을 'LANDLOG'라는 이름으로 변경하며, 개방적인 플랫폼으로 승화시켜 출시했습니다.

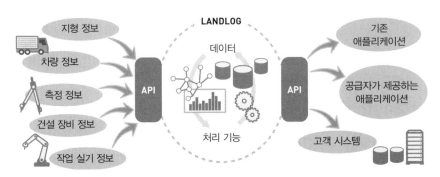

🏵 코마츠가 제공하는 건설업용 오픈 플랫폼 LANDLOG

LANDLOG은 다음과 같은 기능을 더욱 다듬어 나갈 방침이라고 합니다.

- 표준 건설현장의 효율화
- 드론을 활용한 3D 지도 작성으로 현장을 시각화하고 작업 계획을 시뮬레이션하는 애플리케이션
- 덤프트럭의 작업을 가시화하는 시스템

API를 공개하고 있어 다른 건설 기계에서도 원시 데이터를 도입할 수 있습니다. 또, 내부에서 처리된 데이터를 타사 공급 업체가 활용하여 다양한 애플리케이션을 개발하는 환경도 제공합니다.

자사와 거래처만을 위한 플랫폼을 외부에 개방하는 것으로, 외부 기업에게 이용료를 징수하고, 넓은 의미의 생태계로서 전체적인 효율화를 실현해, 거기서 수익이 되는 구조를 제공하려는 개념입니다.

🌐 가전용 디바이스 연계 플랫폼

　NEC 개인용 컴퓨터, 오므론, 사쿠라 인터넷, 오이싯크스닷, 큐레이션들이 시작하여 50개사 이상이 연결 협력하는 가전 기기 접속용 IoT 플랫폼 'plusbenlly'가 2017년 7월에 발표되었습니다. plusbenlly가 목표로 하는 것은 복잡한 설정 없이 다양한 가정 내의 디바이스를 트리거로서 애플리케이션에 연결하기 위한 공통 기능을 제공하는 것입니다. NEC 개인용 컴퓨터는 그것으로 PC의 판매 증가를 직접 전망하는 것이 아니고, 접속되는 디바이스가 증가하는 것에 의해서 PC도 그 일부로서 접속 수가 증가할 것이라는 개념이라고 합니다. 디바이스 부분의 제휴 기업, 플랫폼 부분의 제휴 기업, 애플리케이션의 개발 협력 기업 등이 많이 가입하고 있어 앞으로의 행보가 기대됩니다. 이것도 디바이스 API의 구현과 데이터 제휴나 클라우드 제휴 및 API의 구현이 필요하게 되어, 그 이용료를 징수하는 모델이 됩니다.

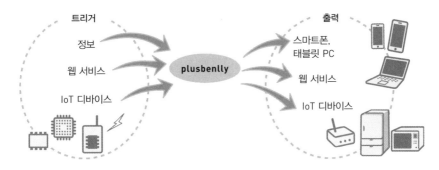

🌐 plusbenlly의 전체 이미지

　2017년 7월 발표 시점에서 이미 새로운 IoT 서비스를 제공하는 파트너가 9개사, IoT 플랫폼을 확장하는 파트너가 12개사, IoT 플랫폼을 구축하는 파트너가 25개사가 등록되어 있습니다. plusbenlly는 이러한 기업이 자신의 고객에게 제안할 때, 하드웨어뿐만 아니라 서비스도 제공하기 위한 구조입니다. 서비스를 개발하는 데 도움을 제공하는 서비스군이라고 할 수 있습니다. 협력 업체들은 개발의 공정과 제약 조건을 억제하는 대신 plusbenlly에 이용료를 지급합니다. plusbenlly는 플랫폼으로써 이용·개발·운용됩니다.

서비스 중첩 모델과 과금의 사고방식

🌐 서비스 중첩 모델의 기본방향

앞 절에서 설명한 다양한 공통 플랫폼은 다양한 애플리케이션이 제공되도록 오픈된 플랫폼입니다. 자사만의 영역이나 개발속도를 충분히 확보할 수 없는 영역에 다양한 개발 업체가 참가할 수 있도록 외부에 개방하는 접근방식입니다. 외부 개발 업체에 의한 다양한 애플리케이션이나 서비스를 공통 플랫폼에 구축하는 방법은 한 회사로 실현될 수 없는 일을 가능하게 하는 IoT 시대의 비즈니스 및 시스템 구축에 안성맞춤이라고 말할 수 있습니다.

이 방법의 본질은 공통화된 인프라에 애플리케이션이나 서비스를 구축해 가는 데 있습니다. 서버나 애플리케이션 개발 환경 등의 인프라는 가능한 한 공통화하여 '각자 부담'으로 해 두어, 그 위의 애플리케이션이나 앱을 이용한 서비스는 공유 인프라에 자꾸자꾸 중첩하여 구현하는 것입니다.

🌐 중첩 모델의 장점

다양한 업체가 공통 플랫폼 위에 서비스를 중첩해 구축하는 모델의 장점은 무엇일까요?

하나는 **구현 속도**입니다. 한 회사만 구현하는 것은 아이디어와 리소스가 병목 현상을 일으키지만, 복수의 업체가 아이디어를 모아서 일제히 개발하면 훨씬 빠른 구축이 가능해질 것입니다.

두 번째는 **구축비용 절감**입니다. 모든 인프라 구축을 한 회사에서 조달할 필요는 없습니다. 공통부분은 이용료를 지불한 만큼 이용할 수 있도록 하여 여러 기업에서 조달하면 됩니다. 또한, 공통부분은 개발 라이브러리나 PaaS로 플랫폼에 미리 구현하고 있으므로, 그 부분을 만들 필요도 없습니다.

세 번째는 **다양성**입니다. 한 회사가 구축하면, 아무래도 과거의 접근이나 사고방식, 전문성의 범위를 벗어나지 못합니다. 오픈 플랫폼으로 서비스를 중첩해 나가는 모델은 다른 회사가 자유롭게 들어오게 함으로써, 다양하고 풍부한 서비스 모델의 제안을 구현할 수 있게 됩니다.

네 번째는 **보안과 운용**입니다. 여러 서비스나 애플리케이션을 인프라에서 개별적으로 구축하면 보안 관리 포인트나 운용할 때의 복잡성이 점점 더해갑니다. 공통 기능이나 공통 서비스를 제공하는 플랫폼 부분에 대해서는 보안과 운용을 통일하는 것이 바람직합니다.

이러한 애플리케이션 개발을 공통 플랫폼에서 수행함으로 인해 인프라 비용, 운용 시간과 비용, 보안 관리 포인트를 줄일 수 있습니다.

🌐 중첩 모델의 핵심은 API

우선은 자사 노하우를 참조 아키텍처나 참조 애플리케이션으로 구축합니다. 다음으로 애플리케이션에서 공통으로 필요한 인증이나 공통 UI, 개발 라이브러리 기능을 표준 기능으로써 플랫폼에 나누고, 그들을 API 경유로 이용할 수 있게 하는 인터페이스를 개발합니다. 필요에 따라서 API 사양 등의 문서도 준비합니다. 당연히 서비스 요금 체계도 결정해야 합니다. 'API를 몇 회 참조했는지' 등이 과금의 대상이 됩니다.

이것들이 정비되면 플랫폼을 파트너나 타사 업체에 개방하여 API를 이용하게끔 만듭니다. 이 시점에서 오픈 플랫폼으로 확장할 수 있지만 한 걸음 더 나아가 중첩 모델로 하기 위해서는 중복되지 않는 다양한 애플리케이션을 그 플랫폼 위에 만들어 줄 필요가 있습니다.

중립적인 사무국 기능을 시작하여 파트너 설명회 등을 개최합니다. 출범 초기에는 작성해 주었으면 하는 서비스의 희망 사항을 모집하는 등 파트너에게도 가이드를 할 필요가 있습니다. 또, 자사 애플리케이션의 사용법이나 데이터의 매력 등에 관해서도 설명해, 해당 플랫폼을 사용하는 인센티브를 명시적으로 나타냅니다. 이러한 단계를 밟아서, 애플리케이션의 중첩 모델을 만들어 갑니다.

🌐 플랫폼을 서비스로 제공

플랫폼 인프라를 구축해 API를 공개한 후, 업체 등에 참가시키기 위해서는 월 정액 과금이나 성과 보수라고 하는 서비스 모델을 여러 가지 검토할 필요가 있습니다. 당연하지만 참가 초기 비용이 낮은 편이 더욱 많은 업체를 끌어들일 수 있습니다.

그래서 등장하는 것이 과금 분담의 개념입니다. 플랫폼 인프라 제공자, 애플리케이션 개발 업체, 애플리케이션을 이용하는 사용자, 제휴하는 다른 업체 등 많은 이해관계자의 월정액이나 연간 결제를 분담합니다.

최근 이 과금을 분담하는 방법은 IT as a Service라고 불리고 있습니다. 서비스 제공이나 서비스 개발 등의 형태로 참여하는 파트너 사업자가 공통 플랫폼을 이용하는 빈도, 데이터 통신량, 스토리지에 보존된 데이터양에 따라 사용료를 냅니다. 그리고 이러한 서비스 사업자의 서비스를 이용하는 최종 사용자는 애플리케이션 이용료를 지급합니다.

이 모델을 채용할 경우, 서비스의 유형에 따른 다양한 과금 포인트를 생각할 수 있습니다. 예를 들면, 전자게시판 같은 콘텐츠 표시 등을 수반하는 서비스에는 광고를 표시해 광고료 수입을 얻는 것을 생각할 수 있습니다. 지자체 전용의 서비스나 공공성이 높은 쓰레기 수집, 환경 측정, 재해 대책 등의 서비스에 대해서는 지자체의 세수입으로부터 비용을 부담해달라는 것도 필요합니다.

위에서 언급한 바르셀로나, 니스, 함부르크 등의 각 스마트 시티는 공통 기반의 구축 및 운용비용을 이 IT as a Service 기반으로 과금하여 분담하고 있습니다.

수집한 데이터의 공유 활용

🌐 데이터가 모여드는 플랫폼

공통 플랫폼을 월정액 과금이나 연간 과금의 비즈니스 모델로 운용해 가면, 참가 업체가 서비스나 애플리케이션을 제공하는 것에 따라 더욱 많은 데이터가 축적되어 갑니다. 즉, 데이터가 축적된 곳에는 새로운 다른 데이터가 모여들게 됩니다. 이 상황을 **Data Gravity**(데이터의 중력)이라고 부릅니다.

🏵 Data Gravity의 이미지

서비스나 애플리케이션의 증가에 따라, 데이터는 지수 함수적으로 점점 증가해 갑니다. 그것이 지연이 없고 단위 시간당 처리량이 높은 데이터라면, 다른 시스템으로도 취급하기 쉬운 것이 되어, 참조되는 횟수도, 참조되는 데이터양도 증가하는 편입니다. 이처럼, **데이터의 중요성**(=데이터의 중력)이 증가해가는 것입니다.

공유 플랫폼을 이용하는 애플리케이션 업체, 서비스 제공자, 자치단체 등의 이해관계자가 데이터를 공유해 활용하는 것은, 데이터에 대한 보다 고도의 분석으로 연결됩니다. 그리고 데이터 그 자체에 과금하는 등의 비즈니스 모델을 구축해 나가는 것이 가능하게 됩니다.

🌐 기본은 클라우드 서비스와 같다

데이터를 공유하여 활용하기 위한 서비스의 과금 체계는 기본적으로 클라우드와 같습니다. 다음은 데이터 활용 관련 클라우드 서비스의 과금 모델입니다.

- 연결된 디바이스의 수에 따라, 그 관리비용으로 과금한다.
- 스토리지의 이용 볼륨에 따라, 그 이용료로 과금한다.
- 데이터 표시 애플리케이션(BI 도구 및 대시 보드 등)의 이용료로 과금한다.
- 데이터 분석에 따른 컴퓨팅 파워(서버나 CPU)의 이용에 따라 과금한다.
- 데이터 분석에 필요한 API를 호출한 횟수에 따라 과금한다.
- 데이터의 전송 시·전송 리소스 사용량에 따라 과금한다.

수집한 데이터는 가공이나 분석에만 머무르지 않고, 보관 유지나 관리라고 하는 기본적인 조작에 대해서도 과금할 수 있습니다.

🌐 데이터는 누구의 것?

서비스 모델이나 비즈니스 모델 이야기를 할 때면 반드시 나오는 것이 **데이터는 누구의 것인가?**라는 논의입니다. '당사자에게 귀속한다.'라는 지침도 있지만, 과거에 편집한 데이터의 취급 등에 관해서는 다양한 해석이 성립됩니다. 다음 표와 그림은 경제산업성이 책정한 '데이터에 관한 거래 추진을 목적으로 한 계약 지침'에 나타나는 권리 귀속의 개념을 정리한 것입니다.

◉ 데이터 및 그 파생물에 대한 권리 귀속

귀속 패턴	원본 데이터의 권리 귀속처	파생물의 권리 귀속처
권리가 각각 귀속되는 경우	데이터 제공자에게 유보	데이터 수령자에게 귀속 ※
권리가 전부 데이터 제공자에게 귀속하는 경우	제공 시에 데이터 제공자에게 이전	작성과 동시에 데이터 제공자에 귀속
권리가 전부 데이터 수령자에 귀속하는 경우	제공 시에 데이터 수령자에게 이전	작성과 동시에 데이터 수령자에 귀속

※ 파생 데이터 등에 포함되는 원본 데이터의 권리는 데이터 제공자를 보유하고 있으므로, 데이터 수령자에 의한 파생 데이터 등의 처분 가능 범위에 대해 검토하는 것이 바람직하다.

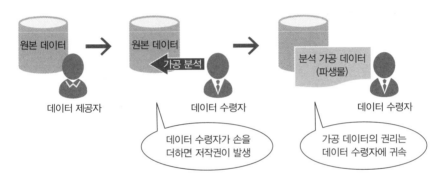

◉ 데이터 및 그 파생물에 대한 권리 귀속

　여기서 알 수 있듯이 데이터를 가공해 생성된 파생물의 권리는 원래 데이터의 권리 보유자가 보유하고 있습니다. 데이터를 가공한 측은 소유권을 가지지 못하고 가공 데이터의 이용권만을 보유하는 것입니다.

지속적인 서비스 개발투자의
필요성

🌐 서비스의 연속성

IoT 서비스는 한 번 투자해서 만들면 그것으로 완성되는 것이 아닙니다. 계속된 서비스 개선을 위해, 또 새로운 기능이나 서비스의 확충을 위해서 추가 투자가 필요합니다. 생산 설비의 모니터링이나 도시의 과제 지원 등 서비스 개시부터 몇 년에 걸쳐서 계속 실행하는 것도 많이 있습니다.

이 때문에 서비스를 계속해서 유지해 나가기 위한 노력이 필요합니다. 서비스 이용을 통해서 생겨난 새로운 요구를 통합해 나가는 것도 정기적으로 필요합니다. 지속적인 서비스 제공을 위해서는 최종 사용자의 과금이나 광고 수입 등 다양한 방법으로 투자를 회수해야 합니다. 물건의 대금이나 단순한 서비스 요금이라고 하는 획일적인 회수 수단과는 다른, 새로운 비즈니스 모델을 만드는 것이 중요합니다. 매력적인 서비스를 계속 제공함으로써 축적된 데이터를 활용하여 지금까지의 자사 모델과는 다른 새로운 모델을 구축해 가는 것입니다.

🌐 지속적인 서비스 개선을 위한 투자

서비스의 유지나 새로운 기능 출시를 위해서는 계속된 투자가 필요합니다. 특히 제조업에서는 미래 상품의 대수가 증가하는 것은 사업 계획에 포함된 것입니다. 그러나 서비스의 개수비용, 운용비용, 새로운 서비스의 추가 투입 비용 등은 포함되지 않은 것이 많습니다.

시스템 구축 초기 단계부터 예상 가능한 범위에서 추가 서비스나 기능 확장 로드맵을 수립해 두는 것이 중요합니다. 새로운 서비스가 다른 부문으로 확대되는 것이 예상된다면, 여러 부문에 걸친 비용 부담도 생각해 두어야 합니다.

판매하는 비즈니스 모델에 익숙해져 버린 제조업 경영진에게는 계속된 투자가 필요하다는 것을 설명해도 이해하기 어려워 합니다. 중요한 것은 회수할 계획과 준비가 있는 것이라면 투자해도 좋지 않은가 하는 관점입니다. 지금까지와는 다른 멀티 과금 형태와 서비스의 확대를 통해 단일의 물건·서비스만이 아닌, 복합도가 높은 비즈니스 모델을 목표로 하는 겁니다.

🌐 IoT의 성숙 단계

다년간 걸친 서비스 투입을 생각할 때 중요한 것은 각각의 단계에서 무엇을 제공하는 것인가라는 점입니다. 이 단계를 IoT 시스템의 성숙 단계로 생각해 봅시다.

처음에는 보이지 않았던 데이터를 우선 **시각화**하는 것에 매진할 것입니다. 시각화하기 위한 대시 보드를 제공하는 것이 이에 해당합니다(1단계).

이어 시각화로 보인 결과를 활용하여 현장의 설비를 자동화하거나 사람의 움직임을 제어하고자 하는 **서비스화**의 요구가 생깁니다(2단계).

이 요구에는 제어가 잘 되고 있는지 어떤지 확인하는 애플리케이션이나 **자동화**되어 멈추지 않는 생산 공정이 요구됩니다. 혹은 고객 유도 등 서비스 차원에서 과금하는 SLA(Service Level Agreement)형의 서비스를 도입하는 것도 시야에 들어옵니다(3단계).

더 들어가면 다음과 같은 것이 가능한 단계가 됩니다(4단계).

- 가동 상황이나 이용 상황에 따른 '**최적화**'
- 지금까지 눈치채지 못한 일이나, 어떤 이유로 하지 않은 일의 해결

마지막은 자동화 및 최적화를 IoT 시스템이 자율적으로 실시하는 **자율화** 단계입니다(5단계). 클라우드와 엣지 양쪽에서 자율 분산처리 서비스, IoT 시스템/플랫

폼 간의 협조·오케스트레이션 서비스, 데이터 유통과 교환 등을 생각할 수 있습니다. 이 단계까지 오면 이용량 및 처리량에 따른 서비스 제공이 필요할 것입니다.

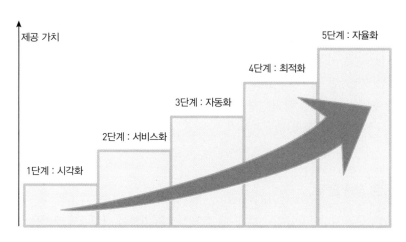

🔘 IoT의 성숙 단계

4단계 이상의 예를 들면 3.3절에서 소개한 IoT로 파악한 사용량에 근거한 보험 (UBI: Usage Based Insurance)이 있습니다. 이 금융 서비스는 자동차나 사람, 설비에 붙인 센서에서 올라오는 대량의 데이터를 기계 학습이나 AI 등에서 분석합니다. 그리고 사용 정도에 따라 보험료를 싸게 하는 등 보험금액을 최적화하는 서비스를 제공합니다.

사용자는 IoT를 이용하고, IoT 기기들은 그 실행 정보를 보험회사로 송신합니다. 그 결과 최적인 보험 계획을 보험회사가 제안해 줍니다. 사용자와 보험회사 모두 서로의 이점을 알기 쉬우므로 IoT 사업의 큰 줄기로서 주목받고 있습니다.

그렇지만 이 서비스 모델도 단숨에 실현되지는 않습니다. 우선은 현실에서 일어나고 있는 일을 시각화하고, 꾸준히 모니터링해야 합니다. 그 후에 다수의 설비, 사람, 자동차에서 수집되는 데이터를 분석해 최적화를 도모합니다. 이 과정 중에 새로운 서비스를 투입하는 것도 가능하지만, 최적화까지 도달해야 큰 결과가 보일 것입니다.

자동차 IoT:
텔레매틱스 보험

- 주행량과 운전상황에 따라 보험료를 평가
- 사고조사에 드론을 도입
- 보험회사의 수고를 50% 절감

헬스케어 IoT:
건강증진보험

- 건강하게 지내고 있는 상태를 웨어러블 기기로 감시하고 보험료를 20~30% 할인

홈 IoT:
화재 · 지진보험

- 스마트홈의 IoT 보안 시스템으로 심사해 지급까지의 기간을 획기적으로 단축
- 지진 시에 드론에서 판정하는 지급 기간을 수십 분의 1로 단축

설비 IoT:
설비 · 동산보험

- 설비의 상태를 모니터링 해두고, 이상이나 문제가 발생하지 않으면 보험료를 할인

🌐 IoT를 통한 최적화된 보험 사업의 예

🌐 디지털 가치 사슬의 발전

지금까지 설명한 것처럼 작은 부분, 아이디어가 있는 곳에서부터 조금씩 시작해, 계속해서 서비스를 확대하면서 공통 기반화를 도모하고, 그 기반을 외부에 대해서 공개합니다. 그리고 애플리케이션 개발의 생태계를 형성해, 큰 플랫폼이나 서비스 모델의 구축으로 연결해 갑니다. 이것이 IoT 시스템에 임하는 것의 묘미입니다.

모든 것은 사물을 인터넷에 연결하는 것에서 시작합니다. 지금까지 연결되어있지 않았던 가치 사슬 상의 다양한 사람, 조직, 업무 프로세스를 모두 연결해 가는 것입니다. 그리고 서비스화해 나가는 것으로, 현장에서 일어나고 있는 과제를 조금씩 해결합니다. 그것이 나아가서는 한 회사만 아니라 그 사업에 관여하는 모든 이해관계자의 과제 해결에 도움이 됩니다.

거기까지 연결되면, 데이터를 중심으로 비즈니스가 돌아갑니다. 그렇게 되면 가치 사슬 전체에서 정밀도 높은 시뮬레이션을 하는 것이 가능해지므로, 다양한 가

능성이나 고민해야 할 포인트가 보입니다. 이것은 단순한 개선이라고 하는 작은 범위에 머무르지 않고, 큰 혁신의 계기가 될 것입니다.

게다가 AI에 의한 IoT 데이터의 자동처리나 최적화가 진행되어 가면, 새로운 일자리가 창출될 가능성도 있습니다. 특히 데이터의 판매나 교환에 대해서는 현재 사람이 관여해야 할 부분이 적지 않습니다. 데이터 비즈니스의 구축이나 기술의 유통화라고 하는 새로운 일자리를 창출할 기회로서 크게 주목받고 있습니다.

이처럼 IoT로 연결된 디지털 가치 사슬은 앞으로 더욱 발전해 나갈 것으로 기대됩니다. 어떤 시스템으로 발전시켜 나갈 것인가를 확실히 확인하고 나서, 현장의 시스템 구축에 임하면 좋을 것입니다.

맺음말

10년 전에 클라우드 컴퓨팅, 스마트폰이, 소셜미디어가 등장하면서 세계는 순식간에 크게 변했습니다. 아이디어가 있는 사람이라면 소셜네트워크 상의 동료들을 모아 클라우드 상에서 서비스를 구축하고, 모바일로 다양한 장소에서 활용하는 비즈니스가 일반화되었습니다. 우리 소비자뿐만 아니라, 기업에서 이러한 새로운 기술을 이용하는 규모가 커지고, 그러한 기술과는 조금 먼 거리에 있던 다양한 산업에서도 사용되면서 한층 더 모든 산업으로 확대가 된 것이 지금의 IoT 비즈니스입니다.

IoT는 지금까지의 정보 시스템과는 달리, 생산성 향상이나 비용 절감의 연장뿐 아니라 현장에서 가동하는 설비 기기나 센서류, 임베디드 디바이스까지 포함한 시스템화를 통해 혁신을 일으키려 하고 있습니다. 기존의 비즈니스 기획자나 엔지니어가 담당해 온 업무 범위와는 커버하는 범위가 훨씬 넓어지기 때문에, 지금까지는 충분한 준비와 이해가 부족한 부분이 있었습니다. 이 책에는 IoT에 관한 이해를 촉진시키는 것에 중점적으로 초점을 맞추어 설명하였습니다.

일상의 업무 운영에 대해서는, IoT 시스템에서 실행되는 다양한 디바이스나 애플리케이션으로부터 우리 인간의 정보 처리량을 훨씬 넘는 대량의 데이터가 생성되면서 실시간 활용의 필요성이 나날이 커지고 있습니다. 최근에는 AI(인공 지능)에 기대하는 흐름도 있습니다.

그렇지만, 상응하는 볼륨의 데이터가 존재하지 않고, 충분히 AI를 활용할 수 있는 수준까지 이르지 않은 기업도 많아, 앞으로의 데이터 수집이 중요해지고 있습니다. 그런 의미에서는 IoT는 보다 데이터 기반에서 관리나 비즈니스 모델 형성을 할 수 있게 되었다고도 말할 수 있습니다. 더불어 비즈니스와 시스템이 이제는 하나로 통합되어, 이 둘을 쌍으로 만들어가는 것이야말로 경쟁력을 제고시킨다는 것을 실감하고 있습니다. 이 책에서 언급한 센서나 디바이스 등도 나날이 발전하고 있으며, IoT 플랫폼이나 비즈니스 인텔리전스 등의 소프트웨어 그리고 AI가 놀라운 기세로 진화해 나가고 있습니다. 그리고 그것들은 점차 상품화되어 보다 저렴하고 사용하기 쉬워집니다. 즉, IoT 시스템을 만드는 데 있어서 기술적·비용적인 장애물은 점점 낮아지는 것입니다.

IoT를 통한 디지털 트윈의 세계를 실현하는 것은, 이러한 기술의 시행착오 속에서도 얼마나 신속하게 조합하고 유연하게 실현할 수 있느냐에 달려 있습니다. 또, 혼자서 모든 것을 만들려고 하는 것이 아니라, 동작이나 원리를 이해할 수 있으면 그것을 자꾸 활용하려는 속도를 중시하는 자세도 지금까지의 엔지니어나 기획자에게 요구되었던 것과 다릅니다. 클라우드 측의 기술을 가진 사람은 디바이스 측에, 그리고 그 반대도 경계를 의식하지 않는 기술 형성과 지식 양성이 필요한 시대입니다. "IoT = 모든 경계선을 연결해 과제 해결뿐 아니라 새로운 경험 가치를 창출하는 것"이라고 생각하면, 엔지니어나 기획자의 주위에는 많은 IoT 시스템 구축의 기회가 놓여 있습니다. 그 기회를 부디 살려 새로운 가치를 만들어 가면 좋겠습니다.

저자를 대표하여

야코 토모노리

색인

한 권으로 이해하는 IoT 교과서

1판 1쇄 발행 2019년 11월 5일

저   자 야코 토모노리, 스기야마 코오지, 타케노시타 코오요오,
　　　　　마츠우라 마유미, 츠치모토 히로코
역   자 주한길
발 행 인 김길수
발 행 처 (주)영진닷컴
주   소 (우)08505 서울시 금천구 가산디지털2로 123
　　　　　월드메르디앙벤처센터2차 10층 1016호
등   록 2007. 4. 27. 제16-4189호

ⓒ2019. (주)영진닷컴

ISBN 978-89-314-6153-4